Neue
Kleine Bibliothek 228

Kemal Bozay / Bahar Aslan /
Orhan Mangitay / Funda Özfırat

Die haben gedacht, wir waren das

MigrantInnen über
rechten Terror und Rassismus

PapyRossa Verlag

Editorische Notiz
Der Verlag und die Herausgeber/innen danken der COIN FILM GmbH für die Abdruckrechte des Titelfotos auf dem Cover, das dem Film »Der Kuaför aus der Keupstraße« entnommen ist. Näheres zu dem Film und Bezugsmöglichkeiten unter der im Impressum (s. u.) genannten Internetadresse.

2., durchgesehene und ergänzte Auflage 2017

© 2016 by PapyRossa Verlags GmbH & Co. KG, Köln
Luxemburger Str. 202, 50937 Köln
Tel.: +49 (0) 221 – 44 85 45
Fax: +49 (0) 221 – 44 43 05
E-Mail: mail@papyrossa.de
Internet: www.papyrossa.de

Alle Rechte vorbehalten

Cover: Verlag, unter Verwendung eines Fotos
der COIN FILM GmbH (www.coin-film.de)
aus dem Film »Der Kuaför aus der Keupstraße«
Druck: Interpress

Die Deutsche Nationalbibliothek verzeichnet diese Publikation in der Deutschen Nationalbibliografie; detaillierte bibliografische Daten sind im Internet über http://dnb.d-nb.de abrufbar

ISBN 978-3-89438-614-6

Inhalt

Cem Özdemir — 9
Vorwort

Kemal Bozay / Bahar Aslan / Orhan Mangitay / Funda Özfırat — 15
Einleitung

I.
RECHTER TERROR, NSU-KOMPLEX UND RASSISTISCHE KONTINUITÄTEN

Orhan Mangitay — 20
Rechtsruck der gesellschaftlichen »Mitte«
(Dis-)Kontinuitäten nationalistischer Positionen in Deutschland

Azize Tank — 30
Rechtsterrorismus, rechte Gewalt und institutioneller Rassismus

Karim Fereidooni — 41
(Rassismusrelevante) Fehler im Zuge der »NSU«-Ermittlungen

Emre Arslan — 54
Geschichten der Nation und des Menschen:
Das Mythische und das Erlebte

Çağan Varol — 62
Deutschland 2016:
Kultureller Rassismus ist jetzt Mainstream
Zum mangelnden Interesse am NSU-Komplex

II.
RECHTER TERROR UND NSU-KOMPLEX IN DER POLITISCHEN DISKUSSION

Kemal Bozay — 72
Wer von rechtem Terror und NSU spricht, darf vom Rassismus nicht schweigen!
Politische Bildung als Herausforderung

Irene Mihalic 86
Der Terror des NSU: Ein Gegenwartsproblem

Cemile Giousouf 94
N-S-U – Drei Buchstaben, die ein Land veränderten

Serap Güler 98
Mich überkommt vor allem Scham

İbrahim Yetim 104
Nach der Aufdeckung des »NSU-Trios«

Niema Movassat 106
Rechten Terror im Keim ersticken!

Ali Baş 112
**Nach dem NSU-Terror:
Warum wir mehr über Rassismus reden
und gesellschaftliche Entfremdung verhindern müssen**

Karim Fereidooni 115
Ungeklärte Fragen in Bezug auf den »NSU«-Terrorismus

III.
RECHTER TERROR UND NSU-KOMPLEX IM MEDIALEN BLICK

Ayça Tolun 134
Ich und der NSU-Prozess

Ebru Taşdemir 139
So nah und doch so fern –
Fünf Jahre NSU-Berichterstattung

Yasemin Karakaşoğlu 143
Beates Mähne
Polemische Gedanken zu einer
schwer erträglichen medialen (Selbst-)Inszenierung

Ahmet Küllahçı 148
Halten Sie ihr Versprechen!

Yücel Özdemir 156
**NSU: Eine Organisation
in den Händen des Geheimdienstes?**

IV.
RECHTER TERROR UND NSU-KOMPLEX IM BLICKFELD DER BETROFFENEN

Bahar Aslan 168
**Eingebrannt in die Erinnerung:
Solingen | Sivas | NSU**

Hacı-Halil Uslucan 173
Unser Mitgefühl gilt den Hinterbliebenen

Özge Pınar Sarp 179
**Trauer und Wut, aber mehr noch
die Entschlossenheit: Wir bleiben hier!**

Tayfun Keltek 191
Auswirkungen der NSU-Mordserie auf den Integrationsprozess türkeistämmiger Migranten in Deutschland

Miltiadis Oulios 202
Theodoros? War da was?
Über das Schweigen zum NSU unter
griechischen Einwanderern in Deutschland

Yavuz Selim Narin 207
Eine düstere Parallelwelt

Murat Çakır 213
**Der NSU-Komplex aus der
Perspektive der türkischen Politik**

Tanıl Bora 220
Moderner »Tiefer Staat«

Naim Balıkavlayan 223
Gedanken im Zug

Nuran Joerißen 227
Einfach so!

Tuna Fırat 233
**Der Rechtsstaat, der NSU-Komplex
und die ersehnte Empörung**

Akdem Ünal 240
»Race doesn't exist. But it does kill people.«

V.
RECHTER TERROR, NSU-KOMPLEX UND WIDERSTAND

Funda Özfırat 246
»Döner-Morde«?
Eine ethische Reflexion über die triviale
Etikettierung der rechtsterroristischen NSU-Morde

Lale Akgün 252
Wem gehört Deutschland?
Ein Plädoyer für republikanisches Denken

Yılmaz Kahraman 254
NSU-Morde: Ein kollektives Versagen der Gesellschaft?

Fatih Çevikkollu 259
Die NSU-Nummer...

Kutlu Yurtseven 264
Tradition – oder: Denke ich an die Keupstraße

Eymen Nahali 270
**Es läuft auf jeden Fall ordentlich
was schief, in good old germany**

Emine Aslan 275
Wir sind Zeitzeugen

Ali Şirin 280
**Ein Land im Unbehagen –
Sehnsucht nach Solidarität**

Caner Aver 284
Wir fordern Aufklärung!

ANHANG

Eberhard Reinecke 292
Otto Schily und die Keupstraße

Autorinnen und Autoren 297

Cem Özdemir

Vorwort

Enver Şimşek war ein erfolgreicher Geschäftsmann. Der 38-jährige zweifache Vater betrieb einen Blumengroßhandel mit Läden und Blumenständen. Am 9. September 2000 wurde er am Rande von Nürnberg kaltblütig niedergeschossen. Zwei Tage später verstarb er im Krankenhaus. Sein Leben wurde ausgelöscht, das seiner Familie zerstört.

Abdurrahim Özüdoğru arbeitete gerade in seiner Nürnberger Änderungsschneiderei, als am Nachmittag des 13. Juni 2001 zwei Männer das Geschäft betraten und ihn mit mehreren Kopfschüssen töteten. Er wurde mit nur 49 Jahren aus dem Leben gerissen und hinterließ eine 19-jährige Tochter.

Süleyman Taşköprü hatte erst kürzlich die Leitung des Familiengeschäfts »Tasköprü Market« in Hamburg-Bahrenfeld übernommen. Am 27. Juni 2001 fand ihn sein Vater um die Mittagszeit hinter der Kasse. Ihm wurde mehrfach in den Kopf geschossen. Die herbeigerufenen Rettungssanitäter konnten ihm nicht mehr helfen. Der Vater einer dreijährigen Tochter starb mit nur 31 Jahren in seinem Geschäft.

Habil Kılıç war Mitarbeiter auf dem Münchner Großmarkt. Daneben half er im »Frischemarkt« seiner Frau im Stadtbezirk Ramersdorf-Perlach mit. Am 29. August 2001 schossen ihm seine Mörder dort mehrfach in den Kopf. Der Vater einer 12-jährigen Tochter starb wenige Minuten später. Er wurde nur 38 Jahre alt.

Mehmet Turgut half am Döner-Imbissstand eines Freundes am Rand von Rostock-Dierkow aus. Am Vormittag des 25. Februar 2004 schossen ihm seine Mörder in den Kopf. Wie bei den anderen Morden wurde auch weiter auf ihn geschossen, als er bereits am Boden lag. Der 25-Jährige starb auf dem Weg ins Krankenhaus.

İsmail Yaşar gehörte der »Scharrer Imbiss« in der gleichnamigen Straße im Nürnberger Stadtteil St. Peter. Die Täter ließen ihm keine Chance, sie gaben eine ganze Salve von Schüssen auf ihn ab. Der 50-jährige Vater einer erwachsenen Tochter und eines Sohnes im Teenageralter verblutete am 9. Juni 2005 noch am Tatort.

Theodoros Boulgarides hatte gerade erst mit einem Geschäftspartner einen Schlüsseldienst im Westen von München eröffnet. Am Abend des 15. Juni 2005 betraten seine Mörder den Laden. Sie eröffneten unvermittelt das Feuer auf ihn. Als er bereits am Boden lag, schossen sie ihm noch mehrfach in den Kopf. Er wurde nur 41 Jahre alt und hinterließ zwei Töchter.

Mehmet Kubaşık war dreifacher Vater. Er betrieb gemeinsam mit seiner Frau einen Kiosk in der Dortmunder Nordstadt. Am 4. April 2006 wurde er in seinem Geschäft regelrecht hingerichtet. Die Mörder schossen ihm aus kurzer Distanz zwei Mal in den Kopf. Der 39-Jährige war sofort tot.

Halit Yozgat betrieb ein Internetcafé in seiner Heimatstadt Kassel. Nebenbei machte er seinen Realschulabschluss an der Abendschule. Zwar war das Internetcafé am 6. April 2006 gut besucht, dennoch gaben die Gäste – darunter auch ein Mitarbeiter des hessischen Verfassungsschutzes – später an, nicht bemerkt zu haben, wie er hinter der Theke durch Schüsse in den Kopf ermordet wurde. Seinem Leben wurde mit nur 21 Jahren ein Ende gesetzt.

Michèle Kiesewetter kam ursprünglich aus Thüringen und arbeitete in Heilbronn als Polizistin. Am 25. April 2007 machten sie und ihr

VORWORT

Kollege gerade eine Pause in ihrem Dienstwagen, als den beiden Polizisten aus nächster Nähe von hinten in den Kopf geschossen wurde. Bevor die Täter flohen, entwendeten sie noch die Dienstwaffen und weitere Ausstattungsgegenstände. Während ihr Kollege schwer verletzt überlebte, kam für sie jede Hilfe zu spät. Mit nur 22 Jahren starb sie noch am Tatort.

Bei mehreren Sprengstoffanschlägen wurden Menschen verletzt. Im Januar 2001 explodierte in einem Kölner Lebensmittelgeschäft eine dort abgestellte Dose, als die Tochter des Inhabers diese öffnen wollte. Sie wurde schwer verletzt. Am 9. Juni 2004 detonierte in der Kölner Keupstraße eine mit Zimmermannsnägeln gespickte Bombe. Mehr als 20 Menschen wurden zum Teil schwer verletzt.

*

Die ersten Seiten dieses Buches sollen den Opfern gelten. Nicht den barbarischen Tätern. Nicht den dilettantischen und teilweise die Grenze zur Komplizenschaft überschreitenden staatlichen Ermittlungsbehörden. Es geht um Menschen, die hier aufgewachsen sind oder sich ganz bewusst entschieden haben, in Deutschland ihr Glück zu suchen, und die es hier bei uns auch gefunden haben. Es geht um Väter, Ehepartner, privat und beruflich engagierte Menschen. Es geht um eine Polizistin, die sich für unser aller Sicherheit einsetzte und in Gefahr brachte. Es geht um Menschen, die geschätzt und geliebt wurden und die sicher noch viel mit ihrem Leben vorhatten.

Mindestens zehn Menschen wurde von den NSU-Mördern ihre Zukunft genommen. Sie wurden brutal ermordet. Viele weitere wurden verletzt, einige sehr schwer. Ihr Leid setzt sich fort: Sie kämpfen mit den körperlichen und psychischen Folgen der Sprengstoffanschläge, ebenso bleibt der schwerverletzte Heilbronner Polizist sein Leben lang gezeichnet.

Das Leid der Familien, einen geliebten Menschen durch einen bestialischen Mord zu verlieren, lässt sich kaum ermessen. Was dann jedoch mit den Ermittlungen über die Angehörigen hereinbrach, kam einem Martyrium gleich. Die Familien sahen sich Verdächtigungen und Anschuldigungen ausgesetzt, die Ermordeten hätten Drogen-, Mafia- oder Rotlicht-Kontakte gehabt. Für die Ermittlungsbehörden schien rasch festzustehen, dass die Opfer wohl Dreck am Stecken gehabt haben mussten und wohl deshalb ermordet wurden. Bereits Stunden nach der Tat war beispielsweise über İsmail Yaşar in der Presse zu lesen: »Die Polizei rästelt (sic!): War dies erneut eine Hinrichtung eines türkischen Geschäftsmannes, weil er möglicherweise im Drogengeschäft nicht mitspielte?«* Ein weiteres Beispiel ist der Nagelbombenanschlag in der Kölner Keupstraße, wo nur durch Zufall keine Toten zu beklagen waren. Auch hier war die Stoßrichtung der polizeilichen Ermittlungen schnell klar. *[Aufgrund einer bei Drucklegung laufenden juristischen Auseinandersetzung fehlt an dieser Stelle leider im Unterschied zur ersten Auflage ein Satz.]*

Gamze Kubaşık, Tochter des 2006 ermordeten Mehmet Kubaşık, beschrieb später vor Gericht und vorm Untersuchungsausschuss sehr ergreifend, was die Ermittlungen konkret für die Opferfamilien bedeuteten: Schmerzlicher Verlust des Vaters, jahrelange Verdächtigungen, Verhöre bei der Polizei, Wohnungsdurchsuchung, Gerüchte und Ächtung in der Nachbarschaft.

Die Opfer galten in kürzester Zeit vermeintlich als Täter, die Opferfamilien wurden zu Täterfamilien – bei den Ermittlungsbehörden, medial und nicht zuletzt in ihrem persönlichen Umfeld. Das Unwort »Döner-Morde« machte die Runde. Dem Verdacht, Rechtsradikale könnten die Mörder sein, gingen die Ermittlungsbehörden nicht ernsthaft nach. Für die Angehörigen blieben Ohnmacht und quälende Ungewissheit über die tatsächlichen Umstände der Morde über Jahre.

Nach dem Selbstmord zweier Täter und der Verhaftung einer dritten vor fünf Jahren kamen nach und nach ein wenig Gewissheit und sehr viel Ungeheuerliches ans Licht. Auch davon wird dieses Buch berichten. Mit Blick auf die Opferfamilien aber setzte sich das Martyrium fort: Wie muss es sich für jemanden anfühlen, der eine geliebte Person durch einen brutalen Mord verloren hat und

---

* www.nordbayern.de/2.192/mord-im-scharrer-imbiss-1.711904.

nun von zerstörten, verschwundenen und geschwärzten Akten lesen muss? Oder von beteiligten V-Leuten und dubiosen V-Mann-Führern? Oder plötzlich unter obskuren Umständen verstorbenen Zeugen? Oder der katastrophalen Arbeit und Zusammenarbeit der Ermittlungsbehörden ganz allgemein? Jede geschredderte Akte, jede mit Geheimschutz begründete Aktenschwärzung, jeder verhinderte Zeuge ist ein weiterer Stich ins Herz der Angehörigen – immer weiter und immer wieder neu!

In der öffentlichen Wahrnehmung stehen überwiegend die Täter, kriminalistische Aspekte sowie die Ermittlungsbehörden im Fokus. Als persönliche Bedrohung dürften die allermeisten die NSU-Morde nicht empfunden haben. Dabei geht jedoch zumeist unter, dass solche Taten für einen gewissen Teil der Bevölkerung – den mit »Migrationshintergrund« – sehr wohl ein ganz reales Bedrohungsszenario darstellen. Es ist das Wesen von Terror, dass er nicht nur die direkten Opfer und deren Angehörige trifft. Er sickert vielmehr ins Bewusstsein all derjenigen, die er potentiell bedroht.

Was solche Schlüsselereignisse mit dem Lebensgefühl von Menschen mit Migrationshintergrund in Deutschland machen können, habe ich in meiner eigenen Familie erlebt. Als umweltbewegter Jugendlicher versuchte ich, meine Mutter von der Nutzung eines schädlichen Waschmittels abzubringen. Sie ließ sich nicht überzeugen und antwortete mir im Brustton der Überzeugung, dass die Deutschen doch nie und nimmer etwas zulassen würden, was irgendjemandem irgendwie schaden könnte. Das Ansehen des deutschen Staates und seiner Menschen hätte höher nicht sein können. Das änderte sich spätestens Anfang der 1990er Jahre mit den Ausschreitungen in Hoyerswerda und Rostock sowie den Brand- und Mordanschlägen von Mölln und Solingen. Meine Eltern zogen ernsthaft in Erwägung, eine Strickleiter am Fenster zu installieren. Das Vertrauen darin, dass der Staat einen vor solchen Mördern schützt, war nachhaltig erschüttert.

Ähnlich ging und geht es vielen mit dem Wissen, dass die NSU-Bande jahrelang unbehelligt durch Deutschland ziehen und morden konnte. Untersuchungsausschüsse und das in München anhängige

Gerichtsverfahren lassen erahnen, welche erschreckenden Fehler bei den Ermittlungen gemacht wurden. Der Verdacht, dass bei der Aufklärung auch aktiv vertuscht wurde und noch immer wird, liegt nahe. Es gibt einfach zu viele unglaubliche Zufälle. Das sind mehr als Erschütterungen, das sind Erdbeben für unseren Rechtsstaat und das Vertrauen in ihn.

*

Dieses Buch ist der Versuch eines Perspektivwechsels. Fünf Jahre nach Bekanntwerden des selbsternannten »Nationalsozialistischen Untergrunds« waren Autorinnen und Autoren mit Migrationshintergrund aufgerufen, ihre Sicht auf den NSU-Komplex aufzuschreiben. Entstanden ist eine bemerkenswerte Sammlung von 39 Beiträgen aus unterschiedlichsten Blickwinkeln: von sehr persönlich bis wissenschaftlich, von betroffen bis beobachtend, von politisch bis künstlerisch.

Bei den Herausgeberinnen und Herausgebern Kemal Bozay, Bahar Aslan, Orhan Mangitay und Funda Özfırat möchte ich mich stellvertretend für alle Autorinnen und Autoren herzlich bedanken: für ihre Idee und Initiative zu diesem Buch sowie für die viele Arbeit, welche sie in das Projekt investiert haben.

Einleitung

Fünf Jahre nach der Aufdeckung der Morde und Bombenanschläge des rechten Terrornetzwerks »Nationalsozialistischer Untergrund« (NSU), das in der Öffentlichkeit gerne auch mit dem Terrortrio Uwe Böhnhardt, Uwe Mundlos und Beate Zschäpe in Verbindung gebracht wird, fünf Jahre nach kontinuierlicher politischer Auseinandersetzung mit dem NSU-Komplex durch Journalist_innen, Jurist_innen, Schriftsteller_innen, Untersuchungsausschüsse und antirassistische Initiativen sowie nach drei Jahren andauerndem NSU-Prozess in München hat sich zwar Einiges bewegt, doch offen bleibt die Ausgangsfrage: Wir wissen tatsächlich immer noch nicht, wer der NSU wirklich war und welche rechtsextremen Netzwerke mit dem NSU in Verbindung standen? Offen ist auch, inwieweit staatliche Sicherheitsdienste informiert und involviert waren.

Umso mehr wissen wir, dass der NSU keineswegs aus einem personifizierten Trio bestand, sondern aus einem breiten Netzwerk von dutzenden handelnden Personen, die in verschiedenen Neonazi-Bewegungen aktiv waren oder sind. Wir wissen, dass auf das Konto des NSU mindestens zehn feige Morde bundesweit, zwei Bombenanschläge in Köln, eine weitere Sprengfalle und 15 Raubüberfälle gehen. Uns ist bewusst, dass der rassistische und rechte Terror in Deutschland nicht über Nacht entstanden ist, sondern in der Nachkriegsgeschichte immer Kontinuitäten und Diskontinuitäten aufwies und Höhepunkte erreichte.

Fakt ist: im Zuge des NSU-Komplexes tauchen immer mehr Fragen und Komplexitäten auf. Während eine Frage beantwortet ist, treten mehrere weitere Fragen auf. Wie kann ein Trio 14 Jahre lang aus dem Untergrund all diese Morde, Bombenanschläge und Raubüberfälle durchführen – ohne dass staatliche Sicherheitsbehörden nicht aufmerksam darauf geworden sind? Desto tiefer man in die Welt des

NSU dringt, desto komplexer und unübersichtlicher werden die Hintergründe und Verflechtungen. Desto stärker kommen die Machenschaften des »Tiefen Staates« zum Ausdruck.

Umso mehr zeigt sich, wie rassistische Gewalt und rechter Terror durch Neonazis im bundesdeutschen Alltag tiefe Spuren hinterlassen. Gerade am 5. Jahrestag der Aufdeckung der NSU-Morde zeigt sich erneut neben Wut auch Betroffenheit: eine Mischung aus Ignoranz, Scheitern, Verharmlosung und Vertuschung durch Behörden, Justiz und Staatsapparate. Nicht zu übersehen ist auch ein Vertrauensbruch und Riss, der die gesamte Gesellschaft zum Nachdenken anregt. Wo bleiben Wut und Widerstand? Erinnern möchten wir an die Lichterketten aus den 1990er Jahren, als im Zuge der Brandanschläge in Hoyerswerda, Rostock, Mölln und Solingen Hunderttausende auf die Straßen gingen. Auch fünf Jahre nach der Aufdeckung der NSU-Morde und -Anschläge herrscht weiterhin Schweigen!

Wo blieb der gesellschaftliche Widerstand und die Solidarität der Bevölkerung, als einige Jahre vor der Aufdeckung des NSU in Kassel mehrere Tausend Menschen, größtenteils Migrant_innen, unter dem Motto »Kein 10. Opfer« auf die Straße gingen und die Bundesregierung zur Aufklärung dieser rassistischen Mordanschläge aufriefen? Wo blieb die Verantwortung der gesamten Gesellschaft? Das für Mai 2017 geplante bundesweite NSU-Tribunal in Köln wird sicherlich aus der Perspektive der Betroffenen ein wichtiges Zeichen setzen und den laufenden Diskussionen einen neuen Rahmen geben.

Als im November 2011 die schon seit 1999 anhaltenden Verbrechen des NSU und deren Unterstützerkreise ins öffentliche Blickfeld rückten, war klar, dass hierzulande der institutionelle Rassismus und der rechte Terror mit all seinen Facetten eine neue Dimension erreicht haben. Die Diskussion und Auseinandersetzung um diese Dimension dauert zweifelsohne an. Auch die rassistischen Praktiken nehmen gegenwärtig neue Formen an und gehen mit rechtspopulistischen und rechtsextremen Verlautbarungen einher – derzeit auch am Beispiel der Flüchtlingsdebatte.

Zum NSU-Komplex sind bislang zahlreiche Publikationen erschienen, die häufig jedoch den Blick der Betroffenen ausgeblendet haben. Daher versteht sich dieses Buch am 5. Jahrestag der Aufdeckung der NSU-Morde als Manifest von Migrant_innen zu rechtem Terror und Rassismus: Betroffene, Journalist_innen, Wissenschaftler_innen, Politiker_innen sowie Akteure der antirassistischen Arbeit – allesamt mit Migrationshintergrund – setzen sich aus ihrem Blickfeld mit dem NSU-Komplex und seinen Auswirkungen auseinander. Sie kritisieren, analysieren, diskutieren und geben an vielen Orten ihre Empfindungen wieder. Sie erhalten ein Sprachrohr, in dem Stimmen aus der Migrationsgesellschaft zusammentreffen. Im vorliegenden Sammelband wird nicht nur eine kritische Zwischenbilanz zum NSU-Komplex gezogen, sondern auch versucht, all den gegenwärtigen Diskussionen aus migrantischer Perspektive neue Impulse zu geben.

Das Buch ist daher ein Gemeinschaftswerk, das Ende 2015 auf der Keupstraße in Köln – in unmittelbarer Nähe des NSU-Nagelbombenanschlages von 2004 – als Idee entstanden ist und in wenigen Monaten Format angenommen hat. Als Autor_innenteam sehen wir uns in der Verantwortung, mit diesem Beitrag sowohl an die Opfer rassistischer und rechtsextremer Gewalt zu erinnern als auch aus migrantischer Perspektive ein Zeichen für einen kritischen Umgang mit dem Thema zu entwickeln.

Unser Dank gilt dabei ...
... allen Autorinnen und Autoren für die unkomplizierte und konstruktive Zusammenarbeit;
... Cem Özdemir für seine Bereitschaft, das Vorwort für diesen Sammelband zu übernehmen;
... Seran Şenlik Atan für die freundliche Unterstützung, einige in türkischer Sprache verfasste Aufsätze ins Deutsche zu übersetzen;
... Ulrike Bach für ihre freundliche Unterstützung bei der Vorkorrektur eines Teils der Texte;
... dem PapyRossa Verlag, der uns im Publikationsprozess mit Anregungen und Kritik sowie mit einem gelungenen Cover zur Seite stand, und
... InterKultur e.V. für die freundliche Unterstützung.

Köln, im Herbst 2016
Kemal Bozay, Bahar Aslan, Orhan Mangitay und Funda Özfırat

Noch einmal sprechen
von der Wärme des Lebens
damit doch einige wissen:
Es ist nicht warm
aber es könnte warm sein.

Bevor ich sterbe
noch einmal sprechen
von Liebe
damit doch einige sagen:
Das gab es
das muss es geben.

(Erich Fried)

Zum Gedenken an alle Opfer
des rechten Terrors
und der rassistischen Gewalt

I.
Rechter Terror, NSU-Komplex und rassistische Kontinuitäten

Orhan Mangitay

Rechtsruck der gesellschaftlichen »Mitte«

(Dis-)Kontinuitäten nationalistischer Positionen in Deutschland

> »Mit großer Sorge beobachten wir die Unterwanderung des deutschen Volkes durch Zuzug von vielen Millionen von Ausländern und ihren Familien, die Überfremdung unserer Sprache, unserer Kultur und unseres Volkstums. [...] Die Integration großer Massen nichtdeutscher Ausländer ist daher bei gleichzeitiger Erhaltung unseres Volkes nicht möglich und führt zu den bekannten ethnischen Katastrophen multikultureller Gesellschaften.«
>
> *(Heidelberger Manifest, 17. Juni 1981)*

Die Überfremdungsthese

Diese These von der Unterwanderung bzw. der Überfremdung des deutschen Volkes, welche von der AfD, aber auch vom SPD-Politiker Thilo Sarrazin stammen könnte, wurde bereits am 17. Juni 1981 von 15 Hochschullehrern formuliert. Der im sogenannten *Heidelberger Manifest* beschworene Überfremdungsdiskurs könnte aber aktueller nicht sein, vor allem weil Thilo Sarrazin in seinem 2010 erschienenen Buch »Deutschland schafft sich ab« darauf zurückgreift. Aber auch durch das Erstarken der AfD im Zusammenhang mit den Fluchtbewegungen aus den Jahren 2015/16 steht der Überfremdungstopos erneut auf der politischen Agenda.

Es ist kein neues Phänomen, mit der Heraufbeschwörung von »Überfremdung« jene Angst zu schüren, die bei dem CDU-Politiker Heinrich Lummer 1997 in der Aussage gipfelte: »Deutschland soll den Deutschen genommen werden. Ob man das Landnahme, Überfremdung oder Unterwanderung nennt, tut nichts zur Sache.« Vielmehr stellt dies eine Kontinuität in der deutschen Historie dar. Interessant an diesem Schlagwort »Überfremdung«, welches 1993 als deutsches Unwort des Jahres gewählt wurde, ist, dass zwar die »Fremden«, die die deutsche Kultur vermeintlich bedrohen, auswechselbar sind, aber die Zuschreibungsmechanismen sich ähneln.

Eine kontroverse Auseinandersetzung über die Einwanderung reicht schon bis vor die Gründung des Kaiserreiches zurück. Im Zuge dessen sprach etwa der Schriftsteller Ernst Moritz Arndt dramatisierend von einer »Überschwemmung« durch die »Fremden« – dabei waren vor allem die Juden und allgemein Menschen aus Osteuropa gemeint. Diese Tendenz hat sich in der Weimarer Republik zunächst verfestigt, dann fortgesetzt und schließlich radikalisiert und erreichte ihren Höhepunkt in der NS-Zeit. Unmittelbar nach der Machtübertragung seitens der nationalkonservativen Eliten ergriff die NSDAP Maßnahmen, um die Juden aus dem gesellschaftlichen und beruflichen Lebens auszugrenzen. Joseph Goebbels warnte 1933 vor einer »Überfremdung des deutschen Geisteslebens durch das Judentum«. Schließlich führte die NS-Ideologie durch den Genozid an den Juden und an anderen Gruppen wie den Sinti und Roma zu einem der größten Verbrechen der Menschheitsgeschichte.

Migration nach dem Zweiten Weltkrieg
In der Nachkriegszeit wurden für die Wirtschaft dringend benötigte Arbeitskräfte im Rahmen von Anwerbeabkommen ins Land geholt. Am 22. Dezember 1955 wurde in Rom das deutsch-italienische Anwerbeabkommen geschlossen. Spätestens seitdem am 13. August 1961 in Berlin die Mauer gebaut wurde, gewannen ausländische Arbeitskräfte für die westdeutsche Wirtschaft eine besondere Bedeutung. So wurde am 30. Oktober 1961 in Bad Godesberg das Anwerbeabkommen zwischen der Bundesrepublik Deutschland und der Türkei unterzeichnet.

Die dominierende Argumentation zur Ausländerbeschäftigung bestand darin, dass es keine politisch und wirtschaftlich zweckmäßigen Alternativen gebe, vor allem wenn man weiterhin wirtschaftliches Wachstum ankurbeln wolle. Der Wandel in der bundesdeutschen

Einwanderungspolitik erfolgte schließlich während der konservativliberalen Koalition unter Helmut Kohl 1983. Durch die »Rückkehrprämien« wurde den sogenannten Gastarbeitern eine Einmalzahlung von 10.500 DM in Aussicht gestellt. Durch diese zeitlich begrenzte finanzielle Sonderregelung erhoffte sich die Bundesregierung, die »ausländischen« Arbeitskräfte zur Rückkehr in das Herkunftsland zu nötigen. Gleichzeitig versuchte die Regierung Kohl, Einwanderungswellen aus bestimmten Regionen nach Deutschland zu verhindern. Die angeblichen kulturellen Unterschiede der Arbeitskräfte aus der Türkei wurden besonders stark betont. Dies brachte der damalige Bundesinnenminister Friedrich Zimmermann (CSU) folgendermaßen zum Ausdruck:

»Die (Türken) kommen aus einem anderen Kulturkreis und in einer anderen Größenordnung. Es ist ein riesiger Unterschied, ob ich hier 1,7 Millionen Moslems vor mir habe, die in Wirklichkeit ja nicht auf Dauer bleiben wollen, sich nicht integrieren wollen, auch nicht deutsche Staatsbürger werden wollen, sondern mit dem erkennbaren Willen einreisen, hier Geld zu verdienen und dann wieder zurückzugehen« (zit. nach Herbert, 2001, S. 139).

Durch die zunehmende Arbeitslosigkeit in den 1980er Jahren verändert sich die bundesdeutsche öffentliche und mediale Wahrnehmung über die »Gastarbeiterinnen und Gastarbeiter«. Während die Einwanderer z. B. aus der Türkei zunächst vor allem als Arbeitskräfte positiv wahrgenommen wurden, da sie zum Wirtschaftswachstum beitrugen, traten in konjunkturell schlechteren Zeiten kontroverse integrationspolitische und soziale Debatten in den Vordergrund, die zunehmend von Ablehnungsdiskursen geprägt waren.

Zäsuren

Anfang der 1990er Jahre hat die bundesdeutsche Migrations- und Flüchtlingspolitik im Zuge der politischen Umbrüche eine starke Emotionalisierung und Polarisierung erfahren. Im Zuge der Wiedervereinigung, der zunehmenden Arbeits- und Perspektivlosigkeit sowie dem Anstieg der Flüchtlingszahlen prägen sich bundesweit extreme Formen rechter Gewalt aus. Im Vorfeld der auch medial flankierten

I. NSU-KOMPLEX UND RASSISTISCHE KONTINUITÄTEN

Änderung bzw. der Aushöhlung des Artikel 16 (Grundrecht auf Asyl) kam es zwischen 1991 und 1993 in Deutschland zu einer Welle rechtsextremer Taten gegen migrantische Bürger_innen. Den Höhepunkt dieser rechtsextremen Gewalt bildeten die Brandanschläge und Morde in Hoyerswerda, Rostock-Lichtenhagen, Mölln und Solingen.

Einen weiteren tiefen Riss im Zusammenleben in der Aufnahmegesellschaft bedeutete knapp zehn Jahre später, im September 2001, der Anschlag islamistischer Attentäter auf das World Trade Center in New York. In vielen Ländern zog dieser Anschlag weitere terroristische Akte nach sich. Auch in Deutschland wurden verstärkt islamfeindliche Tendenzen geweckt und die Religion in öffentlichen Debatten als zentraler Aspekt bezüglich der Integrationsfähigkeit bzw. -unfähigkeit der muslimischen Mitbürger_innen – bzw. als solcher wahrgenommener – problematisiert. In welche Richtung die Diskussion ging, zeigen die Worte des angesehenen Historikers Hans-Ulrich Wehler in einem *taz*-Interview:

»Die Bundesrepublik hat kein Ausländerproblem, sie hat ein Türkenproblem. Diese muslimische Diaspora ist im Prinzip nicht integrierbar. Man soll sich nicht freiwillig Sprengstoff ins Land holen« (in: die tageszeitung, 10.9.2002).

Solche polemischen und stark diffamierenden Äußerungen über Menschen mit türkischem bzw. muslimischem Hintergrund dominierten zunehmend den migrations- und integrationspolitischen Diskurs in Deutschland. Seit der Jahrtausendwende stehen »die Muslime« auch in Deutschland in zunehmendem Maße im Fokus des öffentlichen Interesses. So fanden u.a. gegen den Bau der Zentralmoschee in Köln-Ehrenfeld, gestützt von der rechtspopulistischen Partei »Pro-Köln«, Protestkundgebungen oder seit Ende 2014 durch PEGIDA getragene Demonstrationen gegen eine vermeintliche »Islamisierung des Abendlandes« statt. Neben solchen gesellschaftlich ausgetragenen Ablehnungsdiskursen gegen Menschen mit muslimischem Glauben haben die rechtsterroristischen Anschläge des sogenannten Nationalsozialistischen Untergrunds das Misstrauen von vielen Menschen mit türkeistämmigem Hintergrund zu deutschen Behörden und Medien weiter gesteigert.

Der Bestseller

Die von Thilo Sarrazin verbreiteten Thesen über die »Integrationsunfähigkeit« und auch Gefahren, die angeblich von muslimischen Migranten ausgehen sollen, stellen im migrationspolitischen Diskurs in der Bundesrepublik meines Erachtens eine Zäsur dar. Noch vor der Veröffentlichung des Buches »Deutschland schafft sich ab – Wie wir unser Land aufs Spiel setzen« (2010), von dem laut *Handelsblatt* bis 2012 insgesamt rund 1,5 Millionen Exemplare verkauft wurden, machte sich der Bestsellerautor mit seinen kulturrassistischen wie teilweise auch biologisch-rassistischen Thesen schon zuvor einen Namen. Im September 2009 gab Thilo Sarrazin der Zeitschrift *Lettre International* ein Interview, durch das eine Diskussion bezüglich Migrationsfragen ausgelöst wurde. Dabei ging es auch um die Frage, inwieweit in Sarrazins Äußerungen rassistische und »islamfeindliche« Positionen enthalten sind. Denn er äußerte sich an mehreren Stellen diskriminierend gegenüber dem muslimischen Teil der Bevölkerung:

»Integration ist eine Leistung dessen, der sich integriert. Jemanden, der nichts tut, muss ich auch nicht anerkennen. Ich muss niemanden anerkennen, der vom Staat lebt, diesen Staat ablehnt, für die Ausbildung seiner Kinder nicht vernünftig sorgt und ständig neue kleine Kopftuchmädchen produziert. Das gilt für 70 Prozent der türkischen und 90 Prozent der arabischen Bevölkerung in Berlin« (in: Lettre International, Nr. 86, 2009, S. 197-201).

Neben solchen stigmatisierenden Thesen, welche sich zum Teil auf willkürlich geschöpfte Daten stützen, schürte Sarrazin im *Lettre International*-Interview Überfremdungsängste bei der »Mehrheitsbevölkerung« in Deutschland: »Die Türken erobern Berlin genauso, wie die Kosovaren das Kosovo erobert haben: durch eine höhere Geburtenrate« (ebd.).

Problematisch sei für ihn außerdem vor allem, dass diese Bevölkerungsgruppe ihre Bringschuld zur Integration nicht akzeptiere. Sarrazin betont, dass große Teile der türkisch- und arabischstämmigen Bevölkerung in Berlin weder integrationswillig noch integrationsfähig seien.

Mit der Veröffentlichung des Buches »Deutschland schafft sich ab« wurden Sarrazins Thesen breit in der Gesellschaft diskutiert. Die Medien leisteten dem Autoren durch Vorabdrucke *(Spiegel, Bild)* oder Interviews teilweise Schützenhilfe. Laut *Spiegel* hatte Sarrazin »den Nerv der Zeit« getroffen. Folglich habe es den Anschein, dass viele Bürgerinnen und Bürger in Deutschland mit der »Integrationspolitik« sehr unzufrieden sind.

Sarrazin behauptet zum einen, dass z. B. alle Juden ein bestimmtes Gen teilen würden, stellt also einen engen Zusammenhang zwischen Genen und Bevölkerungsgruppen her. In diesem Kontext argumentiert er mit der vermeintlich mangelnden Intelligenz der Musliminnen und Muslime, die vererbt werde. Gerade durch die hohe Fertilitätsrate würden sich die »minderwertigen« Gene vermehren und den »Standort« Deutschland gefährden. Durch diese Begründung wird der biologische Rassismus zum Teil rehabilitiert. Besonders im Zusammenhang mit der mörderischen NS-Vergangenheit Deutschlands und ihren Folgen sind solche Argumente mehr als bedenklich.

Zum anderen unterstellt er, dass viele soziale Probleme ausschließlich auf die Kultur »der Muslime« zurückzuführen seien. Diese Unterstellung, alle Menschen einer Glaubensrichtung praktizierten diese auf gleiche Weise und individuelle Unterschiede innerhalb der Religion und Kultur existierten nicht, führt dazu, dass sich diese vermeintlich homogene Kultur mit »der Kultur« der Mehrheitsgesellschaft vorgeblich nicht vereinbaren lässt. Dabei spielt auch die Behauptung einer »Überfremdung« durch eine »fremde Kultur« eine wesentliche Rolle. So greift Sarrazin zusammen mit seinen Mitstreitern aus Politik und Gesellschaft vorhandene Ängste auf und schürt »Islamfeindlichkeit« durch ein vermeintliches Untergangsszenario der deutschen Leitkultur. In seinem Buch zeichnet er ein Szenario, wonach innerhalb von vier Generationen rund 71,5 Prozent der in Deutschland lebenden Menschen einen Migrationshintergrund aus dem Nahen und Mittleren Osten oder Afrika haben – ausschließlich muslimisch geprägte Länder – und nur noch 28,5 Prozent keinen oder einen anderen Migrationshintergrund. Dies sei dem Umstand geschuldet, dass das deutsche Volk eine zu geringe Fertilitätsrate habe. Daraus folgt für Sarrazin:

»Dass die autochthonen Deutschen innerhalb kurzer Zeit zur Minderheit in einem mehrheitlich muslimischen Land mit einer gemischten, vorwiegend türkischen, arabischen und afrikanischen Bevölkerung werden, wäre die logische und zwingende Konsequenz aus dem Umstand, dass wir als Volk und Gesellschaft zu träge und zu indolent sind, selbst für ein bestanderhaltendes, unsere Zukunft sicherndes Geburtenniveau Sorge zu tragen und diese Aufgabe quasi an Migranten delegieren« (Sarrazin, 2010, S. 359).

Nicht zuletzt erweckten die sehr guten Verkaufszahlen des Buches »Deutschland schafft sich ab«, bei anhaltender medialer Präsenz, den Eindruck, dass sich solche Deutungen in der Gesellschaft zunehmend etablieren. Gerade weil die rechtspopulistischen und rassistischen Thesen Sarrazins aus der »Mitte« der Gesellschaft formuliert werden und über Migrant_innen überwiegend auch in den Medien vor allem in negativen bzw. in »bedrohlichen« Zusammenhängen berichtet wird, verfestigen sich Thesen der Rechten verstärkt in der »Mitte« der Gesellschaft.

Rechte Themen im Mainstream
Einige anerkannte Politiker, Wissenschaftler und Journalisten, die als »Islamkritiker« gelten, unterstützen Sarrazins Thesen. Sie entwerfen einen Dualismus zwischen dem Islam und der säkularen Zivilisation. Bei dem gegenwärtigen Diskurs um »den Islam« entsteht zunehmend das Bild einer bedrohlichen Gegenwelt zur westlichen Zivilisation, das laut dem Historiker und Migrationsforscher Klaus J. Bade »lehrbuchhaft« die Kernelemente eines ideologischen Konstrukts erfüllt: »Der Islam wird als undemokratisch, totalitär, homophob, frauenfeindlich, patriarchisch, antisemitisch und einiges Weitere mehr dargestellt.« Dieser Misstrauensdiskurs gegenüber Musliminnen und Muslimen nährt die Vorstellung in der Gesellschaft, dass »der Islam« in Europa schlicht »nicht integrierbar« sei. 2010 äußerte sich der ehemalige Bundeskanzler Helmut Schmidt in einem Interview mit der österrei-

chischen Tageszeitung *Kurier* polemisierend zu Muslim_innen: »Auf Dauer ist es unwahrscheinlich, dass man mit islamischen Minderheiten wirklich zusammenleben kann in einer Gesellschaft, die überwiegend nicht islamisch ist. Der kulturelle Unterschied ist zu groß« (zit. nach Shooman, 2011, S. 63).

Die Behauptungen von Schmidt vermitteln die Annahme, dass solche extremen Zuschreibungsprozesse innerhalb breiter Bevölkerungsteile salonfähig zu sein scheinen. Zu den medial-öffentlichen Diskussionen über »die Muslime« konstatiert die Islamwissenschaftlerin Katajun Amirpur, dass sich diese »Gruppe« teilweise erst durch die Zuschreibung überhaupt selbst als Muslime wahrnimmt. So wird die Homogenisierung einer heterogenen Gruppe konstruiert. Trotz der Heterogenität des Islams formt die polarisierende Diskussion ein fiktives Kollektiv aus ihnen. Daher spricht Amirpur im Zusammenhang der kontinuierlichen »Islam-Debatte« von einer *Islamisierung des Islams*. Denn die in Europa und in Deutschland polarisierten Diskussionen erwecken den Eindruck, dass Muslim zu sein und zugleich an eine (selbsterklärte) freiheitlich-demokratische Grundordnung zu glauben, nicht vereinbar wären.

Neben zahlreichen Bestsellern von sogenannten Islamkritikern wie Udo Ulfkotte (»Mekka Deutschland: Die stille Islamisierung«, 2015) spielen im Mainstream weitere mediale Einlassungen eine maßgebliche Rolle bei der Etablierung rechter Themen: So titelte der *Focus* 2004 »Unheimliche Gäste – Die Gegenwelt der Muslime in Deutschland« oder *Der Spiegel* 2007 »Mekka Deutschland – Die Stille Islamisierung«. Solche medial ausgetragenen »Islam-Debatten« lösen vor allem diffuse Ängste aus, so dass ethnisierende und kulturalisierende Zuschreibungen sowie nationalistische Dispositionen stärker in die politische »Mitte« rücken.

Der Siegeszug der rechten »Bewegungen« und Parteien?

Wie fließend die Grenze zwischen dem rechten Rand und der gesellschaftlichen »Mitte« verläuft, zeigt sich insbesondere an den zahlreichen Wahlerfolgen der AfD und der rechtspopulistischen Mobilmachung der »Patriotischen Europäer gegen die Islamisierung des

Abendlandes« (»PEGIDA«). Wie schon bei der Pro-Bewegung wird auch bei diesen politischen »Bewegungen« (AfD und »PEGIDA«) der bürgerliche Charakter betont, indem man sich vor allem auf die »Werte der Aufklärung und des Abendlandes« beruft. Die zunehmende Radikalisierung der »Mitte« unserer Gesellschaft scheint sich vor allem hierin auszudrücken. So haben erste Untersuchungen der Mitte-Studie der TU Dresden ergeben, dass die Teilnehmer_innen der »PEGIDA«-Kundgebungen überwiegend Männer mittleren Alters sind. Diese Gruppe gehört vor allem der Mittelschicht an. Auch Wahlerfolge der AfD wurden zum Teil von der Mittelschicht getragen. Neben dem vermeintlichen Verlust der nationalen Identität lösen auch die Ängste vor dem sozialen Abstieg antidemokratische Einstellungen und diskriminierende Ressentiments aus, so dass dadurch beispielsweise eine Abwehrhaltung gegenüber Flüchtlingen und Muslim_innen reproduziert wird. Häufig wird das u. a. von Günther Beckstein (CSU) geprägte Bild des »Ausländers, der uns nutzt oder ausnutzt« verwendet, so dass in dieser Diskussion ein Sozialchauvinismus und Standortnationalismus propagiert wird. Die Zunahme der Radikalisierungsprozesse in der »Mitte« der Gesellschaft führt schließlich dazu, dass auch die Zahl der rechtsmotivierten Gewalttaten zunimmt. Selmin Çalışkan, bis September 2016 Generalsekretärin von Amnesty International in Deutschland, betont, dass die rassistischen Angriffe einen neuen Höhepunkt in der Geschichte der Bundesrepublik erreicht haben.

Jedoch ist diese Radikalisierung der gesellschaftlichen Mitte nicht nur ein deutsches Phänomen, sondern eine globale Erscheinung führender Industriestaaten in Europa und Nordamerika. US-Präsident Donald Trump hetzt beispielsweise in rechtspopulistischen Agitationen gegen Einwanderer, Muslime und andere »unterprivilegierte« Gruppen und stellt sich als Verfechter der radikalisierten »Mitte« dar. Aber auch in Europa sind die Rechtspopulisten bzw. -extremisten auf dem Vormarsch. So ist es in Frankreich gleichermaßen möglich, dass die rechtsextreme Partei Front National unter Marine Le Pen in einem rechtspopulistischen Gewand die nächste Präsidentin stellt. Die Liste der politischen Radikalisierung in Europa ist sehr lang, und diese Entwicklungen sind sehr besorgniserregend, vor allem weil der Glaube an eine Gesellschaftsordnung mit sozialen und demokratischen Rechten für *alle* durch das Erstarken reaktionärer Kräfte in Frage gestellt wird.

Dahingehend warnt auch der 2016 verstorbene Historiker Fritz Stern, der 1938 vor der NS-Diktatur in die USA floh, in einem Interview vor den gravierenden Entwicklungen in Europa:

»Ich befürchte, dass wir vor einem neuen Zeitalter von Angst und Illiberalität und neuem autoritären System stehen, wobei ich gleich ein Warnsignal von mir geben würde über Polen und Ungarn: Das sind Beispiele, die einem Sorge machen, große Sorgen und Entrüstung. Wie schnell man Polen sich von einer Demokratie zu einer autoritären Regierung hat ermöglichen lassen, ist furchtbar. Dieser Rechtsruck, der hat mit der Angst zu tun und die rechtsradikalen Kräfte, sowohl in Europa wie in diesem Land, verbreiten ja die Angst, die handeln ja mit Angst. Das ist sehr gefährlich. Ich erinnere mich wie so oft an den großen Franklin Roosevelt, der gesagt hat, das einzige, was wir zu fürchten haben, ist die Angst. The only thing we have to fear is fear itself, aber das war ein anderes Zeitalter und ein anderer Geist« (in: Deutschlandradio Kultur, 2.2.2016).

Literatur

Berberich, Frank (2009): Klasse statt Masse. Von der Hauptstadt der Transferleitungen zur Metropole der Eliten. Thilo Sarrazin im Gespräch, in: Lettre International, Nr. 86, S. 197-201.

Bollman, Ralph (2009): »Muslime sind nicht integrierbar«. Hans-Ulrich Wehler im Gespräch. www.taz.de.

Herbert, Ulrich (2001): Geschichte der Ausländerpolitik in Deutschland, München.

Sarrazin, Thilo (2010): Deutschland schafft sich ab. Wie wir unser Land aufs Spiel setzen, München.

Shooman, Yasemin (2011): Keine Frage des Glaubens. Zur Rassifizierung von »Kultur« und »Religion« im antimuslimischen Rassismus. In: S. Friedrich (Hg.): Rassismus in der Leistungsgesellschaft. Analysen und kritische Perspektiven zu den rassistischen Normalisierungsprozessen der »Sarrazindebatte«, Münster.

***

Azize Tank

Rechtsterrorismus, rechte Gewalt und institutioneller Rassismus

Als Mitglied des Deutschen Bundestages mit Migrationshintergrund war ich bisher nicht in meiner Funktion als Bundestagsabgeordnete, als Ausschuss-Mitglied o. ä. mit dem NSU-Komplex befasst. Er war aber wiederholt Gegenstand von Veranstaltungen, an denen ich aktiv beteiligt war, und begleitet mich als allgegenwärtiges Thema meiner Aktivitäten gegen Neonazis, rassistische Zustände und für Geflüchtete. Wenn ich dabei immer wieder betone, wie wichtig es ist, die Opferperspektive einzunehmen und ernst zu nehmen und den Familien der NSU-Opfer eine Stimme zu geben, dann nicht nur aus Solidarität und Mitgefühl. Vielmehr ist es mir genauso wichtig, den in den Taten selbst und bei ihrer vermeintlichen Aufarbeitung durch die zuständigen Behörden zu Tage tretenden Rassismus zu erkennen und radikal zu bekämpfen, um unsere Demokratie zu schützen.

Bis zur »Selbstentlarvung« des NSU konnten wohlmeinende Zeitgenossinnen und -genossen vielleicht noch annehmen, bis auf die »Ewiggestrigen« hätten die Menschen in Deutschland aus den Verbrechen des Faschismus gelernt und den Rassismus überwunden. Aber das war eine Täuschung, bei vielen sicher auch eine Selbsttäuschung. Denn schon vorher gab es immer wieder Ereignisse, die erhebliche Zweifel an einer solchen Annahme nähren konnten und bei vielen – gerade bei bewussten und sensiblen Migrantinnen und Migranten – auch genährt haben.

Wirklich überrascht war ich also eigentlich nicht, als im November 2011 ein »NSU« sich »selbst entlarvte«, wie es fortan so schön hieß. Auch nicht, als immer neue Details bekannt wurden, wie die, dass Familien und Freunde der Opfer zu Tatverdächtigen gemacht wurden, in welchem Umfang Geheimdienste in den NSU-Komplex verwickelt waren und wie viele Akten und Dokumente vernichtet und mögliche Zeugen durch mysteriöse Todesfälle plötzlich nicht mehr zur Verfügung standen.

Für Menschen mit Migrationshintergrund, speziell aus der Türkei, gab es schon zu Beginn der 1990er Jahre Erfahrungen, die sich tief in unser kollektives Gedächtnis eingebrannt haben. Ich meine nicht nur die Anschläge von Rostock-Lichtenhagen, Solingen, Mölln oder Hoyerswerda, als es – begleitet vom Beifall der Anwohner – zu pogromartigen rassistischen Ausschreitungen und zu neonazistischen Überfällen und Gewalttaten kam, die nur selten strafrechtlich geahndet wurden. Ich meine auch die offizielle Statistik zur rechten Gewalt in Deutschland oder den früheren Anlauf für ein NPD-Verbot beim Bundesverfassungsgericht.

Es war bekannt, dass Morde von rechten, nazistischen Tätern systematisch verharmlost und in den offiziellen Statistiken heruntergerechnet wurden. Zeitweise wurden sie nicht einmal in die Statistiken aufgenommen. So hatten die Recherchen zweier investigativer Journalistinnen bzw. Journalisten vom Berliner *Tagesspiegel* bereits 2010 mehr als 160 Tötungsdelikte von extremen Rechten seit Beginn der 1990er Jahre in Deutschland ergeben, etwa das Dreifache gegenüber den offiziellen Zahlen des Bundeskriminalamtes. Aber nicht einmal diese beiden Fachleute haben die zehn NSU-Morde als die von Rechten erkannt, obwohl es schon damals wiederholt Vorwürfe in diese Richtung von Seiten der Opfer und ihrer Verbände gegeben hatte. Die Publizistin Heike Kleffner stellte hingegen nach dem Bekanntwerden der NSU-Morde selbstkritisch fest, dass die Ursache für diese fehlende Erkenntnis ein zu großes »Staatsvertrauen« gewesen sei.

Auch hatten wir registriert, dass ein Verbot der NPD, der Partei von Alt- und Neonazis, beim Bundesverfassungsgericht 2003 insbesondere deshalb gescheitert war, weil diese bis in die Führungsebene von Agenten des Verfassungsschutzes durchsetzt war. Und dann gab es auch noch die Vorgeschichte, nämlich zwei rassistische Morde an Menschen »mit Migrationshintergrund«, an die zu erinnern ist. Den an einer Muslimin in Deutschland und den von einem Rassisten christlicher Prägung in Skandinavien.

Das grauenhafte und weltweit Aufsehen erregende Erstechen der im dritten Monat schwangeren ägyptischen Pharmazeutin und Handballspielerin Marwa El-Sherbini, deren Ehemann in Dresden promovierte, geschah in einem Gerichtssaal des Dresdner Landgerichts am 1. Juni 2009. Sie wurde mit 16 Messerstichen von einem Rassisten ermordet, weil er der Meinung war, sie habe in Deutschland »kein Lebensrecht«, und weil die Richter es sträflich versäumt hatten, sie als Belastungszeugin vor möglichen Attacken dieses wegen rassistischer Beleidigungen vom Amtsgericht verurteilten Täters zu schützen oder auch nur zu warnen. Dieser Mord erregte in Deutschland zunächst wenig Aufsehen. Zu Recht fragt der Integrationsforscher Klaus J. Bade: »Wie hätte das Echo in den Medien wohl ausgesehen, wenn der Gewalttäter ein fundamentalistischer Islamist und sein Opfer eine schwangere Deutsche ohne Migrationshintergrund gewesen wären?« Erst als es Proteste in Ägypten und anderswo gab, entschuldigte sich die Bundeskanzlerin beim ägyptischen Staatspräsidenten.

Zur Erinnerung: Die Richter hatten es versäumt, den rassistischen Angeklagten und späteren Mörder Alex Wiens vor dem Gerichtssaal durchsuchen und kontrollieren zu lassen und nach der Attacke für schnelle Hilfe zu sorgen. Sie hielten es nicht einmal für nötig, unverzüglich Verwandte bzw. die ägyptische Auslandsvertretung zu informieren. Erst nach der Mordtat wurden beim Dresdner Landgericht die in den meisten Gerichten in Deutschland üblichen Sicherheitskontrollen eingeführt. Ausgerechnet die Familie des Opfers und die Nebenklagevertreter waren als erstes davon betroffen. Hierzu Bade:

»Am Prozess gegen den Mörder Alex Wiens interessierten viele Berichterstatter vor allem die massiven Sicherheitsvorkehrungen der Dresdner Polizei: Sogar Scharfschützen waren auf dem Dach des Gerichtsgebäudes postiert. Dass deren Gewehre nicht auf Leute wie Wiens, sondern auf Muslime gerichtet waren – der Dresdner Polizeichef begründete die Maßnahmen mit dem Gefasel eines obskuren Internet-Islamisten –, war ein weiterer Beitrag für die Angst und den Abscheu vor dem Islam, der sich in Deutschland breitgemacht hat. (…) Nachdem weder Terroristen noch gewalttätige Demonstranten sich vor dem Landgericht hatten blicken lassen, zogen die Kamerateams – vermutlich enttäuscht – wieder ab. Die hysterischen Maßnahmen der Dresdner Polizei schienen den Reportern kaum einen kritischen Kommentar wert.«

Der Täter wurde indes von den Ermittlungsbehörden als »verwirrter Einzeltäter« behandelt, die rassistischen Hintergründe kaum thematisiert und die Verbindungen zu organisierten Neonazis und deren Ideologie ausgeblendet, obwohl Wiens öffentlich zur Wahl der NPD aufgerufen hatte. Und die bei ihm beschlagnahmte Festplatte seines PCs, auf der sich auch die Korrespondenz mit den Neonazis befunden hat, ging ausgerechnet während der Untersuchung in der Staatsschutzabteilung des Landeskriminalamtes (LKA) in Flammen auf und war nicht mehr rekonstruierbar, wie die Akteneinsicht des Rechtsanwalts der Familie später ergab. Ein erstaunlicher Zufall bei den für ihre akribische Sorgfalt doch hochgelobten deutschen Ermittlungsbehörden, der ausgerechnet in derartigen Verfahren mit rassistischem Hintergrund wiederholt ähnlich aufgetreten ist. Erinnert sei in diesem Zusammenhang auch an den Fall des in einer Polizeizelle in Dessau gefesselt verbrannten Afrikaners Oury Jalloh, bei dem die Ermittlungsbehörden von einem Selbstmord ausgehen. Oder etwa an den in den 1990er Jahren in Hannover beim Plakatieren von einem Polizeibeamten bei der Verfolgung »aus Versehen« von hinten erschossenen kurdischen Jugendlichen Halim Dener.

Aber zurück zum Fall Marwa El-Sherbini. Das strafrechtliche Ermittlungsverfahren gegen die Dresdner Richter wegen des Unterlassens geeigneter Maßnahmen zu ihrem Schutz wurde von der Staatsanwaltschaft Dresden eingestellt, weil die Attacken des Rassisten nicht voraussehbar gewesen seien. Ebenso wenig wurde der Bundespolizist strafrechtlich zur Verantwortung gezogen, der viel zu spät zu Hilfe gerufen worden war. Als Marwa El-Sherbini bereits in ihrem Blut am Boden lag und ihr Ehemann versuchte, dem Täter das Messer zu entreißen, um weitere Angriffe auf den vierjährigen Sohn zu verhindern, schoss er ausgerechnet auf den Ehemann von Marwa El-Sherbini und verletzte diesen schwer, statt auf den (blonden) Angreifer zu feuern. Das Verfahren gegen den Polizisten wurde von der Staatsanwaltschaft eingestellt, weil er sich nachvollziehbar geirrt habe, hieß es damals.

Weniger rücksichtsvoll ging die Staatsanwaltschaft in diesem Zusammenhang hingegen mit der Medienwissenschaftlerin Sabine Schiffer vom »Institut für Medienverantwortung« um. Sie wurde wegen übler Nachrede angeklagt, weil sie die Vermutung geäußert hatte, es könnte rassistische Gründe haben, dass der Polizist nicht auf den Angreifer, sondern ausgerechnet auf den ägyptischen Ehemann des Opfers geschossen hatte, der seine Frau einzig vor weiteren Messerstichen retten wollte! Und es fand sich tatsächlich ein zuständiger Amtsrichter, der Sabine Schiffer verurteilt hat. Erst in der zweiten Instanz besann man sich – wohl auch aufgrund zunehmender Proteste und öffentlicher Kritik – des Grundrechts der Meinungsfreiheit, das bekanntlich auch unbequeme Meinungen gegenüber staatlichen Eingriffen schützen soll.

Das Teilstück einer Dresdner Straße nach dem Mordopfer zu benennen, wurde übrigens von FDP und CDU abgelehnt, weil man ein ›Netzwerk der Schande‹ fürchtete, zu dem es allen Anlass gegeben hätte. Inzwischen wurde im Gerichtssaal eine Gedenktafel angebracht und es findet alljährlich zum 1. Juli eine Gedenkveranstaltung statt, auf der auch der Justizminister Sachsens spricht. Außerdem wurde ein Stipendium der staatlichen Universität – ohne die Familie zu fragen – nach Marwa El-Sherbini genannt. Die Zahlung eines Schmerzensgeldes an ihren schwer traumatisierten Witwer sowie den Sohn von Marwa scheiterte bisher daran, dass dieser sich weigerte, der sächsischen Regierung Atteste über seinen Gesundheitszustand vorzulegen.

Erinnern wir uns weiter an die mörderischen Attentate, die wenige Monate vor der »Selbstentlarvung« des NSU die Welt erschüttert hatten: Die des »antimuslimischen Rassisten und christlichen Fundamentalisten« Anders Breivik.

»Am 22. Juli 2011 zündete der antiislamisch, aber auch antimultikulturell und antidemokratisch, motivierte christlich-fundamentalistische Terrorist Anders Behring Breivik im Stockholmer Regierungsviertel eine schwere Autobombe, die gewaltige Schäden anrichtete, acht Menschen tötete und viele Passanten sowie Beschäftigte in den umliegenden Büros verletzte. Anschließend erschoss er, als Polizist verkleidet, auf der vorgelagerten Ferieninsel Utøya mit Handfeuerwaffen 69 vorwiegend jüngere Menschen und verletzte andere schwer.

Zunächst wurde allenthalben, insbesondere von ›Terrorexperten‹ der Medien auch in Deutschland auf einen islamistisch motivierten Terroranschlag gesetzt, was mehr aus rassistischen Vorurteilen schöpfte als aus der Kriminalstatistik; denn nach Informationen von Europol gab es 2010 in der EU zwar 249 Terroranschläge, von denen aber nur drei einen islamistischen Hintergrund hatten. Bis in den Abend hinein wetteiferten die ›Terrorexperten‹ mit einschlägigen Nicht-Ausschluss-Vermutungen, die, so ein sarkastischer Kommentar in der FAZ, ›höchstens noch Millimeter von der *Switch*-Satire entfernt‹ waren, in der die Reporterin auf die Frage nach der Ursache eines gerade passierten Unglücks sagt: ›Al Qaida. Alles andere wäre zum jetzigen Zeitpunkt reine Spekulation.‹« (Klaus J. Bade: Kritik und Gewalt. Sarrazin-Debatte, »Islamkritik« und Terror in der Einwanderungsgesellschaft«, Schwalbach 2013, S. 270f.) An gleicher Stelle zitiert Klaus J. Bade den SPD-Vorsitzenden Sigmar Gabriel, der laut *dpa*-Interview Ende Juli 2011 erklärte: »In einer Gesellschaft, in der der Anti-Islamismus und die Abgrenzung von anderen wieder hoffähig wird, in der das Bürgertum Herrn Sarrazin applaudiert, da gibt es natürlich auch an den Rändern der Gesellschaft Verrückte, die sich letztlich legitimiert fühlen, härtere Maßnahmen anzuwenden. Attentäter wie Breivik handeln dann in der Vorstellung, der schweigenden Mehrheit zum Durchbruch zu helfen.« (S. 277)

Hellsichtige Worte, denen aber keine weitsichtigen Taten folgten, und die zu Unrecht auf »Verrückte am Rande der Gesellschaft« orientieren und so den strukturellen und institutionellen Rassismus aus dem Blick nehmen, obwohl dieser auch im Herbst 2011 mit Händen zu greifen war.

Jedenfalls war ich nicht wirklich überrascht, als kurze Zeit danach der NSU gleichsam aus dem Nichts auftauchte und die Schlagzeilen beherrschte, und erst recht nicht darüber, wie schwierig sich die allseits geforderte und versprochene Aufklärung gestaltete und bis heute noch immer gestaltet.

Kurzes Erschrecken, unzureichende und falsche Konsequenzen

Bestürzend war für mich also eher, dass dem kurzfristigen Erschrecken über die Existenz einer rechtsterroristischen Mördertruppe in Deutschland und dem Versprechen gründlicher Aufklärung so wenig selbstkritische Analyse der gesellschaftlichen Ursachen und Hintergründe der Taten und ihrer Verschleierung stattfand. Trotz wichtiger Aufklärungsarbeit in den Untersuchungsausschüssen und vor dem Oberlandesgericht (OLG) München, einer Reihe investigativer Journalistinnen und Journalisten und eindringlicher Appelle der Betroffenen und ihrer Verbände, sind wichtige Fragen nach wie vor ungeklärt.

Ein Ereignis hatte dabei für mich hohe Symbolkraft: Der zunächst vergebliche Versuch von Journalistinnen und Journalisten aus der Türkei, einen festen Platz als Berichterstatter im Gerichtssaal des OLG München zu bekommen. Eine Zeitung aus der Türkei musste erst das Bundesverfassungsgericht anrufen, um berücksichtigt zu werden.

Statt versprochener Aufklärung:
Ausbau der Verfassungsschutzämter

Eine wirkliche Aufklärung des NSU-Komplexes wird es aus mehreren Gründen nicht geben:

- In Strafverfahren geht es nach unserer Strafprozessordnung immer nur um eine prozessuale Wahrheit im Umfang der vom Gericht zugelassenen Anklage, die aus den bekannten Gründen nur den aus drei Personen bestehenden NSU und einige Unterstützer aus dem rechten »Thüringer Heimatschutz«-Milieu im Visier hat – ganz zu schweigen von den hohen rechtlichen Hürden des Umfangs der Aussagegenehmigung und des sogenannten Quellenschutzes von Geheimdienstagenten; hier bedürfte es also ganz erheblichen parlamentarischen und außerparlamentarischen Druckes, um den Generalbundesanwalt (GBA) zur Aufnahme weiterer Ermittlungen zu zwingen;
- Die parlamentarischen Untersuchungsausschüsse stehen vor ähnlichen rechtlichen und politischen Problemen, zumal das Interesse an einer wirklich umfassenden Aufklärung der Zusammenhänge

sehr begrenzt zu sein scheint. Die Reaktionen der Regierungsparteien auf die Enthüllungen von Stefan Aust und Dirk Laabs über den Bauunternehmer Ralf Marschner (alias »Primus«) zeigen, dass er als Agent des sogenannten Verfassungsschutzes zwei aus dem »Mord-Trio« zu Zeiten ihres Lebens im Untergrund bei sich beschäftigt haben soll. Dadurch wird die behauptete Beschränkung der rechtsterroristischen Organisation auf drei Personen ebenso in Frage gestellt wie die angeblich fehlenden Aufklärungsmöglichkeiten durch die Ermittlungsbehörden.

Zu Recht haben die Nebenklagevertreter im NSU-Prozess den Abschlussbericht des Untersuchungsausschusses des Bundestages von 2013 als inkonsequent kritisiert und betont:

»Der Fehler liegt im System: Mangelndes Engagement kann man den Ermittlungsbehörden dabei freilich nicht vorwerfen. Hunderte Zeuginnen und Zeugen wurden selbst in der Türkei verhört, Drogenhunde eingesetzt, fingierte Dönerbuden eröffnet, verdeckte Ermittler als Journalisten eingesetzt, Steuerbanderolen auf Zigarettenschachteln überprüft; selbst ein Wahrsager wurde befragt. Über elf Jahre fahndeten hunderte Ermittler in die falsche Richtung. Alle Zeugen, alle Analysen, alle Beweismittel, die auf rassistisch motivierte Anschläge hindeuteten, wurden konsequent ignoriert.«

Für mich als interessierte Laiin bleibt allerdings die Frage: Wie kann zum Beispiel ein Beweismittel überhaupt ignoriert werden, wie es beim Video einer in der Kölner Keupstraße angebrachten Überwachungskamera der Fall war, die den Fahrradfahrer mit der Bombe auf dem Sattel genau zeigt, wie er sie ablegt und davonfährt? Es ist kein »südländisch« aussehender Mensch. Er sieht aus wie ein typischer Normalbürger, mit Baseballkappe und weißem T-Shirt. Er schiebt in Seelenruhe sein Fahrrad unter der Sonne und legt sodann die Bombe ab. Niemals wurde diesem Beweisvideo nachgegangen. (Anzusehen im Film »Der Kuaför aus der Keupstraße«, vgl. die Rezension von *Anja Röhl* in *Ossietzky* 10/2016).

Allein das hätte doch schon dem blutigsten Anfänger polizeilicher Kriminalistik andere Schlussfolgerungen aufdrängen müssen, nämlich als die Suche nach dem Täter in der Familie, der türkischen Mafia oder der PKK vergeblich war – von den professionellen »Profilern« der allabendlichen Krimiserien auf allen Kanälen ganz zu schweigen. Deshalb kann ich nur unterstreichen, wenn die Nebenklage im Münchner Prozess in Übereinstimmung mit zahlreichen antirassistischen Organisationen feststellt: Das entscheidende Problem werde im Bericht des Untersuchungsausschusses in der gemeinsamen Wertung nicht benannt: Der institutionelle Rassismus.

In dem Zusammenhang möchte ich aber betonen: genau dies, das Problem institutioneller Rassismus klar und deutlich zu benennen, wurde von der LINKEN in ihrer Erklärung zum Abschlussbericht des Bundestagsuntersuchungsausschusses gemacht. Auch haben die Vertreterinnen und Vertreter der LINKEN in den Untersuchungsausschüssen der Länderparlamente diesen entscheidenden Gesichtspunkt immer wieder herausgearbeitet und betont. Aber das ist natürlich noch lange kein Grund zum Ausruhen. Im Gegenteil: Erleben wir doch in der öffentlichen Debatte um den NSU-Komplex und die Konsequenzen – ähnlich wie bei dem NSA-Skandal – eine neue fatale Entwicklung. Statt rassistische Einflüsse und Strukturen zu analysieren, aufzudecken und zu zerschlagen, werden die Behörden, insbesondere Verfassungsschutz und Geheimdienste, ausgebaut und zentralisiert. Die Grenzen zwischen Polizei und Geheimdiensten sowie deren dezentrale Struktur werden gar entgegen dem antifaschistischen Auftrag des Grundgesetzes zunehmend aufgehoben und zu allem Überfluss wird auch noch nach dem Einsatz des Militärs im Inneren gerufen.

NSU-NPD-Pegida-AfD:
Kehrseiten einer schmutzigen Medaille

Fast täglich finden Übergriffe oder Anschläge auf Unterkünfte für geflüchtete Menschen statt. Besonders unerträglich ist das Versagen bzw. Verharmlosen staatlicher Behörden bei der Erforschung neofaschistischer Strukturen und der Aufklärung ihrer Straftaten. So zählt das Bundeskriminalamt für das Jahr 2015 mehr als 1.000 Anschläge auf Flüchtlingsunterkünfte und Flüchtlinge; dazu kommen zahllose rassistisch motivierte Gewalttaten gegen Muslime und Moscheen, Synagogen und Juden, Sinti und Roma und PoC (People of Colour). Rassistische Gewalt und rechter Terror durch Neonazis haben sich in den bundesdeutschen Alltag eingeschrieben, und trotzdem bleiben auch heute noch Opfer rassistischer Gewalt der fatalen Mischung aus Ignoranz, Inkompetenz, Verharmlosung und Vertuschung bei Strafverfolgern und Justiz ausgesetzt, die das Staatsversagen im NSU-Komplex im Zusammenspiel mit institutionellem Rassismus erst ermöglicht haben. Rechtspopulisten und selbsternannte »Islamkritiker« feiern sich als Retter eines imaginierten »christlich-jüdischen Abendlandes« – als hätte es die jahrhundertelange Geschichte von Verketzerung, Pogromen und den Holocaust als industriell organisierten Massenmord nicht gegeben. An die Stelle der völkischen Herrenrassen-Ideologie tritt bei ihnen ein religiös und kulturell begründeter Rassismus, wie er auch in anderen europäischen Ländern schon länger um sich greift. Dieser betrachtet die Menschen nicht als Individuen, sondern bloß als Mitglied einer Gruppe (»die Muslime«), die als »anders«, »minderwertig« oder »gefährlich« markiert wird und deshalb auszugrenzen und zu beseitigen sei. Statt diese neue Form rassistischer Hasspropaganda als solche zu bekämpfen, wird sie als »Angst besorgter Bürger« verharmlost.

Dabei ist Deutschland in den letzten Jahren wiederholt von Gremien der UN und der EU kritisiert worden, weil es den Rassismus nicht konsequent und energisch bekämpfe.

Es gibt täglich Berichte und Schlagzeilen über (mutmaßliche) Terroristinnen und Terroristen, Durchsuchungen und Festnahmen, flächendeckende Überwachungen von potentiellen Terroristen, Gefährder-Ansprachen, Warnungen von »Terrorismus-Expertinnen und -Experten«, Analysen über die Gefährdung von Jugendlichen, von Gewaltorganisationen indoktriniert zu werden, über den geplanten Ausbau und die Finanzierung von flächendeckenden Aussteigerprogrammen.

Es gibt immer neue Forderungen nach Gesetzesverschärfungen und nach der Aufrüstung von Sicherheitskräften und es gibt fast täglich Talkshows auf allen Programmen, in denen sich führende Politikerinnen, Politiker und Prominente zum Problem »Terrorismus« – all das aber eben nur bezogen auf den »islamistischen Terrorismus« und bezeichnenderweise nicht auf den von NSU und anderen Rechtsterroristen, der nur marginal behandelt wird – äußern.

Angesichts der immer deutlicher werdenden Verwicklungen staatlicher Stellen in die rassistische Mordserie des NSU und der Verhinderung der Aufklärung ließe sich also zugespitzt sagen: Was wir in der letzten Zeit mit der gesellschaftlichen Entwicklung um »PEGIDA« und AfD und deren Kampf gegen die angeblich drohende »Islamisierung des christlichen Abendlandes« und die Abschottung Europas vor Geflüchteten, Migrantinnen und Migranten erleben, ist die Erfüllung des Vermächtnisses des NSU. Zum einen, weil die Politik Hass und Ausgrenzung von Migrantinnen und Migranten vorantreibt. Zum anderen, weil die Angst vor einer unsicheren Zukunft für immer mehr Migrantinnen und Migranten bestimmend wird. Dafür sind staatliche Stellen, insbesondere »Verfassungsschutz« und Geheimdienste, aber auch Polizei und andere Sicherheitskräfte, maßgeblich verantwortlich und der institutionelle Rassismus ein entscheidender Faktor. Schon gibt es die ersten Enthüllungen über sogenannte V-Leute als Aktivisten und Wortführer dieser Organisationen. Meldungen über rechtsterroristische NSU-Nachfolgeorganisationen häufen sich. Die Ermittlungen gegen eine offenbar im sächsischen Freital aktive rechtsterroristische Organisation konnte die Bundesanwaltschaft erst nach monatelangem Tauziehen an sich ziehen. Zugleich werden geplante und durchgeführte Verschärfungen im Straf-, Aufenthalts- und Asylrecht zunehmend mit einer drohenden Gefahr durch muslimische Migrantinnen und Migranten begründet.

Spätestens bei den ersten offenen Pogromen gegen Muslime, Geflüchtete und Ausgegrenzte müsste auch den letzten Demokratinnen und Demokraten endlich klar werden, dass die Saat von NSU und Rechtsterrorismus mit Hilfe des institutionellen Rassismus aufzugehen droht. Wehren wir also den Anfängen, bevor es dazu zu spät ist!

***

Karim Fereidooni

(Rassismusrelevante) Fehler im Zuge der »NSU«-Ermittlungen

Dieser Beitrag fokussiert auf die (rassismusrelevanten) Fehler, die von den polizeilichen und nachrichtendienstlichen Ermittlungsbehörden im Zuge der »NSU«-Ermittlungen begangen wurden und geht außerdem auf die Notwendigkeit rassismuskritischen Professionswissens für Mitarbeiter_innen des Verfassungsschutzes und der Polizei ein.

Die (rassismusrelevanten) Fehler im Zuge der »NSU«-Ermittlungen

Im Zuge der Ermittlungen der vom »NSU« begangenen Verbrechen kam es zu einer Reihe von (rassismusrelevanten) Fehlern durch die Ermittlungsbehörden. Beispielsweise wurden Tatorte von Polizist_innen verändert, bevor die Spurensicherung ihre Arbeit aufnehmen konnte (vgl. Aust/Laabs 2014, S. 162. Funke 2015, o. S.), Zeug_innenaussagen wurden falsch protokolliert (vgl. Aust/Laabs 2014, S. 509. 612), Asservate wurden unsachgemäß behandelt (vgl. ebd., S. 281 f., 379) bzw. sind verloren gegangen (vgl. ebd., 404), wichtigen Spuren wurde – u. a. aufgrund des Kompetenzgerangels der unterschiedlichen Ermittlungsbehörden (dem Bundesamt und den Landesämtern für Verfassungsschutz sowie dem Militärischen Abschirmdienst (MAD), dem Bundeskriminalamt (BKA) und den Landeskriminalämtern (LKA) sowie den verschiedenen Sonderkommissionen, die den regionalen Polizeidirektionen bzw. Landespolizeidirektionen zugeordnet waren) und interner Machtkämpfe – nicht (rechtzeitig) nachgegangen (vgl. ebd., S. 295-822*), Polizist_innen wurden von ihren Vorgesetzten dazu angehalten, nicht zu ermitteln (vgl. ebd., S. 551 f.) und Ermittlungen anderer Behörden wurden gezielt sabotiert (vgl. ebd., S. 337. 401. 549. 556 f. 655. 821. Tageschau.de 2016b, o. S.).

---

*   Konkret: S. 295. 301 f. 322. 308. 329. 334 f. 346. 340. 380. 392. 412. 416. 427. 424 f. 431. 442. 463. 469. 474. 480. 512. 550. 574. 580. 583. 597. 726 f. 822.

Die Rassismusrelevanz der Ermittlungsfehler ergibt sich aus dem Umstand, dass viele Jahre lang, während der »NSU« ungestört gemordet hat, nicht die rechtsextreme Szene, sondern der Familien- und Freundeskreis der »NSU«-Opfer, ausländische kriminelle Banden, ausländische politische Organisationen oder die internationale Drogen- und Schutzgeldmafia verdächtigt worden sind, die Taten begangen zu haben. Beispielsweise wurde Serkan Y., das schwer verletzte Opfer der »Taschenlampen-Bombe«, die am 23.6.1999 in Nürnberg detoniert ist, von der Polizei verdächtigt, die Tat selbst geplant und durchgeführt zu haben (vgl. Thüringer Allgemeine 2014, o. S.). Im Fall des am 9.9.2000 ermordeten Enver Şimşek notierten die Ermittler bereits kurz nach der Tat: »Es muss davon ausgegangen werden, dass es ihnen [den Tätern, d. Verf.] auf den Tod des Opfers ankam, auch auf die Gefahr hin, von hinzukommenden Tatzeugen beobachtet zu werden (...), was für eine Affekttat innerhalb der Familie spricht« (Aust/Laabs 2014, S. 453). Aufgrund dieser Mutmaßung wurden »die Telefone mehrerer Verwandter ab[ge]hör[t], auch das Auto der Witwe verwanzte man« (ebd., 463), und das Mordopfer wurde verdächtigt, Drogengeschäfte gemacht zu haben, was die Fahnder dazu veranlasste, »Löcher in den Wagen [von Şimşek zu bohren, d. Verf.], um besser mit Spezialsonden in Hohlräume zu gelangen« (ebd., S. 464). Als diese Anschuldigungen keine Ergebnisse erzielten, kamen die Polizist_innen auf eine andere Idee, wie Semiya Şimşek, die Tochter des Mordopfers, in einem Interview berichtet: »Ein Beamter hat einmal meiner Mutter ein Foto einer Frau gezeigt und gesagt: Das ist die Freundin Ihres verstorbenen Ehemannes. Er hat zwei Kinder mit ihr gehabt, eine zweite Familie gegründet. Meine Mutter sagte nur trocken, dass diese Kinder in diesem Fall herzlich bei uns aufgenommen seien. Wir waren die Opfer und durften es nicht sein. Da kamen wir wirklich an unsere Grenzen. (...) Es war sehr verletzend und demütigend, aber sie [gemeint ist Adile Şimşek, die Frau des Mordopfers und Mutter von Semiya Şimşek, d. Verf.] hat das Spiel durchschaut. Mich haben sie [die Polizei, d. Verf.] als 14-Jährige gefragt, wie ich das denn finde, dass ich noch zwei Geschwister habe. Das hat mich schockiert. Später hat die Polizei zugegeben, dass das nur ein Trick war, um uns aus der

Reserve zu locken« (Hinrichs 2013, o. S.). In Ihrem Buch »Schmerzliche Heimat« (2013) beschreibt Semiya Şimşek, wie sich – aufgrund der Anschuldigungen der Polizei und den sich daraus ergebenden Gerüchten – Verwandte und Freunde von ihr, ihrer Mutter und ihrem Bruder abgewendet haben.

Auch die Telefone der Opferfamilie Malayeri, deren Tochter Mashia – schwer verletzt – den »NSU«-Bombenanschlag vom 19.1.2001 im elterlichen Lebensmittelgeschäft in Köln überlebte, wurden von der Kripo abgehört, weil vermutet wurde, »dass ein unbekannter Täter die Malayeris erpressen könnte, die Bombe vielleicht eine Warnung war« (Aust/Laabs 2014, 473). Auch in Richtung des iranischen Geheimdienstes wurde ermittelt (vgl. ebd., S. 473). Zudem wurde im Rahmen der Zeugenbefragung der Krankenhausärzte von Mashia Malayeri bekannt, dass die Krankenhausakte des Opfers verschwunden ist, obwohl Krankenhausakten normalerweise 30 Jahre lang archiviert werden (vgl. Funke 2014, o. S.).

Im Rahmen der Ermittlungen des Mordes an Haber Kiliç am 29.8.2001 in München sprachen Ermittler »von einer ›Mauer des Schweigens‹ (...), die sie in der ›türkischen Gemeinschaft‹ empfangen habe (Aust/Laabs 2014, S. 509), obwohl die Zeug_innen mit der Polizei kooperierten; »nicht das kleinste, private Gerücht wurde verschwiegen« (ebd., 510). Bereits wenige Tage nach der Tat fokussierte die Polizei in ihren Ermittlungen auf die »PKK und Graue Wölfe, (...) Glücksspiel, Drogen, Prostitution« (Sundermann 2013, o. S.). Deshalb wurden Wohnung und Ladenlokal der Kiliçs auf Heroinspuren und andere Betäubungsmittel untersucht (Aust/Laabs 2014, S. 511).

Nach dem fünften Mord am 25.2.2004 an Mehmet Turgut in Rostock waren türkische Staatsangehörige von besonderem Interesse für das Bundeskriminalamt, berichtet der BKA-Waffenermittler Werner Jung (...) vor dem »NSU«-Ausschuss in Berlin (ebd., 575), und kurze Zeit nach der Explosion der Nagelbombe in der Kölner Keupstraße am 9.6.2004 wurde aus dem Büro des ehemaligen NRW-Innenministers Fritz Behrens sowie von Ex-Innenminister Otto Schily verlautbart, dass »keine Hinweise auf terroristische Gewaltkriminalität vor[liegen]« (ebd., 590. 596), stattdessen wurde in Richtung einer

»türkischen Türsteherszene« (ebd., 590) ermittelt. Diese Direktive war seitdem handlungsleitend für die Polizist_innen. Vor dem »NSU«-Untersuchungsausschuss des Bundestages entschuldigte sich Behrens im Jahr 2012 für seine »fatalen Fehleinschätzungen« (Kölnische Rundschau 2012, o. S.). »Nach Ansicht des Unions-Obmanns im Ausschuss, Clemens Binninger, wurde bei den Ermittlungen in Köln die möglicherweise größte Chance vertan, dem ›NSU‹-Terrortrio auf die Spur zu kommen. Ein Flugblatt und ein Video vom Tatort hätten als Indizien vorgelegen. Stattdessen konzentrierten sich die Ermittler voll auf mögliche Täter im türkischen Milieu oder in der organisierten Kriminalität« (ebd., o. S.). Zudem wurde Behrens fehlende Anteilnahme für die 22 Opfer des Nagelbombenanschlags in Köln vorgeworfen, weil er nach dem Anschlag nicht zum Tatort, sondern in Urlaub gefahren ist (ebd., o. S) Aust/Laabs (2014, S. 598) konstatieren diesbezüglich: »Es steht außer Zweifel, hätte es eine Sekunde lang den Verdacht gegeben, dass Islamisten hinter dem Anschlag [in der Kölner Keupstraße, d. Verf.] stecken könnten, der Fall hätte über Jahre große Priorität gehabt. Aber die Keupstraße wird von Bundesseite behandelt wie exterritoriales Gebiet.«

Auch nach dem sechsten »NSU«-Mord am 9.6.2005 an İsmail Yaşar in Nürnberg wird die Wohnung des Opfers »auf Mikro-Spuren von Betäubungsmitteln [durchsucht; ohne Ergebnis, d. Verf.]« (ebd., S. 607). Obwohl sich zahlreiche Zeug_innen meldeten, behauptete Kriminaloberrat Johann Schlüter: »Der türkischen Mentalität entspricht es auch, nicht unbedingt immer mit den Behörden zusammenzuarbeiten, was dazu führt, dass die Polizei nicht alles erfährt« (ebd., S. 612). Die Täter-Opfer-Umkehr führte so weit, dass Polizist_innen, die mit dem Fall betraut waren, während der Ermittlungen kategorisch ausschlossen, dass die Morde von deutschen Täter_innen begangen worden waren. Die wohl aussagekräftigste Formulierung in Bezug auf rassismusrelevante Einstellungsmuster der beteiligten Polizist_innen findet sich in der Operativen Fallanalyse des LKA Baden-Württemberg. Darin steht geschrieben: »Es handelt sich nicht um spontane Handlungen aus einem affektiv begründeten Impuls heraus. Somit ist davon auszugehen, dass den Täter die Fähigkeit und auch

Bereitschaft charakterisiert, die Tötung einer Reihe von menschlichen Individuen im Rahmen eines kühlen Abwägungsprozesses (räumlich von den jeweiligen Opfern abgesetzt) in seinen Gedanken vorwegzunehmen und zu planen. Vor dem Hintergrund, dass die Tötung von Menschen in unserem Kulturraum mit einem hohen Tabu belegt ist, ist abzuleiten, dass der Täter hinsichtlich seines Verhaltenssystems weit außerhalb des hiesigen Normen- und Wertesystems verortet ist (Deutscher Bundestag 2013, S. 19). Somit wurden die Morde ethnisiert und exterritorialisiert. Dies geht u. a. aus den Namen der polizeilichen Sonderkommissionen hervor, die folgendermaßen benannt wurden: »Besondere Aufbauorganisation Bosporus« (Aust/Laabs 2014, S. 489) und »Koordinierungsstelle Halbmond« (ebd., S. 512). Neben der Polizei nutzten auch Journalist_innen im Zuge ihrer Medienberichterstattung über die »NSU«-Morde eine rassismusrelevante Sprache (vgl. Otto Brenner Stiftung 2014).

Zwar wurde insbesondere von den Hinterbliebenen der Mordopfer der Verdacht geäußert, dass Rechtsextreme für die Taten verantwortlich sein können, doch die Ermittler entschieden sich nahezu durchgängig, die (scheinbare) Spur, die zu der eigenen Familie bzw. in ein kriminelles Milieu führte oder sich auf das Ausland bezog (z. B. MHP, PKK), zu verfolgen.

Im Zuge der Ermittlungen wurden von der Polizei außerdem abstruse Wege eingeschlagen. Beispielsweise wurde im Jahr 2012 ein Hellseher zu Rate gezogen (vgl. Tretbar 2013, o. S.). Außerdem gaben sich Polizist_innen als Privatdetektive und Journalisten aus und eröffneten mithilfe von Vertrauenspersonen zwei Dönerstände (vgl. Aust/Laabs 2014, S. 616f.). »Die Idee: Der Betreiber zahlt seine Rechnungen nicht mehr, vielleicht kommt jemand vorbei und bedroht den Säumigen« (ebd., S. 616). Die deutschen Ermittler_innen kontaktierten und besuchten zudem Kolleg_innen in der Türkei, die sowohl die Hinterbliebenen der Mordopfer in Deutschland als auch die Opferfamilien in der Türkei befragten (ebd., S. 629).

Obwohl die Operative Fallanalyse des LKA NRW zu dem Schluss kommt, dass der Nagelbombenanschlag in Köln von Rechtsextremisten begangen sein könnte (vgl. ebd., S. 596f.), wurde über Jahre hinweg an der folgenden Kernthese der Operativen Fallanalyse des LKA Baden-Württemberg festgehalten: »Alle 9 Opfer hatten Kontakt zu einer Gruppierung, die ihren Lebensunterhalt mit kriminellen Aktivitäten bestreitet und innerhalb derer zudem ein rigider Ehrenkodex bzw. ein rigides inneres Gesetz besteht« (ebd., S. 693).

Weitere rassismusrelevante Sachverhalte werden im Zuge der Ermittlungen des zehnten »NSU«-Mordes an der Polizistin Michèle Kiesewetter am 25.4.2007 in Heilbronn bekannt: Zwei Kollegen des Opfers waren Mitglieder des Ku-Klux-Klan, andere Beamte haben eines Abends rechtsradikale Parolen skandiert und sich mit Migranten an einer Tankstelle geprügelt und wiederum andere Polizist_innen in Kiesewetters Einheit hörten Rechtsrock (vgl. ebd., S. 619. 633). Zudem haben Kolleg_innen, die Kiesewetter im Sommer 2006 in ihre ostdeutsche Heimat einluden, keine Hemmungen davor, mit einer Person Fußball zu spielen, die die Rückennummer 88 trug. Die Ziffer 8 steht für den achten Buchstaben im Alphabet, also für »H«. 88 bedeutet im rechtsextremen Milieu somit »Heil Hitler«. Ein Mitarbeiter des Landesamts für Verfassungsschutz Baden-Württemberg war zum Zeitpunkt von Kiesewetters Tätigkeit in Baden-Württemberg ein Maulwurf und gab polizeiliche Informationen an die Neonazis weiter (vgl. ebd., S. 543f.); er kommt mit einer Verwarnung davon und wird nicht anderweitig bestraft (vgl. ebd., S. 619f.). Deshalb überrascht es nicht, dass einige Kollegen von Kiesewetter »nicht 100-prozentig daran interessiert [sind, d. Verf.], den Mord an einer Kollegin aufzuklären« (ebd., S. 703).

Konsequenzen aus den NSU-Ermittlungen:
Die Notwendigkeit rassismuskritischen Wissens

Neben den unvermeidlichen Fehlern von Individuen und Institutionen, dem Profilierungsstreben und Konkurrenzkampf unterschiedlicher Behörden sowie dem föderalen System, das die polizeiliche und nachrichtendienstliche Zusammenarbeit über Ländergrenzen hinweg erschwert bzw. verunmöglicht, wurden im Zuge der Ermittlungen der »NSU«-Morde individuelle und institutionelle rassismusrelevante Einstellungen bzw. Routinen (re)produziert.

Mithilfe von Rassismus lässt sich der individuelle, institutionelle und gesellschaftliche Alltag strukturieren. Das hierzu angewendete Wissen wird als »rassistisches Wissen« (Terkessidis 2004, S. 10) bezeichnet. Dieses Wissen stellt Individuen und Gesellschaften »ein Interpretationsangebot zum Verstehen sozialer Vorgänge bereit und bietet ihnen eine Option, soziale Welt mittels rassistisch konstruierter Kategorien zu strukturieren« (Scherschel 2006, S. 12). Das rassistische Wissen ist – ebenso wie das grammatikalische, pädagogische und wirtschaftliche Wissen eines Menschen – ein erworbenes Wissen. Demnach existiert das rassistische Wissen nicht qua Geburt, sondern qua Sozialisation. Rassismus ist nicht irrational oder angeboren, er ist von Menschen gemacht und folgt einer Logik: Er dient als Legitimationsgrundlage, um Ungleichheitsverhältnisse etablieren und aufrechterhalten zu können. Bereits Kleinkinder besitzen rassismusrelevantes Wissen und benutzen dieses, um sich selbst und ihr soziales Umfeld zu kategorisieren (vgl. Eggers 2005).

Das rassistische Wissen wird beispielsweise mithilfe rassistischer Wörter (vgl. Arndt/Ofuatey-Alazard 2011), Kinder- und Schulbücher (vgl. Mätschke 2016. Marmer 2016 i. E.), Reiseliteratur (vgl. Staszczak 2014) und der Medienberichterstattung (vgl. Lösing 2014) (re)produziert. Die Funktionslogik des Rassismus wird aufrechterhalten selbst oder gerade, wenn diese nicht explizit ausgesprochen wird.

Damit ein_e Polizist_in bzw. Verfassungsschützer_in für das sozialisierte, in Alltags- und Gesellschaftsstrukturen inhärente, rassistische Wissen sensibilisiert und zudem gesellschaftlich damit begonnen werden kann, dieses Wissen zu dekonstruieren, ist rassismuskritisches Wissen vonnöten. Das rassismuskritische Wissen gilt es, proaktiv zu erwerben wie beispielsweise das Wissen um rechtliche Rahmenbedingungen einer Hausdurchsuchung. Rassismuskritik sollte, genauso wie die Fähigkeit eine Person zu observieren, zum Grundrepertoire der professionellen Selbstkompetenz von (angehenden) Polizist_innen und Verfassungsschützer_innen gehören.

Demnach stellt rassismuskritisches Wissen ein für (angehende) Polizist_innen und Verfassungsschützer_innen notwendiges Professionswissen dar, welches eines aktiven Lernprozesses bedarf. Dieser

Prozess beinhaltet beispielsweise das Wissen um die wissenschaftliche Definition, Entstehungsgeschichte und Formen, den Nutzen und die Kosten des Rassismus. Für die Beschäftigung mit Rassismus(kritik) eignen sich die folgenden Überblickswerke: Arndt (2015). Fereidooni (2016). Fereidooni/El (2016). Eggers et al. (2009).

Was ist Rassismus?
Philomena Essed (1992, S. 375) definiert Alltagsrassismus als »eine Ideologie, eine Struktur und ein[en] Prozess, mittels derer bestimmte Gruppierungen auf der Grundlage tatsächlicher oder zugeschriebener biologischer oder kultureller Eigenschaften als wesensmäßig andersgeartete und minderwertige ›Rassen‹ oder ethnische Gruppen angesehen werden. In der Folge dienen diese Unterschiede als Erklärung dafür, dass Mitglieder dieser Gruppierungen vom Zugang zu materiellen und nicht-materiellen Ressourcen ausgeschlossen werden«. Rassismus ist »eine spezielle Form der Diskriminierung, in der eine Hierarchisierung von Menschengruppen aufgrund ihrer Hautfarbe oder Herkunft vorgenommen wird«, während bei der Diskriminierung, »anders als beim Rassismus, jede Person jederzeit aus unterschiedlichsten Gründen Opfer von Diskriminierungen werden kann (z. B. wegen (…) sexueller Orientierung, (…) weil Frau, weil Mann, weil Chefin, weil Putzmann, weil zu klein/zu groß, weil zu dick/zu dünn, weil zu wenig hübsch, weil zu hübsch etc.)« (Bundschuh 2010, o. S.). Demnach sind Diskriminierungen, im Gegensatz zu Rassismus, nicht an die Konstruktion einer »anderen Herkunft« gebunden, sondern nehmen allgemein-personenbezogene Merkmale zum Anlass der Ungleichbehandlung.

Wann und wie entstand Rassismus?
Der scheinbar »wissenschaftliche« Rassismus entstand im Zeitalter der Aufklärung in Europa, durch die Einteilung von Menschen in unterschiedliche Gruppen, was als Rassifizierung bezeichnet wird. Es existieren keine »Rassen« im biologischen Sinne, wohl aber sozial konstruierte *Rassen.* »›Schwarz‹ bezeichnet eine politische Kategorie im Sinne einer ›Identität der Unterdrückungserfahrungen, die

alle Gruppen von people of color einschließt‹« (Piesche 1999, S. 204) und verweist auf das Widerstandspotential, das in der selbstbewussten Bezeichnung Schwarzer Menschen seinen Ausdruck findet. »[*Weiß*, d. Verf.] bezeichnet ebenfalls eine politische Kategorie, allerdings im Sinne von Machterfahrungen solcher Menschen, die als [*weiß*, d. Verf.] konstruiert sind und denen meist diese Macht gar nicht bewusst ist« (Wollrad 2005, S. 20). In Anlehnung an Eggers et al. (2009, S. 13) wird Schwarz großgeschrieben, während *weiß* klein und kursiv geschrieben wird, »um den Konstruktionscharakter markieren zu können und diese Kategorie ganz bewusst von der Bedeutungsebene des Schwarzen Widerstandspotenzials, das von Schwarzen und People of Color dieser Kategorie eingeschrieben worden ist, abzugrenzen«.

Wollrad (2005, S. 14) definiert Rassifizierung wie folgt: »Weiße europäische Philosophen, Anthropologen und Ethnologen haben nicht aus schlichter Ordnungsliebe Kategorien zur Klassifikation der gesamten Menschheit eingeführt, sondern die Ordnung wurde in Form einer Hierarchisierung gestaltet, deren Kern in der Selbstpositionierung der Erfinder an der Spitze der Hierarchie bestand«. Diese Hierarchisierung von Menschen nach scheinbar »objektiven« Kriterien wie beispielsweise der Hautfarbe geschah, um die ausbeuterische und mörderische Kolonialisierung und den »black holocaust bzw. die Maafa« legitimieren zu können. Der Begriff Maafa »kommt aus dem Kiswahili, bedeutet ›Katastrophe, große Tragödie, schreckliches Ereignis‹ und bezeichnet die komplexe interdependente Gemengelage von Sklaverei, Imperialismus, Kolonialismus, Invasion, Unterdrückung, Entmenschlichung und Ausbeutung (…) und (…) präsentiert sich (…) als widerständige Bezeichnung, die sowohl die fünfhundertjährige Geschichte *weißer* Gewalt (…) beschreibt als auch den Blick für die vielgestaltigen Widerstands- und Emanzipationsformen von Schwarzen Menschen auf dem afrikanischen Kontinent, in den Amerikas und in Europa öffnet. (…) Maafa und African/Black Holocaust werden (…) synonym gebraucht« (Ofuatey-Alazard 2011, S. 594).

Arndt (2014, S. 21) ist der Ansicht: »Wir sehen ›Hautfarben‹, weil der Rassismus dieses Sehen erfunden und in Wissen verwandelt hat«. Die rassismusrelevante Hierarchisierung von Menschen dient(e) somit als »Legitimationslegende«, [welche, d. Verf.] »die Tatsache der Ungleichbehandlung von Menschen ›rational‹ zu erklären versucht[e], obgleich die Gesellschaft [im Zeitalter der Aufklärung, d. Verf.] von der prinzipiellen Gleichheit aller Menschen [ausging, d. Verf.]« (Rommelspacher 2005, S. 1).

Welche Formen des Rassismus existieren?
Während der klassische Rassismus, mit seinen Ursprüngen in der Aufklärung, eine hierarchische Unterscheidung zwischen unterschiedlichen ›Rassen‹ vornimmt und die »*weiße*« ›Rasse‹, der ›gelben‹, ›roten‹ und ›schwarzen Rasse‹ als überlegen betrachtet (vgl. Kant 1968, S. 11 und 431 f. zitiert nach Mosse 2006, S. 54 f.) oder eine genetische Unterscheidung zwischen »Ariern« und »Juden« behauptet (vgl. Chamberlain 1934, S. 65 f. zitiert nach Mosse 2006, S. 128 f.), argumentiert der Neo-Rassismus bzw. der Kulturrassismus mit der Unterscheidungskategorie »höher- bzw. minderwertiger« Kulturen sowie der »Unvereinbarkeit von Kulturen« (vgl. Balibar 2002). Kultur beinhaltet in diesem Zusammenhang u. a. die zugeschriebene oder faktische Konfession, sodass »gegenwärtig (…) kulturell begründete Spaltungen in der bundesdeutschen Einwanderungsgesellschaft durch die öffentlich praktizierte Dichotomisierung von Muslimen und Nicht-Muslimen« präsentiert werden »bei der Muslime als potenziell bedrohlich« (Messerschmidt 2011, S. 51) dargestellt werden. Neben der Konfession und deren alltagspraktischer Manifestation z. B. durch religiöse Kleidungs- und Essensvorschriften, sind die Abwertung von Sprache und Staatsangehörigkeit rassismusrelevante Unterscheidungsmerkmale des Neo-Rassismus.

Ist es Rassismus, wenn es unintendiert geschieht?
In der Realität existieren rassistisches und rassismuskritisches Wissen parallel nebeneinander, worauf Scherschel hinweist: »Die Verwobenheit von rassistischer Konstruktion und ihrer gleichzeitigen selbstkritischen Problematisierung lässt (…) einen reflektierten Rassismus zu Tage treten, der sich dadurch auszeichnet, dass aufklärerische und rassistische Ideologeme zugleich kommuniziert werden können, mithin Rassismus und Selbstkritik in gleichem Atemzug vorkommen« (ebd.

2006, S. 172). Demnach schließt »Nettsein bzw. intelligent sein« das Denken bzw. Äußern von rassismusrelevanten Sachverhalten nicht aus. Broek merkt an, »daß Menschen nicht bewusst rassistisch sein wollen, bedeutet nicht, daß sie es nicht sind« (ebd. 1993, S. 93).

Alltagsrassismus ist in der Regel nicht intendiert, aber trotzdem problematisierungswürdig. Beispielsweise sollte folgende Schüler_innenäußerung: »Ich bin froh, dass die Ausländer bzw. Migranten hier sind, weil die Arbeiten machen, die die Deutschen nicht machen möchten« in ihrer Verwobenheit von Rassismus und Klassismus thematisiert werden.

Wer ist von Rassismus betroffen?
Alltagsrassismus beschädigt die Integrität aller Menschen; so auch von Menschen, die scheinbar von Rassismus (un)bewusst profitieren. Zwar ist darauf hinzuweisen, dass rassismusspezifische Erfahrungen von *weißen* Deutschen in Quantität und Qualität nicht mit jenen von Schwarzen Deutschen bzw. Deutschen of Color vergleichbar sind, doch neben dem (un)sichtbaren Nutzen von Rassismus, der sich in Privilegien in Bezug auf einen »vereinfachte[n] Zugang zur Gesundheitsvorsorge, Chancen auf höhere Bildung, die Möglichkeit Normen zu setzen, das Recht auf Anonymität, [den Luxus sich den Zeitpunkt und die Form der Beschäftigung mit Rassismus aussuchen zu können, d. Verf.]« (Yeboah 2016, S. 155) äußert, existieren die in offener bzw. klandestiner Form auftretenden Kosten des Rassismus für alle Menschen, die in rassismusrelevanten Gesellschaftsstrukturen leben. Während der Alltagsrassismus auf Seiten von Schwarzen Deutschen bzw. Deutschen of Color u. a. zur Gefährdung des physischen Überlebens und zur Deprivilegierung bezüglich des Zugangs zum Arbeits-, Bildungs-, Gesundheitsversorgungs- und Wohnungsmarkt führen kann, äußern sich die Kosten des Rassismus für *weiße* Deutsche in Form von »negativen psychosozialen Konsequenzen, die *weiße* aufgrund der (Re)produktion von Rassismus erfahren. Diese Konsequenzen betreffen ihre affektiven und kognitiven Fähigkeiten, sowie Verhaltensmuster (…). Beispiele (…) sind Schuld- und Schamgefühle, irrationale Angst vor Schwarzen und PoC, Ignoranz und verzerrte

Vorstellungen in Bezug auf Rassismus, Unwissen über ihre Identität als Weiße, eingeschränkte bis fehlende Kompetenz, in einer differenzsensiblen Welt zu leben u. a.« (Yeboah 2016, 155).

Literatur

Arndt, Susan / Ofuatey-Alazard, Nadja (Hrsg.) (2011): Wie Rassismus aus Wörtern spricht. (K)Erben des Kolonialismus im Wissensarchiv deutsche Sprache. Ein kritisches Nachschlagewerk, Münster.
Arndt, Susan (2014): Rassismus und Wissen. In: Gudrun Hentges u. a. (Hrsg.), Sprache – Macht – Rassismus, Berlin, S. 17-34.
Arndt, Susan (2015): Rassismus. Die 101 wichtigsten Fragen. 2. Aufl., München.
Aust, Stefan / Laabs, Dirk (2014): Heimatschutz. Der Staat und die Mordserie des NSU, München.
Balibar, Étienne (2002): Kultur und Identität. In: Alex Demirovic und Manuela Bojadzijev (Hrsg.), Konjunkturen des Rassismus, Münster, S. 136-156.
Bundschuh, Werner (2010): Unterrichtsbeispiel: Anregungen für Unterrichtseinheiten zum Gedenktag gegen Gewalt und Rassismus im Gedenken an die Opfer des Nationalsozialismus am 5. Mai. In: Forum Politische Bildung (Hrsg.), Erinnerungskulturen. Informationen zur Politischen Bildung, Bd. 32, Innsbruck, Wien, Bozen. www.politischebildung.com.
Broek van den, Lida (1993): Am Ende der Weißheit. Vorurteile überwinden. Ein Handbuch. 2. Aufl., Berlin.
Deutscher Bundestag (2013): Beschlussempfehlung und Bericht des 2. Untersuchungsausschusses der Fraktion Die Linke. www.bundestag.de.
Eggers, Maureen Maisha (2005): Rassifizierung und kindliches Machtempfinden – Wie schwarze und weiße Kinder rassifizierte Machtdifferenz verhandeln auf der Ebene der Identität. macau.uni-kiel.de.
Eggers, Maureen M. u. a. (Hrsg.) (2009): Mythen, Masken und Subjekte. Kritische Weißseinsforschung in Deutschland, Münster.
Eggers, Maureen M. (2009): Konzeptionelle Überlegungen. In: dies., Mythen, Masken, Subjekte. Kritische Weißseinsforschung in Deutschland. Münster, S. 11-13.
Essed, Philomena (1992): Multikulturalismus und kultureller Rassismus in den Niederlanden. In: Institut für Migrations- und Rassismusforschung (Hrsg.), Rassismus und Migration in Europa, Hamburg, S. 373-387.
Fereidooni, Karim (2016): Diskriminierungs- und Rassismuserfahrungen im Schulwesen. Eine Studie zu Ungleichheitspraktiken im Berufskontext, Wiesbaden.
Fereidooni, Karim / El, Meral (Hrsg.) (2016): Rassismuskritik und Widerstandsformen, Wiesbaden.
Funke, Hajo (5.6.2014): Prozesstag 118: Im NSU-Verfahren spricht das Opfer Mashia Malayeri, Probsteigasse. https://hajofunke.wordpress.com.
Funke, Hajo (30.8.2015): NSU-PUA Thüringen|UA 6/1 Protokoll 27.8.2015 – 2. Thüringer NSU-Untersuchungsausschuss (Abschleppen Wohnmobil, Feuerwehr, Rechtsmedizin). https://hajofunke.wordpress.com.

Hinrichs, Per (17.6.2015): »Ich würde da offen aus der Hüfte schießen«. www.welt.de.
Kölnische Rundschau (22.11.2012): NSU-Ausschuss Entscheidende Fragen bleiben ungeklärt. www.rundschau-online.de.
Lösing, Felix (2014): Nachrichten aus dem ›Herz der Finsternis‹. Rassismus im ›Spiegel‹. In: Gudrun Hentges u. a. (Hrsg.), Sprache – Macht – Rassismus, Berlin, S. 97-125.
Marmer, Elina (2016): »Man denkt, man kann sich alles erlauben, weil sie Schwarz sind«. Schüler_innen afrikanischer Herkunft über Rassismus in ihren Schulbüchern. In: Karim Fereidooni / Meral El (Hrsg.), Rassismuskritik und Widerstandsformen, Wiesbaden, S. 557-572.
Mätschke, Jens (2016): Rassismus in Kinderbüchern: Lerne, welchen Wert deine soziale Positionierung hat! In: Karim Fereidooni / Meral El (Hrsg.), Rassismuskritik und Widerstandsformen, Wiesbaden, S. 249-268.
Messerschmidt, Astrid (2011): Distanzierungsmuster. Vier Praktiken im Umgang mit Rassismus. In: Anne Broden / Paul Mecheril (Hrsg.), Rassismus bildet. Bildungswissenschaftliche Beiträge zu Normalisierung und Subjektivierung in der Migrationsgesellschaft, Bielefeld, S. 41-57.
Mosse, George L. (2006): Die Geschichte des Rassismus in Europa, Frankfurt/M.
Ofuatey-Alazard, Nadja (2011): Maafa. In: Susan Arndt / Nadja Ofuatey-Alazard (Hrsg.), Wie Rassismus aus Wörtern spricht. (K)Erben des Kolonialismus im Wissensarchiv deutscher Sprache. Ein kritisches Nachschlagewerk, Münster, S. 594-597.
Otto Brenner Stiftung (2014): »Das Unwort erklärt die Untat«. Die Berichterstattung über die NSU-Morde – eine Medienkritik. www.otto-brenner.de.
Piesche, Peggy (1999): Identität und Wahrnehmung in literarischen Texten Schwarzer deutscher Autorinnen der 90er Jahre. In: Cathy S. Gelbin u. a. (Hrsg.), AufBrüche. Kulturelle Produktionen von Migrantinnen, Schwarzen und jüdischen Frauen in Deutschland, Königstein 1999, S. 195-205.
Rommelspacher, Birgit (2005): Was ist eigentlich Rassismus? Bonn. www.birgit-rommelspacher.de.
Scherschel, Karin (2006): Rassismus als flexible symbolische Ressource. Eine Studie über rassistische Argumentationsfiguren, Bielefeld.
Şimşek, Semiya (2013): Schmerzliche Heimat. Deutschland und der Mord an meinen Vater, Berlin.
Staszczak, Justyna (2014): Kolonial geführt. Kontinuitäten kolonialer Denkmuster in aktuellen Reiseführern zu Tansania. In: Gudrun Hentges u. a. (Hrsg.), Sprache – Macht – Rassismus, Berlin, S. 126-150.
Sundermann, Tom (11.7.2013): Als sei Habil Kiliç ein Mafioso gewesen. www.zeit.de.
Tagesschau.de (19.5.2016b): Brandenburgs Verfassungsschutz unter Verdacht. www.tagesschau.de.
Thüringer Allgemeine (17.12.2014): Taschenlampen-Bombe von Nürnberg geht wohl auch auf NSU-Konto. www.thueringer-allgemeine.de.
Terkessidis, Mark (2004): Die Banalität des Rassismus. Migranten zweiter Generation entwickeln eine neue Perspektive, Bielefeld.

Tretbar, Christian (22.8.2013): Der Dämon des Rassismus. www.tagesspiegel.de.
Wollrad, Eske (2005): Weißsein im Widerspruch. Feministische Perspektiven auf Rassismus, Kultur und Religion, Königstein.
Yeboah, Amma (2016): Rassismus und psychische Gesundheit. In: Karim Fereidooni / Meral El (Hrsg.), Rassismuskritik und Widerstandsformen, Wiesbaden, S. 143-161.
(Stand aller angegebenen Online-Quellen: 25.6.2016)

***

Emre Arslan

Geschichten der Nation und des Menschen: Das Mythische und das Erlebte

Nation: Geschichte ohne Anfang und Ende

Die faschistische Organisation »Nationalsozialistischer Untergrund« (NSU) tötete neun Migranten und eine Polizistin, ließ eine Nagelbombe auf einer Straße mit vielen migrantischen Läden explodieren und führte mehrere bewaffnete Banküberfälle durch. Auffällig ist, dass die Täter über zehn Jahre hinweg ungestört ihre Terror-Aktionen durchführen konnten und die staatlichen Instanzen keine dieser Aktionen verhinderten.

In der medialen Darstellung ist die Rede von einem »NSU-Trio« und von »Ermittlerpannen«. Durch solche Bezeichnungen gewinnt man eher den Eindruck, es handle sich um drei ziemlich aufgeweckte Jugendliche, die einen etwas schlecht organisierten Staatsapparat geschickt austricksen konnten. Was jedoch außer Frage steht, ist, dass diese Terroraktionen ohne eine starke finanzielle und logistische Unterstützung durch das faschistische Netzwerk und den Verfassungsschutz nicht möglich gewesen wären. Dabei bleibt diese Verwicklung hinsichtlich Tiefe und Breite leider immer noch verdeckt.

Meines Erachtens sind folgende drei Erkenntnisse über Staat, Nationalismus und Faschismus aus den politikwissenschaftlichen und soziologischen Forschungen für ein besseres Verständnis des NSU-Falls besonders relevant:

1. Der Staat ist ein komplexes und umkämpftes Feld. Auch wenn die gesellschaftliche Macht sich hier besonders stark zeigt, kann der Staat nicht isoliert von den gesellschaftlichen Verhältnissen betrachtet werden. Wenn z. B. ein parlamentarischer Ausschuss, zusammengesetzt aus verschiedenen politischen Parteien, Verfassungsschutzbeamte verhört, manifestieren sich Konflikte zwischen den unterschiedlichen Instanzen des Staates.

2. Ideologisch und habituell zeigen die Nationalisten und die Faschisten eine besondere Neigung für die Machtspiele innerhalb der Gewaltapparate des Staates. Wenn man die Interviews von Nazi-V-Männern wie Tino Brandt hört, lässt sich bei ihm eine erschreckende Ruhe und Befriedigung mit seiner Rolle als Bindeglied zwischen der faschistischen Organisation und den staatlichen Gewaltinstanzen beobachten. Die Faschisten fühlen sich in den verschiedenen Bereichen des Staatsapparates so zu Hause, als ob sie die eigentlichen und einzig legitimen Besitzer des Staates seien.

3. Die Idee der Nation ist ein Produkt der neuzeitlichen Epoche. Das Konzept einer derartigen vorgestellten Gemeinschaft wurde u. a. durch nationalistische Intellektuelle und moderne Kommunikationsmittel konstruiert und wird seitdem insbesondere durch Medien, Bildung und Politik täglich kolportiert und ausgebaut.[*] Der spezifische Beitrag der nationalistischen Intellektuellen zum Nationenbildungsprozess bestand aus der Dichtung und Legitimierung einer urzeitlichen und daher ewig existierenden Nationenidee mit Hilfe eines selektiven und politischen »Zusammenbastelns« einzelner Versatzstücke vormoderner Mythen (zu sehen bei Wagner oder Fichte in Deutschland und Gökalp oder Atsız in der Türkei).

Die Begründung einer natürlichen Zusammengehörigkeit von weißer Hautfarbe, deutscher Nation und eines bestimmten Territoriums kann nicht auf der rationalen Ebene erfolgen. Solch eine willkürliche Ver-

---

[*] Vgl. Benedict Anderson (1983): Imagined Communities Reflections on the Origin and Spread of Nationalism, London / New York.

bindung geschieht ohne logische Begründung, nämlich auf der Basis von Mythen. Die Funktion des Mythos für die Nationalisten ist nicht schwer zu erkennen: sie knüpfen an die ursprüngliche, urgeschichtliche, paradoxerweise vorzeitliche bzw. zeitlose Zeit an. Wenn alles Willkürliche (beliebige Farbe, beliebiger Ort, beliebige Namen) auf eine paradoxe zeitlose Zeit gründet, befreit man sich von jeglichem rationalen Begründungs- und Kommunikationszwang. Wenn Neofaschisten ihre Organisation »Heimatschutz« nennen, stellen sie sich darunter einen nationalen und mythischen Raum vor. Diese Heimat ist dabei ein idealisierter Raum. Da eine Idealisierung von einem vermeintlich sauberen und homogenen Urbild in einer Urzeit ausgeht, verabscheuen die Neofaschisten andersartige und heterogene Erscheinungsbilder in diesem Raum. Was als zusammengehörig und nur in dieser Form als sauber und schön empfunden wird, wird von den Nationalisten willkürlich nach ihren politischen und gesellschaftlichen Interessen und nach ihrer Vorstellungskraft gebildet. Es ist bemerkenswert, dass der NSU seine Opfer in deren eigenen Räumen wie dem Blumenladen, dem Gemüseladen, dem Kiosk, dem Schlüsseldienst, der Änderungsschneiderei, der lebendigen Straße mit vielen Migrantenläden aufsuchte und tötete. Diese Räume bewertete der NSU offensichtlich als Angriff auf das homogene und einheitliche Bild eines idealen deutschen Raums. In ihrer nationalistischen mythischen Zeit- und Raumwahrnehmung werden die realen Wünsche und Absichten einzelner Menschen nicht sichtbar. Diese Wahrnehmung trägt m. E. einen Teil zur Erklärung der schwierigen Frage bei, wie sie so kaltblütig und »unmenschlich« andere Menschen töten konnten. Hätten sie sich als Individuum mit den Opfern beschäftigt, ohne Teil einer nationalistischen Ideologie zu sein, wären sie menschlichen Geschichten mit Anfang und Ende begegnet.

Mensch: Geschichte mit Anfang und Ende
Die Räume der Opfer hatten mit einer Attacke gegen eine idealisierte deutsche Heimat nichts zu tun; sie waren mit Mühe, Liebe und Hoffnung gestaltete Welten, in der sich die realen Bedürfnisse der Menschen erfüllten und die sich damit ihre Lebensexistenzen sichern

I. NSU-KOMPLEX UND RASSISTISCHE KONTINUITÄTEN 57

konnten. Auch das Internetcafé von Halit Yozgat, der als Letzter Opfer des rechten Terrors des NSU wurde, war so eine lebendige und wertvolle Welt. In diesem kleinen Raum hatten mehrere Menschen die Möglichkeit, anonym das Internet zu nutzen und international günstige Telefonate zu führen. In der mythischen Geschichte der Neonazis wurde dieser kleine Raum zu einer extrem Angst einflößenden Störung der deutschen Existenz gemacht. Die reale Geschichte dieses Raums findet man jedoch in der kurzen Rede auf Türkisch von İsmail Yozgat (Vater von Halit Yozgat) auf dem staatlichen Gedenktag der NSU-Opfer:

»Im Namen Gottes, des Allerbarmers, des Barmherzigen: Guten Tag an alle. Lieber Präsident, liebe Bundeskanzlerin, liebe Gäste, ich grüße Sie alle in Respekt. Ich bin der, der am 6. April 2006 im Internetcafé den mit einer Kugel im Kopf sterbenden 21-jährigen Halit Yozgat in seinen Armen hielt – ich bin sein Vater, İsmail Yozgat. Zuallererst möchte ich mit meinem ganzen Herzen, das bislang viel getragen hat und noch tragen muss, von hier aus Bundespräsident Wulff unsere Grüße und Verehrung übermitteln. Voller Bewunderung erinnern wir uns an seine Gastfreundschaft. Ich danke ihm. Dank auch an diejenigen, die die heutige Zeremonie gestaltet haben. Ich möchte all jenen Menschen aus Kassel-Baunatal und Umgebung für ihre Mühe danken, die darin bestand, dass sie mir bis heute ein Weiterleben ermöglicht haben. Drei Briefe mit Absender Frau Professor Barbara John erreichten mich. Es ging um die Begräbniskosten und ob wir 10.000 Euro bekommen möchten. Wir als Familie Yozgat möchten das alles nicht haben. Jedoch bitten wir um drei Dinge: Dass die Mörder und ihre Helfer gefangen werden. Mein Vertrauen in die deutsche Justiz war immer vorhanden, von nun an, so hoffe ich, wird es vollkommen sein, Inschallah, so Gott will. Zweitens: Mein Sohn Halit Yozgat ist in der Holländischen Straße 82 zur Welt gekommen und in der Holländischen Straße unten im Ladenlokal erschossen worden und gestorben. Wir als Familie möchten die Holländische Straße gerne in Halit-Straße umbenennen lassen. Wir bitten um Mithilfe. Drittens: Wir möchten, dass im Namen der zehn Verstorbenen eine Stiftung für Krebskranke gegründet wird und alle Preise und Hilfen dorthin geleitet werden. Nochmals: Allen Organisatoren dieses Tages danke ich herzlich.«*

Hier findet man eine reale Geschichte mit einem Anfang in der Holländischen Straße 82 und mit einem Ende im Internetcafé in der Holländischen Straße. Die Holländische Straße ist der Hauptort in der realen Geschichte des Halit Yozgat. Die Rede von İsmail Yozgat passt zu dem typischen Bild der sogenannten Gastarbeiter der ersten Generation: er redet Türkisch, verwendet häufig religiöse Ausdrücke, und bedankt sich mit vollem Respekt bei den Staatsmännern und -frauen. Aber Herr Yozgat störte dennoch das Bild des »typischen Gastarbeiters«:

Erstens war seine Rede eigentlich nicht als Teil des Gedenktags vorgesehen. Sein Redewunsch überraschte selbst die Organisatoren des Gedenktags. Die Beobachtungen eines Journalisten erklären teilweise den Grund der Irritation: »Menschen wie İsmail Yozgat sind in unserer Gesellschaft unsichtbar. Sie reden nicht bei Empfängen, sie sitzen nicht in Talkshows. Sie tauchen in Medien, wenn überhaupt, als Integrationsverweigerer auf, die zu faul sind, Deutsch zu lernen, als böse Familienpatriarchen, als Sozialschmarotzer oder bestenfalls als Gemüsehändler in der Vorabendserie. Berührend war dieser Auftritt, weil jemand aus dieser unsichtbaren Einwanderergeneration auf großer Staatsbühne in Erscheinung trat.«**

Zweitens lehnte İsmail Yozgat nicht nur die Erstattung der Begräbniskosten ab, sondern formulierte auch eigene spezielle Wünsche. Sein Wunsch, die Holländische Straße umzubenennen, forderte eine deutliche Stellungnahme der Politik ein. Die Kasseler Politiker reagierten zunächst auf der bürokratischen Ebene und verwiesen auf die Schwierigkeiten, eine solch historisch bedeutsame Straße plötzlich umzubenennen. Als Lösungsvorschlag benannten sie einen bis dahin namenlosen Platz nach dem Vornamen des Opfers. Damit war ein ihrer Meinung nach guter Kompromiss gefunden – auf der formalen Ebene.

---

* Ich habe hier die wortgetreuere Übersetzung von Mely Kıyak statt der offiziellen Übersetzung wiedergegeben (Frankfurter Rundschau; 25.2.2012).

** Stephan Reinecke (taz; 23.2.2012).

Drittens: İsmail Yozgat war mit diesem Kompromiss jedoch nicht zufrieden. Nach der Benennung äußerte er häufig seine Unzufriedenheit mit dem Kompromiss. Mit einer hartnäckigen Seelenruhe wiederholte er seinen Wunsch und irritierte aufs Neue die Politik und die Öffentlichkeit. Meinungen und Diskussionen in den Leserkommentaren der Zeitungen zeigen das Befremden und die Ablehnung dieser Hartnäckigkeit offener. Die Kommentare zu einem Bericht mit der Frage, ob die Straße umbenannt werden soll, waren überwiegend negativ. Ein Beispiel: »Natürlich nicht! Schon die Gedenkstunde war eine Zumutung für unser Land, als seien wir kollektiv dafür verantwortlich, was Gewalttäter tun. Opfer zu sein von politischen Wirrköpfen ist kein Verdienst.« (zelotti, 2012, Die Zeit) Glücklicherweise fehlte es an einer wiederum kritischen Auseinandersetzung damit nicht: »Komisch… einerseits schreiben Sie, Verantwortung kann nicht kollektiviert werden (im Übrigen ging es bei der Veranstaltung nicht um Verantwortung, sondern Anteilnahme), andererseits sprechen Sie von ›unserem Land‹, was den Schluss nahe legt, dass Sie sich offensichtlich doch einem Kollektiv zugehörig fühlen, das in Form von ›Deutschland‹ subjektiviert werden kann. Was denn nun? Wenn Deutschland dieses Jahr den Pokal holt, dann sind ›WIR‹ Ihrer Meinung nach wahrscheinlich Europameister. Geht es aber um ein Verbrechen, das Symbol für ein gesamtdeutsches Problem ist (Rechtsradikalismus und Fremdenfeindlichkeit), dann wollen Sie nichts damit zu tun haben?!« (Calavera, ebd.)

Die mythische Geschichte der Nationalisten beschreibt ein Vaterland mit den großen Männern der Nation in der Vergangenheit. In der erlebten Geschichte von İsmail Yozgat verschiebt sich die Wahrnehmung der Heimat von der Vergangenheit in die Zukunft. Herr Yozgat interessiert sich nicht für das Land des Vaters, sondern für das Land des Kindes. Auf die Frage »Haben Sie daran gedacht, in die Türkei zurückzukehren?« antwortet er wie folgt: »Nein, nie. Sehen Sie, der Mensch hat dort seine Heimat, wo er geboren wird. Ich wurde in der Türkei geboren. Aber meine Kinder sind in Deutschland geboren. Wenn wir früher in den Ferien in die Türkei gefahren sind, haben meine Kinder immer nach einer Woche gesagt: »Papa, wir wollen wieder nach Hause.« Ihre Heimat ist hier, in Deutschland. Meine Kinder und Enkel sind hier, wie könnte ich da zurückkehren?« (Die Zeit, 11.10.2012) Diese Antwort steht stellvertretend für einen weit verbreiteten Gedankengang vieler Eltern mit Migrationsgeschichte. Nicht durch die Väter, sondern durch die Kinder schlagen die Migranten Wurzeln in der Fremde. Durch die Geburt, die Sozialisation und im tragischen Fall von Herrn Yozgat durch den Tod des Kindes. Auch wenn İsmail Yozgat Deutschland nicht als seine Heimat sieht, fühlt er sich verpflichtet, die Spuren der erlebten Geschichte seines Kindes auch in Deutschland, und speziell in Kassel langfristig zu sichern und sie zu einem Teil der deutschen kulturellen Erinnerungskultur zu machen.

Birlikte und Die Lücke
Die Opfer hatten ihre Räume, was eine bedrohliche Fremdheit für die vorgestellte weiße Nation der Täter darstellte. Die Räume waren für die Opfer jedoch alltäglich, ohne bestimmte politische oder mythische Bedeutung. Es waren für die Menschen lebendige und bereichernde Orte, an denen sie Blumen, Obst, Gemüse kauften, essen gingen und miteinander kommunizierten. So war 2004 auch die Keupstraße in Köln Ziel des NSU-Terror-Angriffes. Wie schon zuvor die Verwandten und Bekannten der anderen NSU-Opfer, so wurden auch hier die Bewohner der Keupstraße durch die rassistische Herangehensweise der Staatsbehörden ein zweites Mal Opfer, weil ihnen eine potenzielle Täterschaft (u. a. Mafiazugehörigkeit, Drogenhandel) unterstellt wurde. Begegnete ich in dieser Zeit Migrant_innen aus diesem Stadtviertel, hörte ich bereits vielfach den Verdacht eines Zusammenhangs des Anschlags mit der Neonazi-Szene. Als 2011 die eigentlichen Täter durch das eigene Bekennervideo (nicht durch die staatlichen Ermittlungen!) klar wurden, zeigten sich einige Bewohner sehr erleichtert und bezeichneten dies sogar als eine zweite Geburt.

Auf der Keupstraße in Köln wurde 2014, 2015 und 2016 ein großes Fest mit dem Name *Birlikte* (Zusammenstehen) organisiert. Zahlreiche bekannte und unbekannte Künstler_innen und Sänger_innen aus Deutschland und der Türkei kamen und zeigten ihre Solidarität durch Auftritte auf diversen Kleinkunstbühnen. Es kamen auch Journalist_innen, Anwält_innen, Politiker_innen, und viele Menschenrechtler. Als türkischstämmiger Bewohner Kölns empfinde ich die Keupstraße als eine große Bereicherung. Das Fest auf der Keupstraße brachte jedoch auch nicht türkischstämmige Menschen aus Köln in Kontakt mit denen von den Nationalisten als so fremd wahrgenommenen Räumen. Neben den zahlreichen Konzerten, Podiumsdiskussionen und Ausstellungen wurde unter anderem das Theaterstück »Die Lücke« vom Kölner Schauspielhaus inszeniert. Das von David Calis produzierte Theaterstück thematisiert vor allem die mentale Barriere und das Misstrauen (daher »Die Lücke«) zwischen Einheimischen und Migranten. Es begegnen sich dort drei junge deutsche Schauspieler und drei Bewohner der Keupstraße, die den Nagelbombenanschlag miterleben mussten. Dass die Bewohner selbst eine Möglichkeit haben, sich auszudrücken, ist sicherlich eine positive Seite des Stückes. Auch dass hier die bestehende Lücke thematisiert und nicht ein beschönigendes und lebensfernes Idealbild der Begegnung zwischen Einheimischen und Migrant_innen gezeichnet wird, legt den Finger auf die richtige Stelle. Meines Erachtens geht jedoch das Stück nicht weit genug, wenn es die Lücke hauptsächlich in den mentalen Gedankengängen oder im inneren Wesen der Schauspieler zu suchen versucht. Wenn die Schauspieler sich mit ihren unbewussten Vorurteilen auseinandersetzen und diese Vorurteile durch die Information der Migranten aufzuheben versuchen, sehen die Zuschauer entweder eine ziemlich unrealistische groteske Selbstzerstörung oder eine ziemlich banale verhörartige Befragung der Außenseiter. Das Spiel zeigt die Grenzen einer solchen Auseinandersetzung mit der Lücke. Am Ende bleibt die eigentliche Natur der Lücke zwischen den Menschen auf der Bühne ungeklärt. Ich fand es schade, dass wieder eine Lücke zwischen mythischen und erlebten Geschichten von Menschen im Spiel reproduziert wurde. Die Zuschauer_innen bekommen zahlreiche erlebte Geschichten der Migrant_innen zu hören, jedoch mythische der Einheimischen. Sind Herkunft, Ziele und Beziehungen von drei jungen, weißen, schick gekleideten, sprachlich eloquenten Schauspieler_innen so klar, dass wir von ihnen kaum eine erlebte Geschichte erfahren wollen? Repräsentieren sie so selbstverständlich ein mythisches Deutsch-Sein, dass die Zuschauer_innen ihre eigentlichen Geschichten gar nicht erfahren müssen? Eine echte gegenseitige Begegnung wäre sowohl eine Befreiung für die Migrant_innen als auch eine Bereicherung für die Einheimischen. Und dies geschieht nur durch eine Auseinandersetzung mit den strukturellen Lücken zwischen den Menschen. Auch die reproduzierte mythische Geschichte gehört dazu. Aktionen wie das Straßenfest *Birlikte* tragen dazu bei, die reproduzierte mythische Geschichte zu entmystifizieren und damit die Lücke zu schließen.

***

Çağan Varol

Deutschland 2016: Kultureller Rassismus ist jetzt Mainstream

Zum mangelnden Interesse am NSU-Komplex

> »Die hatten ja nicht mal eine Satzung.«
> *(Dr. Hartwig M. auf die Frage vor dem PUA NRW im April 2016, warum man ein rechtes Terrornetzwerk wie den NSU nicht für möglich erachtet habe.)*

Aus meiner Perspektive betrachtet, sprechen die Ergebnisse der »Mitte«-Studien der Universität Leipzig und die der Langzeitstudie »Deutsche Zustände« für sich, wenn man das Desinteresse weiter Teile unserer Gesellschaft an den NSU-Morden verstehen will. Etwa 47 % der Menschen fanden, nach der Studie von Wilhelm Heitmeyer (2012), dass zu viele Ausländer in Deutschland leben, und ca. 20 % der deutschen Bevölkerung können als offen ausländerfeindlich bezeichnet werden (Mitte-Studien, 2016). Ein weiteres Ergebnis der »Mitte«-Studie von 2016 ist u. a. ein gravierender Anstieg der Islamfeindlichkeit, des Antiziganismus und der Ablehnung von Asylbewerbern im Vergleich zu den Vorstudien. Etwa 50% der Befragten würden die »Zuwanderung aus muslimischen Staaten« unterbinden, und sich über 41% »fremd im eigenen Land« vorkommen – wegen der »vielen Muslime«, die in Deutschland leben. Man muss betonen, dass das Zahlen nach der Aufdeckung der NSU-Morde und nach der großen »Flüchtlingswelle« 2015 sind, die auch vor dem Hintergrund des Aufkommens großer nationalistisch-islamfeindlicher Bewegungen in Deutschland interpretiert werden müssen. Schon 2014 benannte die Mitte-Studie richtigerweise die Islamfeindlichkeit als die neue Gestalt des Rassismus in Deutschland. Demgegenüber haben ca. 62% der Deutschen weder private Kontakte zu Muslimen noch haben sie je eine Moschee von innen gesehen (Zeit Online, 6.5.2016). Die Furcht oder Aversion der Mehrheitsgesellschaft vor dieser Minderheit scheint nicht aus privaten Kontakten herzurühren, diese Form des Rassismus kann aber im Alltag alle treffen, die dem Aussehen nach als »orientalisch« qualifiziert werden.

Immer wenn ich an den NSU denke, denke ich auch an Situationen in meinem Leben, in denen ich Zeuge von Rassismus geworden bin. Vor vielen Jahren sagte ein Polizist zu mir, während er auf eine romastämmige Frau zeigte, in einem erstaunlich ruhigen Tonfall: »Die wird zum dritten Mal von der Polizei gefasst. Keine Richterin wird die jemals verknacken, weil die jedes Mal schwanger ist. Ich sag dir jetzt mal was: Wir Deutschen haben echt viel Geduld. Es ist schwer uns aufzubringen, aber wenn wir uns mal aufregen, dann richtig.« Daraufhin schwieg er und ging seines Weges.

Ein paar Jahre später in der U-Bahn: Eine ältere deutsche Frau diskutierte mit einer dunkelhäutigen Frau. An der Haltestelle stieg sie aus und sagte beim Aussteigen ebenso kühl und nüchtern wie der Polizist: »Freuen sie sich nicht zu früh. Es gab auch mal 4 Millionen Juden in Europa.«

Ein dritter Vorfall ereignete sich in Düsseldorf nach den Vorfällen am Kölner Hauptbahnhof. Zwei Frauen mit Kleinkindern und ihren Ehemännern standen an ihren Autos und unterhielten sich. Keine von ihnen hatte ein Kopftuch, alle waren westlich gekleidet. Ein deutsches Rentnerpaar ging an ihnen vorbei. Die Oma stieß mit ihrer Schulter eine Mutter weg, spuckte vor ihre Füße und sagte laut: »Pfui Teufel!« Sie gingen langsam weiter, ohne sich noch mal umzudrehen. Die Männer und Frauen waren zu geschockt, um etwas zu erwidern.

So unterschiedlich und selten diese Ereignisse in meinem Leben auch sind, neben dem gezeigten Rassismus sind das Selbstvertrauen und die eigenartige Ruhe der Protagonisten die Aspekte, die mich am meisten überrascht haben. In diesen Situationen wähnten diese Personen sich in einer moralisch überlegenen Position, als seien sie absolut im Recht und ihr Gesellschaftsbild das richtige. Der selbstgerechte Abgang nach der rassistischen Aussage oder Handlung. Die subjektive Sicherheit, ein Teil bzw. Repräsentant der Mehrheitsgesellschaft zu sein, bürgerlich, europäisch, weiß und unauffällig genug, um wieder in der Masse verschwinden zu können.

Wie die NSU-Mörder.

Zehn Menschen sind ermordet worden. Allesamt hart arbeitende Menschen und zumeist Familienväter. Wo war der Aufschrei, als innerhalb eines Jahres zwei oder drei Menschen, in einem Rhythmus von ein paar Tagen, Wochen oder Monaten, hingerichtet wurden? Nürnberg, Hamburg, München. Dann ein Jahr Pause und dann wieder das gleiche an anderen Orten. Rostock, Dortmund, Kassel usw. Dazwischen eine Nagelbombe in einer von Migrant_innen bewohnten Einkaufsstraße in Köln. »Die Polizei ermittelt im Türkenmilieu«, war uns als Antwort genug. Der »Migrant« findet Eingang in unsere Debatten entweder als Salafist, U-Bahn-Schläger, Hartz-IV-Empfänger oder als rappender Unterschichtsaufsteiger, beziehungsweise alle Eigenschaften in sich vereinend. Prollig, halbkriminell und mit Akzent. Ist es darum nicht verwunderlich, dass wir uns alle, selbst die meisten Migrant_innen, jahrelang nicht über den Begriff »Döner-Morde« aufgeregt haben. Dass wir die Aufregung der Opferfamilien, ihre Demonstrationen, ihre Hinweise, in der rechten Ecke zu suchen, ignoriert haben. Unsere politische Kultur, unsere Medien und die Gesellschaft haben diese Verrohung mitgetragen und ihren moralischen Bankrott erklärt. Wer hört heute einem deutschen Regierungspolitiker denn noch ernsthaft zu, wenn dieser über Migration redet? Ich habe damit aufgehört, aus solchen Mündern sinnvolle Aussagen zu erwarten. Die Frage ist provozierend, aber was wäre gewesen, wenn es »normale« Deutsche aus der oberen Mittelschicht getroffen hätte? Hätte die Polizei auch dann im »Türkenmilieu« ermittelt oder gibt es auch ein »Deutsches Milieu«? Vermutlich nicht, wie uns die operative Fallanalyse des LKA Baden-Württemberg von 2007 erklärt, da Morden im europäischen Kulturkreis mit einem hohen Tabu versehen ist und die Täter nur von weit außerhalb des hiesigen Werte- und Normensystems kommen können (vgl. Funke 2013). Und welcher Politiker will schon die mediale Präsenz einer mordenden Nazibande während des Sommermärchens in den Medien?

Wenn ich auf Podiumsdiskussionen oder im Fernsehen die Nebenklageanwälte aus dem Münchner NSU-Prozess miterlebe, so denke ich, dass sie ebenso frustriert und wütend auf diesen Apparat sind. Teilweise von uns allein gelassen, teilweise auch im Bewusstsein, dass der Staat die versprochene lückenlose Aufklärung niemals ernst gemeint hat. Wie muss es den Opferfamilien gehen? Den Ehefrauen, denen in ihren Vernehmungen wahrheits- und rechtswidrig Bilder von blonden Frauen vorgelegt wurden, die angeblichen Geliebten ihrer Männer, um sie zum Geständnis zu überführen, dass sie selbst ihre Ehemänner ermordet haben. Dass die Ermordeten ein Jahrzehnt lang von der Polizei als Teil der Wettmafia, als Menschenhändler, Zuhälter und Drogenhändler angesehen und ihre Familien als Mitwisser behandelt wurden, wurde nach der NSU-Aufdeckung 2011 als Humbug entlarvt, aber fast alle Polizisten meinen von sich, sie hätten richtig gehandelt. Oder in der Keupstraße. Nur weil der Friseur, an dessen Laden die Nagelbombe detonierte, in seiner Freizeit Oddset gespielt hat und Männer mit muskulösen Oberkörpern sich bei ihm die Haare haben schneiden lassen, hat die Kölner Polizei jahrelang nicht gegen die Nazis, sondern gegen ihn ermittelt und mehrere verdeckte Ermittler auf ihn und die anderen Keupstraßenbewohner angesetzt? Auch seine auf einer Podiumsdiskussion zum Ausdruck gebrachte Verwunderung darüber, warum er eine Bombe zünden lassen sollte, während sein Bruder und seine Freunde im Laden sind, hat die Kölner Polizei nicht beirren können. Der Türke ist anscheinend zu raffiniert, um sich zu verraten, und im Umkehrschluss aus verschiedenen operativen

Fallanalyse (OFA) und Aussagen von Politikern ging man von einer »Mauer des Schweigens« (Günther Beckstein, ehemaliger bayerischer Innenminister und Ministerpräsident), einer »Kultur des Tötens« und einem »rigiden Ehrenkodex« (OFA BW) in diesem »Milieu« aus. Die Wortwahl der Ermittler und verantwortlichen Politiker zeigt auf, welche Meinung man von den Opfern hatte.

All diese, für sich selbst sprechenden Äußerungen erzeugen bei mir eine Art von Hilflosigkeit, die daraus resultiert, dass mein Verstand die seltsamen Vorfälle während der polizeilichen Ermittlungen nicht als bloße Zufälle und als peinliches Behördenversagen abtun kann. Wie kann man sachlich über den größten Skandal der Nachkriegsgeschichte Deutschlands schreiben, in dem die Ermittlungsbehörden und Sicherheitsdienste geradezu darum wetteifern, ihr eigenes »rigides Inneres« zur Schau zu stellen? Alleine mit »Abschaffen« könnte man diese Problematik auch nicht lösen. Den Verfassungsschutz kann man zwar abschaffen, aber die Polizei nicht. Und vermutlich würden die gleichen Beamten dann wieder in eine andere Behörde wandern und dort weitermachen. Die Frage, wohin mit denen, kann ich leider auch nicht beantworten.

Staatswohl und Quellenschutz sind oberste Priorität der Sicherheitsbehörden in Deutschland. Nicht irgendwelche Leichen, zumal wenn es ausländische sind. Das haben wir alle gelernt seit den Untersuchungsausschüssen. Und wir haben gelernt, dass der Verfassungsschutz mit seinem System der V-Leute in einer Grauzone ohne demokratische Kontrolle operiert. Ein problematisches »persönliches« Verhältnis des V-Mann-Führers zum geführten V-Mann hat auch der ehemals höchste Verfassungsschützer NRWs, Dr. Hartwig Möller (Amtszeit 1999 bis 2009), im April 2016 vor dem NSU-Untersuchungsausschuss in Düsseldorf attestiert. Er sehe das nach seiner Verrentung lockerer und könne das bestätigen. Verfassungsschutzbeamte seien jahrelang, manchmal bis zur Verrentung, mit ihrem V-Mann liiert und ihre Treffen würden nicht überwacht. Eine Rotation sei nicht erwünscht und werde gerade von V-Mann-Führern blockiert. Ganz allein die weitergegebenen Informationen des V-Mann-Führers werden als entscheidend angesehen. Aber genau dieses V-Mann-System begründet das

I. NSU-KOMPLEX UND RASSISTISCHE KONTINUITÄTEN

Alleinstellungsmerkmal der Verfassungsschutzämter. Als besonders gutes Beispiel für einen V-Mann-Führer kann Andreas Temme, wegen seiner Gesinnung auch »Klein Adolf« genannt, ins Feld geführt werden. Der V-Mann-Führer Temme war zur selben Zeit in dem Kasseler Internetcafé anwesend, als dessen türkischer Betreiber, Halit Yozgat, mit der NSU-Ceska hingerichtet wurde. Zwei Wochen lang hat er sich nicht bei der Polizei als Zeuge gemeldet, bis er von der Polizei selbst ausfindig gemacht wurde. Mehrmals hat er in Vernehmungen gelogen und zuerst sogar seine Anwesenheit im Café während des Mordes bestritten. Den Toten hinter dem Tisch und die Bluttropfen auf dem Tisch habe er nicht gesehen, aber bezahlt habe er seinen Internetbesuch wie ein anständiger Bürger. Der ehemalige Geheimschutzbeauftragte in Hessen, Gerald-Hasso Hess, sagte am Telefon zu ihm, dokumentiert in Abhörprotokollen der Polizei, wenn man wüsste, dass so etwas passiert, solle man sich am besten von diesen Orten fernhalten bzw. daran vorbeifahren. Auf Nachfrage vor dem Untersuchungsausschuss in Hessen wollte er das natürlich nur ironisch gemeint haben (NSU-Watch Hessen). Da Temme, der auch Kontakte zu den Hells Angels besessen haben soll, als bester Mann des Landesamtes für Verfassungsschutz (LfV) Hessen galt, wurde er auch noch von ganz oben beschützt. Die polizeiliche Vernehmung seiner V-Leute wurde vom späteren hessischen Ministerpräsidenten Volker Bouffier (damals hessischer Innenminister) persönlich verhindert.

Ja, einen Feierabendterrorismus habe man in der Naziszene für möglich gehalten, so Dr. Hartwig Möller, aber keine rechtsterroristische Zelle. Dafür hätten die rechten Kameradschaften einfach zu wenig geschrieben. Die RAF habe immer viel geschrieben und Bekennerbriefe hinterlassen. Die Nazis hätten ja nicht mal eine Satzung gehabt. Jede seriöse terroristische Gruppe, die in den Untergrund gehen will, brauche doch eine Satzung oder einen Organisationsplan. Rechtsextreme Konzepte, wie die »leaderless resistance« oder die Rede vom »einsamen Wolf«, schien man wohl nicht ernst genommen zu haben, da die RAF-Geschichte das Denken der Behörden immer noch beherrscht. Aber bleiben wir fair. Das Bundesamt für Verfassungsschutz hat bereits 2004 ein geheimes Dossier zu rechtsterroristischen Umtrieben erarbeitet, das die Namen Mundlos und Böhnhardt enthielt, und das LKA NRW wie auch das BKA haben im Jahre 2004 und 2005 operative Fallanalysen für den Nagelbombenanschlag in der Keupstraße angefertigt, die auf einen Täterkreis von zwei Personen mit »hoher Menschenverachtung bzw. ausgeprägtem Hass gegen die türkische Gemeinschaft in der Keupstraße« hingewiesen haben. Dabei wurde nur auf ein persönliches Motiv der Täter, wie etwa ein »negatives Ereignis mit Türken« (Anm.: D.h. wahrscheinlich, am Rassismus sind die Türken irgendwie auch selber schuld), aber nicht auf ein politisches Motiv, da Bekennerbriefe fehlen würden, abgestellt. Verschiedene Profiler haben für die NSU-Morde in anderen Bundesländern, z.B. nach der operativen Fallanalyse eines Psychologen aus München, eine rechtsextreme Gesinnung als Motiv der Täter direkt benannt, wurden aber ignoriert. Sogar Scotland Yard hatte sich ungefragt an die Kölner Polizei gewandt und auf Parallelen mit den rechtsterroristischen Nagelbombenanschlägen in London im Jahre 1999 aufmerksam gemacht. Dumm nur, dass bei der Kölner Polizei keiner richtig Englisch kann und der Polizist Jörg S. den 80-seitigen Scotland-Yard-Bericht nicht gelesen hat, wie er selbst ausgesagt hat, obwohl er die Akte unterschrieben hatte.* Auf die Frage im Parlamentarischen Untersuchungsausschuss (PUA) NRW, ob er den Namen des englischen Nazis David Copeland, der die Nagelbombenattentate verübt hatte, jemals gehört habe, erwiderte dieser nur: »Kam der aus Köln?« Der damalige Leiter der Ermittlungen, KHK Markus W., bestritt vor dem PUA NRW im Mai 2016 die Wichtigkeit des Berichts. Auch wenn er diesen gelesen hätte, wäre er auf der Keupstraße nicht anders vorgegangen. Man habe »handwerklich einwandfrei gearbeitet«. Die Verfassungsschutzbehörde habe ebenso wenig Hinweise auf einen organisierten rechtsextremen Hintergrund oder ein Netzwerk gegeben, und man habe daher den Schwerpunkt auf diverse Formen der organisierten Kriminalität gelegt, obwohl man nach drei Jahren Ermittlungsarbeit

---

* Vermerk: Die Kölner Polizei hat »schnell« gelernt und für die Aufklärung der sexuellen Übergriffe in der Silvesternacht 2015/16 die Amtshilfe von Scotland Yard diesmal dankend angenommen (Kölner Stadt-Anzeiger, 26.1.2016).

I. NSU-KOMPLEX UND RASSISTISCHE KONTINUITÄTEN

in dieser Hinsicht nicht viel mehr herausgefunden habe als einen Tag nach dem Anschlag. Dieselbe Kölner Polizei war sich aber nicht zu schade, eine Hellseherin in München aufzusuchen, die ebenfalls keine Nazis als Täter ausmachen konnte. Auch Dr. Hartwig Möller hat keine Berichte dieser Art gelesen, da er ganz oben im Landesverfassungsschutz nur das gelesen habe, was seine Gruppen- und Referatsleiter ihm weitergeleitet hätten. Aber ins Gewissen habe er seinen Beamten geredet, und zwar sehr oft, doch mit den Polizeibehörden zu kooperieren und diese Behördenkonkurrenz zu überwinden.

Erstaunlich ist, dass wir auf der einen Seite sehr gut informierte Behörden haben, die die Mitglieder von rechten Gruppen namentlich kennen bzw. einige bereits als V-Männer angeworben haben, Strukturen wie Combat 18, Blood and Honour, diverse Kameradschaften und den Thüringer Heimatschutz regelrecht unterwandert hatten und Nazilektüren, wie die »Turner Diaries« kannten, die als Handlungsanleitung für rechte Terrorzellen wie den NSU galten. Auf der anderen Seite sind die gleichen Behörden genauso versiert darin, die falschen Schlussfolgerungen aus dem richtigen Material zu ziehen und Ahnungslosigkeit so auszustrahlen, dass sie einem leidtun können. Wer aber aus den hart gewonnenen Fakten, Fallanalysen, Gutachten und Beweisen keine richtigen Schlüsse ziehen kann, der ist entweder fehl am Platz oder nicht gewillt, seine Arbeit richtig zu machen. Auch wenn es sein mag, dass Behörden sich untereinander nicht über den Weg trauen und sich behindern, (siehe PUA Abschlussbericht Thüringen – Sondervotum der Linken), so erscheint die Mauer des Schweigens, die Behördenleiter in Untersuchungsausschüssen bisher errichtet haben, in ihrer Arroganz, der fehlenden Selbstkritik und Reflexion doch mehr auszusagen als tausend Worte. Dass die Kölner Polizei sich auf den Tathintergrund der organisierten Kriminalität im »Türkenmilieu« festgelegt hatte, erscheint bedingt als Rechtfertigungsgrund für das Versagen des LfV in NRW. Das LfV hatte sich genauso schnell auf »Ausländerextremismus« festgelegt und ihre Informanten aus der Keupstraße, die andere Hinweise gaben, als nicht glaubwürdig eingestuft (so Dr. Hartwig Möller im PUA NRW). Langjährige Beobachter und Kenner des NSU-Komplexes können vor lauter Ungereimtheiten, behördlichen Fahrlässigkeiten, individueller Unfähigkeit und augenscheinlichem Rassismus nur noch von einer Staatsaffäre reden.

Das größte Problem ist und bleibt immer noch bestehen. Dass Sicherheitsbehörden mit staatlicher Rückendeckung zurück zu »business as usual« gehen konnten, statt schonungslose Aufklärung zu bieten, liegt am fehlenden gesellschaftlichen und politischen Rückhalt und einem latenten kulturellen (Neo-)Rassismus in der »sauberen Mitte« unserer Gesellschaft. Wir können froh sein, dass wir nicht noch mehr Opfer zu beklagen haben. Die bittere Frage ist nur, ob sie uns jemals aufgefallen wären, ohne die Selbstenttarnung des NSU.

II.
Rechter Terror und NSU-Komplex in der politischen Diskussion

Kemal Bozay

Wer von rechtem Terror und NSU spricht, darf vom Rassismus nicht schweigen!

Politische Bildung als Herausforderung

In jüngeren Jahren habe ich mir, ausgehend von meinen eigenen Erfahrungen mit Alltagsdiskriminierung, immer wieder die Frage gestellt, warum Menschen rassistisch handeln. Habe versucht, mich kritisch mit dem Phänomen Rassismus zu beschäftigen. Als 17-Jähriger wollte ich verstehen, welchen Ursprung der Rassismus hat und wie er eigentlich im Alltag entsteht. Sicherlich fiel es mir damals schwer, den kausalen Zusammenhang zwischen Rassismus und gesellschaftlichen Ursachen zu erkennen und (kritisch) zu reflektieren. Doch fasziniert hat mich Mitte der 1980er Jahre die »Faschismus-Skala« von Theodor W. Adorno, der sich das Ziel gesetzt hatte, über die Entstehung des Faschismus und Antisemitismus aufzuklären sowie die antidemokratischen Tendenzen in der Gesellschaft zu erfassen und somit einen Beitrag zur demokratischen Erziehung in der Nachkriegsgesellschaft zu leisten. Schwierig war seinerzeit für mich, die komplexen Facetten des Themas zu unterscheiden, doch umso interessanter waren die Dimensionen und Auswirkungen. Adornos »Studien zum autoritären Charakter« nehmen eine herausragende Rolle ein, weil sie sowohl nach den Ursachen und Bedingungen für die Empfänglichkeit von faschistischer Ideologie und Propaganda fragen als auch sich mit den autoritären Persönlichkeitsmerkmalen in der Gesellschaft auseinandersetzen. So stand im Zentrum der Studie, die bereits in den 1940er Jahren im Exil in den USA entstanden ist, die psychosoziale Erforschung des potentiell faschistischen Individuums, welches für faschistische und antidemokratische Propaganda extrem auffällig und anfällig ist. Im Zuge dieser Diskussion prägte Max Horkheimer, der gemeinsam mit Adorno, Herbert Marcuse und Jürgen Habermas einer der Wegbereiter der (kritischen) Frankfurter Schule war, den bekannten Satz »Wer vom Faschismus spricht, darf vom Kapitalismus nicht schweigen«.

Über den Rassismus nicht schweigen...

Wenn ich zum eigentlichen Thema meines Buchbeitrages komme, kann ich gegenwartsbezogen mit aller Unbequemlichkeit anlehnend an diese Aussage formulieren: *Wer von rechtem Terror und NSU spricht, darf vom Rassismus nicht schweigen!* – auch wenn der Rassismus-Begriff heute anlehnend an geschichtliche Erfahrungen größtenteils diskreditiert oder ignoriert wird.

Der Rassismus hierzulande ist nicht über Nacht entstanden und spielt nicht erst seit der Migrations- und Flüchtlingsdebatte eine große Rolle, sondern weist in all seinen Auswirkungen (Dis-)Kontinuitäten auf, die sich auf gesellschaftspolitische Diskurse und Zusammenhänge stützen. Sicherlich ist er gegenwärtig eng an die Migrations- und Flüchtlingsdebatten gekoppelt, hat in seinen Kernelementen und Auswirkungen aber eine breitere Dimension. So konzentriert sich der Rassismus insgesamt auf die gesellschaftlichen Strukturen, Institutionen, Realitäten sowie die Alltäglichkeit und betrifft gewissermaßen uns alle.

Im soziologischen Sinne verstehen wir darunter zugleich Zugehörigkeitserfahrungen in einer rassistisch strukturierten und konnotierten Gesellschaft, die geprägt ist durch alltägliche Ausgrenzungs- und Diskriminierungserfahrungen – welche auch in unsere Herzen und Hirne eindringen. Dies zeigt sich durch die Haltung von Menschen, die wiederum durch gesellschaftliche Bilder, Stereotypen, Symbole, Darstellungen und Diskurse aus der Mitte der Gesellschaft beeinflusst werden. Zweifelsohne geht es hierbei um die rassistische Normalität im Alltag, die sich durch verschiedene Alltagspraxen und Erscheinungsbilder zeigt und einen Gewöhnungseffekt schafft. Wenn über Rassismus, faktische und symbolische Gewalt gegen Migrant_innen und Flüchtlinge gesprochen wird, gehen wir von alltäglichen, institutionalisierten und strukturellen Formen des Rassismus aus.

Durch die in den letzten Jahren verstärkt ausgelösten Migrations-, Flucht- und Islam-Debatten – die sehr kontrovers und negativ ausgetragen werden – hat sich ein neuer Rassismus herausgebildet, der sich in der Gestalt eines kulturellen Rassismus darstellt. Hierbei geht es weniger um die biologische Vererbung des Rassismus, sondern vor allem um die gesellschaftliche Reproduktion von kulturellen Differenzen, die die Konfiguration eines neuen Rassismus herausstellt und überbetont.* In diesem Rassismuskonstrukt geht es nicht mehr allein um die klassische Überlegenheit bestimmter Gruppen, Ethnien und Völker, sondern auch um die Gefahrenüberbetonung von neuen Migrations- und Fluchtbewegungen sowie die Unvereinbarkeit mit den verschiedenen Lebensweisen und Traditionen von Migrationsgruppen. Projiziert wird vor allem ein negatives Bild einer homogenen »einheimischen« Gesellschaft, die »Fremde« und »Andere« delegitimiert, abwertet und ausgrenzt.

Daher ist es im gesellschaftspolitischen und medialen Diskurs eklatant, wenn der Rassismus-Begriff im Umgang mit dem rechtsterroristischen Nationalsozialistischen Untergrund (NSU) tabuisiert, verschwiegen oder ausgeblendet wird. Gerade die Praxis und Auswirkungen des NSU zeigen, welche Dimension und Bedeutung der »Rassismus im System«** hat.

NSU: Ein Trio oder ein breites Netzwerk rechtsextremer Gewalt?

Auf das Konto des NSU gehen innerhalb von 14 Jahren zehn feige Mordanschläge – überwiegend an türkeistämmigen Migranten (darunter eine griechische Person und eine deutsche Polizistin), zwei Bombenanschläge in Köln, eine weitere Sprengfalle und 15 Raubüberfälle.

---

*   Balibar, Étienne/Wallerstein, Immanuel (2014): Rasse, Klasse, Nation. Ambivalente Identitäten, 3. Aufl., Hamburg.

** Radtke, Frank-Olaf (2015): Rassismus im System. In: Blätter für deutsche und internationale Politik, 2/2015, S. 17-20.

Agiert hat der NSU mit seiner Mordserie bundesweit, und damit wäre es fatal zu behaupten, es handele sich um ein personifiziertes Trio, bestehend aus Uwe Mundlos, Uwe Böhnhardt und Beate Zschäpe.

Der NSU ist ein breites Netzwerk rechtsextremer Gewalt, der aus dem Thüringer Heimatschutz hervorgegangen ist, aber in den darauffolgenden Jahren bundesweit mit rechtsextremen Vereinigungen und Bewegungen vernetzt war. Hinzu kommt auch die »unheilige Allianz« zwischen Rechtsextremisten und Verfassungsschutz.

Der rechte Terror in Deutschland ist keineswegs über Nacht entstanden oder erst mit dem NSU aufgeblüht, sondern zeitigt in der Nachkriegszeit eine fortlaufende Kontinuität, die sich in verschiedenen Formen zeigt.

Er hat sich seit der Gründung der Bundesrepublik permanent durch geplante und durchgeführte Sprengstoffanschläge, Brandanschläge, Morde und/oder andere Formen von rechtsterroristischer Gewalt verwirklicht. Zu Beginn der Nachkriegszeit blieben die Aktivitäten des Rechtsterrorismus auf Bewaffnungen, paramilitärische Ausbildung, Gründung und Aufbau von Strukturen, Vernetzung in Jugendorganisationen (wie beispielsweise Bund Deutscher Jugend, Bund Heimattreuer Jugend) beschränkt. Seit Ende der 1960er Jahre hat sich in der Bundesrepublik der gewaltbereite neonazistische Untergrund permanent weiter herausgebildet. Im Zuge dessen gründeten sich eine Reihe von militanten rechtsextremen Organisationen, wie beispielsweise die Deutschen Aktionsgruppen um Manfred Roeder, die NSDAP-Aufbauorganisationen, die Aktionsfront Nationaler Sozialisten / Nationale Aktivisten um Michael Kühnen, die Wehrsportgruppe Hoffmann und andere Organisationen. Ende der 1970er Jahre militarisierte sich die rechtsextreme Szene, so dass in den 1970er und 1980er Jahren zahlreiche rechtsterroristische Anschläge verübt wurden. Im August 1980 legte die rechtsextreme Organisation »Deutsche Aktionsgruppen« in Hamburg einen Brand, bei dem zwei Migranten getötet wurden. In den 1980er Jahren folgten mehrere Mordanschläge. Den Höhepunkt erreichte der rechte Terror damals beim Oktoberfestattentat am 26. September 1980 in München, bei dem 13 Menschen getötet und 211 Menschen verletzt wurden.

In den 1990er Jahren zeigten sich rechtsterroristische Aktivitäten vor allem in Form von Brandanschlägen auf Wohnungen von Migrant_innen und Flüchtlingssammelunterkünfte. Den Höhepunkt bildeten die Übergriffe und Brandanschläge in Hoyerswerda, Rostock, Mölln und Solingen, die mehreren Menschen das Leben kostete. Nach der Wiedervereinigung hat der rechte Terror zugenommen. Hierzu zählen neben dem NSU auch die Terrornetzwerke Blood & Honour, Hammerskins und Ku-Klux-Klan sowie mehrere Organisationen, die aktiv waren und sind.* Auch nach der Selbst-Enttarnung des NSU nahmen die rechtsextremen Aktivitäten insbesondere seit 2014 rapide zu, so dass offizielle Stellen allein 2015 mehr als 789 rechtsextreme Anschläge insbesondere auf Flüchtlingsheime meldeten. Anfang 2016 hat eine rechtsextreme Gruppe in Freital die Bürgerwehr FTL/360 gegründet, die für zahlreiche Anschläge auf Flüchtlingsunterkünfte und Wohnhäuser verantwortlich ist.

Im Mai 2013 sprayten unbekannte Täter in Düren an die Wand einer islamischen Gemeinde »NSU lebt und ihr werdet die nächsten Opfer sein«. Dieser Vorfall zeigt, dass neonazistische Organisationen und rechte Terrorgruppen weiterhin aktiv sind. Tatsächlich kann niemand mit Sicherheit sagen, ob diese Schmierereien lediglich neonazistische Vernichtungsphantasien widerspiegeln oder ob der NSU in einer anderen Gestalt aus dem Untergrund weiter agiert.**

Meine unbequeme Begegnung mit dem NSU-Komplex

Am 9. Juni 2004 detonierte mitten auf der Keupstraße in Köln-Mülheim, einer größtenteils türkisch-kurdischen Geschäftsstraße, eine ferngezündete Nagelbombe. 22 Menschen wurden verletzt, darunter vier Schwerverletzte. Gleich am nächsten Tag wurde ein rechtsextremer Hintergrund ausgeschlossen. Erst im November 2011 konn-

---

* Vgl. Funke, Hajo (2015): Staatsaffäre NSU. Eine offene Untersuchung. Münster.

** Vgl. Roth, Jürgen (2016): Der Tiefe Staat. Die Unterwanderung der Demokratie durch Geheimdienste, politische Komplizen und den rechten Mob. München.

II. DER NSU-KOMPLEX IN DER POLITISCHEN DISKUSSION 77

te der Anschlag der rechtsterroristischen Gruppe NSU zugeordnet werden.

In der Zwischenzeit wurden mehrere Geschäftsleute, darunter auch der Besitzer des vollständig verwüsteten Friseurladens, durch die Sicherheitsbehörden kriminalisiert. Opfer wurden zu Tätern gemacht. Diese Diffamierung zeigte sich auch in der öffentlichen Darstellung. So kommentierte der *Kölner Stadt-Anzeiger* unmittelbar nach dem Anschlag in einer Kolumne unter dem Titel »Anwohner rätseln über die Hintergründe«: »Mülheim ist immer noch ein sozialer Brennpunkt. (…) Allerdings hat auch die Polizei die Keupstraße auf dem Stadtplan dick unterstrichen: illegale Geschäfte um Glücksspiel, Schutzgeld, Erpressungen, Drogen (…), Machtkämpfe zwischen türkischen und kurdischen Banden, Albaner, Rotlicht-Szene (…). Eine Welt, in der die Polizei aufgrund der Kultur- und Sprachbarrieren keinen Einblick genießt.« (Kölner Stadt-Anzeiger, 10.6.2004). Gerade diese Kolumne ist ein prägendes Beispiel dafür, wie der Rassismus in die Mitte der Gesellschaft gelangt und Skandalisierungen reproduziert. Die unsachgemäße Beschreibung operiert mit Bewertungen und Deutungen, so dass hier eine Konfiguration von Rassismus und Ethnozentrismus am Beispiel von Zuschreibungen entsteht. Interessant ist dabei auch der Hinweis, dass die Polizei gerade aufgrund von kulturellen und sprachlichen Barrieren keinen Einblick in die Szene habe.

Hinzu kam, dass der Staatsschutz im Jahre 2005 im Rahmen einer Rasterfahndung Menschen, insbesondere mit Migrationshintergrund, die in der Nähe der Keupstraße gelebt haben, zum Verhör geladen hat, ohne im Vorfeld einen Grund zu nennen. Auch ich erhielt eine Einladung zur Polizeidienststelle in Köln-Kalk. Interessant war, dass diese Einladung nicht postalisch verschickt wurde, sondern persönlich in den Briefkasten eingeworfen wurde. Ich kann mich daran erinnern, dass in dem Schreiben kein Ladungsgrund genannt wurde. Daraufhin bin ich zur Polizeidienststelle gefahren und habe nach dem in dem Schreiben angeführten Beamten gefragt. Nach etwa 20 Minuten kam ein Polizeibeamter in zivil, der einen Ordner mit Fotos und Dokumenten in der Hand hielt. Ohne sich vorzustellen und mich über den Grund der Vorladung zu informieren, stellte er die Fotos auf, so dass ich erst einmal nicht verstand, was er damit bezweckte. Als ich ihn auf freundliche Weise persönlich ansprach, antwortete er mir, dass ich im Rahmen der Rasterfahndung zum Bombenanschlag auf der Keupstraße eingeladen wurde. Zusätzlich bekam ich dann einen Fragebogen in die Hand gedrückt, den ich doch bitte ausfüllen sollte. Darin standen Fragen wie: Haben Sie ein Fahrrad? Haben Sie eine Garage? Können Sie oder Menschen aus ihrem Umfeld Bomben bauen? etc. In diesem Moment kochte in mir Wut, so dass ich dem Polizeibeamten schilderte, dass sie in die falsche Richtung ermitteln würden. Schließlich sagte ich ihm, dass ich diesen Fragebogen nicht ausfüllen würde und er mir diese Unterlagen gerne postalisch schicken sollte, damit ich sie meinem Anwalt vorlegen könne. Ich merkte, dass der Polizeibeamte etwas genervt reagierte. Alle müssten ihn ausfüllen, antwortete er. Ich merkte, dass er etwas verärgert war. Daraufhin verabschiedete ich mich und verließ die Polizeidienststelle.

So machte ich im Rahmen der Rasterfahndung meine Erfahrung mit den Auswirkungen des NSU. Später erfuhr ich von mehreren Bekannten, die in Mülheim wohnten, dass sie im Rahmen der Rasterfahndung eingeladen und verhört wurden. Interessanterweise waren es größtenteils türkeistämmige Migrant_innen. Auch hierin verbirgt sich ein heimlicher »Rassismus im System«.

Wie Opfer zu Tätern gemacht werden
Mehr als zehn Jahre wurden die Opfer des NSU als Täter stigmatisiert und kriminalisiert. Druck auf Familien, Verwandte, mehrere Razzien in Kaffeehäusern und Geschäften blieben ergebnislos, doch die Ermittler setzten auf der Keupstraße mit verschiedenen Mitteln immer wieder die türkischen und kurdischen Anwohner_innen und insbesondere gezielt die Geschäftsleute unter Druck. Wenn man heute auf der Keupstraße jemanden auf den Nagelbombenanschlag anspricht, will niemand mehr darüber reden. Es wird deutlich, dass die Menschen, die den Terrorakt damals erlebt haben und mit dessen Folgen bis heute leben müssen, enttäuscht und verunsichert sind. Die Verunsicherung kommt durch die jahrelange Unterstellung, sie wüssten, wer die Täter seien. Denn die Sicherheitsbehörden, die Medien und

die Politik waren sich von Anfang an einig, dass es sich hier um einen Konflikt im türkischen bzw. kurdischen Milieu handele. So wurden Familien, Geschäftsleute und das persönliche Umfeld der Betroffenen über Jahre hinweg überwacht und unter Druck gesetzt. Durch diesen völlig unbegründeten Verdacht gegen die Opfer wurden der gesellschaftliche Kontext und die rassistischen Hintergründe ausgeblendet und die persönliche Existenz zahlreicher Menschen zerstört. Kurzum: Opfer wurden zu Tätern gemacht! Die Angst ist die verzweifelte Furcht vor einem erneuten Bomben- oder Brandanschlag. Die Enttäuschung dagegen gilt in erster Linie dem Versagen der Verfolgungsbehörden, der Politik und den Medien.

Gerade der Rassismus der Sicherheitsbehörden und der Öffentlichkeit verhinderte nach Meinung vieler Menschen auf der Keupstraße die Aufklärung dieses Nagelbombenanschlags: Während Hinweise auf einen rassistischen Hintergrund von Anfang an ausgeklammert und vernachlässigt wurden, erschien die These, migrantische Gewerbetreibende seien in »Ausländer-Kriminalität« verwickelt, den Sicherheitsbehörden und auch der Politik unmittelbar einleuchtend und erübrigte weiteres transparentes und intensives Ermitteln. Die Enttäuschung gilt hier auch der verfehlten Ermittlungspraxis der Sicherheitsbehörden. Die Behörden haben es nach dem Anschlag versäumt, verschiedene Augenzeugen anzuhören, Zusammenhänge zu anderen Morden und Anschlägen zu suchen und transparent zu ermitteln.

So berichtete mir beispielsweise Ali Demir, Ehrenvorsitzender der IG Keupstraße: »Ich hörte an diesem Tag einen lauten Knall, und Glassplitter flogen durch das Schaufenster meines Büros. Ich warf mich auf den Boden und hörte draußen Schreie. Als ich nach einigen Minuten rausging, sah ich zwei bewaffnete Männer in Zivil. Als ich sie ansprach, wollten sie zuerst nicht mit mir sprechen. Doch als ich ihnen sagte, dass ich Vorsitzender der IG Keupstraße bin, erwiderten sie sehr verärgert: ›Sehen Sie nicht, es ist hier eine Nagelbombe explodiert‹.« Interessant ist, dass diese beiden Zivilpolizisten, die wenige Minuten nach dem Nagelbombenanschlag vor Ort waren, niemals offiziell verhört wurden, unbekannt blieben und von Anfang an wussten, dass es sich hierbei um einen Nagelbombenanschlag handelte. Auch Ali Demir wurde nach dem Vorfall niemals durch die Behörden als Augenzeuge verhört. Als er dann einige Jahre später mehrere Drohbriefe mit rassistischem und neonazistischem Inhalt erhielt, konnte ihm die Polizei nicht weiterhelfen. In einigen Drohbriefen ging es schließlich auch um ausgeschnittene Zeitungsartikel und -kolumnen zu den angeblichen »Döner-Morden«. Solche Erfahrungen haben zweifelsohne das Vertrauen der Menschen in die Behörden zerstört. Dazu kommt, dass in den Medien negativ besetzte Begriffe wie »Döner-Morde« verbreitet wurden und die Sonderkommission mit dem Namen »Bosporus« auftrat. Die Sicherheitsbehörden und politischen Eliten schlossen rassistische Hintergründe sehr früh aus und ethnisierten stattdessen die gesamten Ermittlungen. Auch den am Eingang der Keupstraße angebrachten Wahlplakaten von NPD und DVU anlässlich der Europawahlen im Mai 2004 gingen die politisch Verantwortlichen, die Verfolgungsbehörden und Medien nicht nach, obwohl es bis dahin auf der Keupstraße niemals offizielle Plakate von rechtsextremen und -populistischen Parteien gegeben hatte. Auch dem Hinweis eines in der Straßenbahn gefundenen Flugblattes, in dem das rassistische Motiv für den Bombenanschlag auf der Keupstraße genannt wurde, gingen die Behörden nicht nach.

Das Scheitern der Behörden, der Geheimdienst und der NSU
Je größer der NSU-Komplex wird, desto stärker wird auch die Gefahr für die Demokratie hierzulande. Es tauchen viele Fragen auf, die größtenteils in der Luft schweben. Fakt ist, dass der NSU-Komplex nicht Vergangenheit ist, sondern weiterhin Teil der gesellschaftlichen Realität bleibt. Die Kehrseite zeigt, dass das Versagen von Innenministerium, Verfassungsschutz und Polizei negiert und die Aufklärung des NSU-Komplexes verzögert wird. Hinzu kommt, dass die Regierung anstelle einer Aufklärung der Anschläge auf eine engere Zusammenarbeit von Polizei und Verfassungsschutz als Lehre aus dem NSU-Komplex drängt. Dabei werden die Ursachen und Formen des »Rassismus im System« vielfältig ausgeblendet.

Ans Tageslicht kommt ebenfalls, dass nicht zuletzt das V-Leute-System der Geheimdienste zur Verbreitung neonazistischer Bewegungen hierzulande beigetragen hat und weiterhin beiträgt. Demzufolge rekrutieren Sicherheitsbehörden die V-Leute gezielt aus rechtsextremen Kreisen. Aus dem Jahr 1997 existiert eine Liste mit über 70 Namen von Neonazis, die auf eine Zusammenarbeit angesprochen werden sollten. Vor einigen Namen befanden sich auch zwei Häkchen, darunter Uwe Mundlos, die beiden im NSU-Prozess Angeklagten Ralf Wohlleben und Holger Gerlach sowie André Kapke. Dies hat zur Folge, dass führende Neonazis als V-Leute vor Strafverfolgung unbehelligt bleiben. Dieses V-Leute-System der Geheimdienste hat dazu beigetragen, dass aus einer überschaubaren Neonaziszene der frühen 1990er Jahre die neonazistische Bewegung von heute erwachsen konnte.

Die beiden Untersuchungsausschüsse im Bundestag, aber auch die Landtags-Untersuchungsausschüsse zum NSU-Komplex tappen größtenteils im Dunkeln. Sicherlich bilden sie neben dem NSU-Prozess vor dem Oberlandesgericht in München ein wichtiges politisches Forum, doch die bisherigen Ergebnisse sind sehr dünn. Damit ergeben sich viele weitere offene Fragen, die im NSU-Prozess am OLG München nicht geklärt werden können. Je weiter man in den NSU-Komplex eindringt, desto offensichtlicher werden auch die Verflechtungen zum »Tiefen Staat« in Deutschland. Dieser Begriff hat sich im Zuge der NSU-Thematik immer mehr in der politischen Diskussion verankert. Er stammt ursprünglich aus dem türkischen Kontext und beschreibt die enge konspirative Verflechtung zwischen Staat, Geheimdiensten, Militär, Politik, Justiz, Mafia und rechtsextremen Organisationen. Gerade im Kontext des NSU zeigt sich, wie in einem tiefen Staatskonstrukt geheime Mechanismen im Sinne der rechtsextremen Gewalt agieren.

Die Opfer, Familienmitglieder, Angehörigen und Verletzten des NSU-Terrors haben das Recht auf lückenlose Klärung und Beantwortung all der Fragen. Daher benötigen sie ein Forum und gesellschaftliche Unterstützung für ihr Anliegen. Die bisherige Praxis zeigt, dass der NSU-Komplex nicht nur auf ein Versagen der Sicherheitsbehörden zurückgreift, sondern zugleich das Scheitern der bundesdeutschen Integrationspolitik signalisiert.

Politische Bildung als Herausforderung

Die Auseinandersetzung mit dem Themenfeld »Rechter Terror und NSU« benötigt gegenwärtig einen bildungspolitischen Umgang, vor allem um mögliche Gegenstrategien und Handlungsmöglichkeiten im Alltag (insbesondere in der Jugendarbeit) zu entwickeln. Doch auf die Bedeutung der politischen Bildung wird gegenwärtig immer nur dann verwiesen, wenn »Gefahr und Gefährdung der Demokratie« besteht. Gerade in solchen Situationen nimmt die politische Bildung vielfach die Rolle der »Feuerwehr« ein. Wenn die politische Bildung ihrer Bedeutung wirklich gerecht werden möchte, sind daher Kontinuität, Stetigkeit, vor allem aber die Entwicklung und Ausarbeitung differenzierter Ansätze notwendig.

Andreas Zick und Anna Klein (2014) haben sich in ihrer Studie »Fragile Mitte – feindselige Zustände« mit den demokratiefeindlichen Einstellungen in Deutschland auseinandergesetzt und fünf »Bruchstellen« hervorgehoben: »1. Rechtsextreme Orientierungen und Einstellungen zum Rechtsextremismus; 2. Gruppenbezogene Menschenfeindlichkeit; 3. Distanzen zur Demokratie; 4. Kalte ökonomische Haltungen zum Sozialleben; 5. Feindliche Gesinnungen gegen die europäische Einheit und andere Länder«[*]. Nicht jede dieser »Bruchstellen« kann im Einzelnen per se als rechtsextrem betrachtet werden, doch jedes dieser Erscheinungsbilder kann unter verschiedenen gesellschaftlichen Umständen zu einer Schnittstelle zum Rechtsextremismus werden und somit den Rahmen für eine antidemokratische Denkweise produzieren. Die politische Bildung hat gerade in diesem Prozess die Schlüsselaufgabe, diese Zusammenhänge zu analysieren und durch vielfältige Bildungsangebote mit und für Pädagog_innen, Sozialarbeiter_innen, Erzieher_innen, Multiplikator_innen u. a. deutlich zu machen. Ferner muss daraus ein Handlungsansatz für eine demokratische Zivilgesellschaft gefördert werden.

Da die politische Bildung im gesellschaftlichen Bildungsprozess einen wichtigen Platz einnimmt, kann sie viele gesellschaftspolitische

---

[*] Zick, Andreas / Klein, Anna (2014): Fragile Mitte – Feindselige Zustände. Rechtsextreme Einstellungen in Deutschland 2014. Bonn, S. 139.

Akteure bewegen, damit diese einen Beitrag zur Gefahrenabwehr von antidemokratischen und rechtsextremen Tendenzen leisten. So sollen insbesondere alle gesellschaftlichen Akteure und Multiplikator_innen aufgeklärt und befähigt werden, sowohl über die gesellschaftspolitischen Auswirkungen des »rechten Terrors« in Deutschland nachzudenken als auch das gewaltbereite rechtsextreme Denken und Handeln des NSU in all seinen Facetten zu erkennen sowie Möglichkeiten des zivilgesellschaftlichen Handelns zu fördern.

Ein wesentliches Moment der politischen Bildung bildet der Aspekt der Freiwilligkeit. Bildungsangebote können nur dann wahrgenommen werden, wenn die Teilnehmer_innen sie annehmen, sich also auf freiwilliger Basis bereit erklären, »lernen zu wollen«: sich auf die vorgeschlagenen Inhalte einlassen können, am Lerngegenstand interessiert sein, ihn für sich selbst als relevant erleben. Ist dies nicht der Fall, vermag die politische Bildung nichts zu erreichen, denn hier wird nicht »beigebracht« oder »zu etwas erzogen«, sondern hier wird »angeregt«. Der motivierende Aspekt der politischen Bildung ist insofern wichtig, als er auf die Methodik verweist, die die Grundlage dieser Bildung darstellt. Ebenso ist nochmals darauf hinzuweisen, dass die Themen der politischen Bildungsarbeit gesellschaftliche Relevanz und Aktualität aufweisen sollten. Die politische Bildungs- und Aufklärungsarbeit sollte sich dabei nicht allein darauf konzentrieren, nur Betroffene, also Jugendliche aus den Milieus des rechten Terrors, sondern auch Lehrer_innen, Pädagog_innen, Sozialarbeiter_innen, Erzieher_innen u. a., die im Alltag mit diesem Problem konfrontiert sind, anzusprechen.

Zugleich stellt sich hierbei die Frage, wie in Schulen oder pädagogischen Einrichtungen jenseits bildungspolitischer Entscheidungen mit rechtsextremen Einstellungsprofilen, Kollektivsymbolen und Organisationsformen umgegangen werden soll. Die Konflikte sind sozialer und politischer Natur. Schule kann zwar politische Bildungs- und Präventionsarbeit leisten, doch die sozialen, politischen und wirtschaftlichen Probleme können nicht im Klassenzimmer, in der Bildungseinrichtung, im Jugendzentrum und ähnlichen Orten gelöst werden. Die Schule sollte daher ein Verständnis für globale Zusammenhänge, für soziale und ökonomische Hintergründe eines Problems wecken, aber sie kann keine politischen Lösungen ersetzen. Deshalb müssen antirassistische Konzepte in ihren Inhalten zwar jede mögliche Form von Rechtsextremismus ablehnen, aber die Jugendlichen dabei nicht vorschnell etikettieren. Viele Jugendliche sind sich nicht bewusst, welche ideologischen Konstellationen sich hinter diesen Bewegungen und Organisationsformen verbergen. Meist sind es Desintegrations- und Ausgrenzungsmechanismen, die sie zur Suche nach Gemeinschaften drängen, in der ihre Identitäts- und Zugehörigkeitsdiffusion scheinbar überwunden wird. Aber auch familiäre und gruppenspezifische Motive und Bruchstellen führen dazu, dass rechtsextreme Bewegungen als Anlaufstelle fungieren können.

Eine Verbesserung der Lebenswelten und -einstellungen Jugendlicher aus unterschiedlichen Milieus ist nicht nur eine Herausforderung für Bildungs- und Freizeiteinrichtungen (Schule, Jugend/-sozialarbeit u. ä.), sondern benötigt mehr denn je eine gemeinsame Verantwortung in einer offenen demokratischen und pluralistischen Gesellschaft.

Widerstand tut not!
Als in den 1990er Jahren bundesweit rechtsextreme und rassistische Anschläge auf Flüchtlingsunterkünfte und auf Wohnungen von Migrant_innen verübt wurden, entfachte dies im gesamten Bundesgebiet eine Bewegung gegen Fremdenfeindlichkeit und Hass. Bundesweit wurden Lichterketten initiiert und es entwickelte sich eine breite Solidaritätsbewegung, die durch verschiedene gesellschaftliche Gruppen und Bewegungen ging.

Nach Offenlegung der NSU-Morde hat es zwar eine mediale und gesellschaftliche Empörung gegeben, doch der gesellschaftliche Widerstand ist sehr begrenzt geblieben. Es haben sich in zahlreichen Städten antirassistische Initiativen und Bewegungen gebildet, die sich vor allem auf die Solidaritätsarbeit mit den Opfern konzentrierten. Doch der gesamtgesellschaftliche Protest und Widerstand wie in den 1990er Jahren blieb aus. Bei vielen Migrant_innen – insbesondere unter türkischen und kurdischen Zuwanderern – hat der NSU-Komplex einen Vertrauensverlust ausgelöst. Sie haben erwartet, dass sich auf politischer Ebene etwas bewegt. Damit sich ernsthaft eine Politik der Anerkennung und Akzeptanz hierzulande entwickelt, der die gesellschaftliche Partizipation von Menschen mit Migrationshintergrund fördert. Erwartet haben sie, dass Bundeskanzlerin Angela Merkel, anlehnend an ihre Rede von 2012 – in der sie die vollständige Aufklärung der NSU-Morde versprach – ihr Wort hält. Anstelle der stärkeren Bekämpfung von Rechtsextremismus und Rassismus haben wir bundesweit eine neue rechtspopulistische und nationalistische Stimmung, die wiederum einen Nährboden für einen neuen Rechtsextremismus bietet. Zielscheibe sind erneut Flüchtlinge und Migrant_innen.

Die »Mitte«-Studie der Arbeitsgruppe der Universität Leipzig, die seit 2002 alle zwei Jahre die rassistischen, rechtsextremen und autoritären Einstellungen in Deutschland untersucht, hat am 15. Juni 2016 ermittelt, dass es zwar keine Zunahme von rechtsextremen Einstellungen insgesamt gibt, aber im Vergleich zur Studie von vor zwei Jahren noch mehr Befragte rechtsextrem eingestellte Gruppen und stärker Gewalt als Mittel der Interessensdurchsetzung verteidigen.* Die Radikalisierung zeigt sich auch bei der Einstellung zu bestimmten gesellschaftlichen Gruppen, beispielsweise hat die Ablehnung von Muslimen, Sinti und Roma, Asylsuchenden und Homosexuellen in den letzten zwei Jahren deutlich zugenommen: 49,6 Prozent der Befragten sagten zum Beispiel, Sinti und Roma sollten aus den Innenstädten verbannt werden. 2014 waren 47,1 Prozent dieser Meinung. 40,1 Prozent erklärten, es sei ekelhaft, wenn sich Homosexuelle in der Öffentlichkeit küssten (2011: 25,3 Prozent). Und 50 Prozent gaben an, sich »durch die vielen Muslime manchmal wie ein Fremder im eigenen Land« zu fühlen. 2014 waren dies noch 43 Prozent.

Viele politisch orientierte Migrationsverbände beklagen, dass gerade am Beispiel des NSU-Komplexes sichtbar wird, wie brisant die Benennung des institutionellem Rassismus sowie der strukturellen Diskriminierung und Benachteiligung ist. Sie bildet zugleich die Ausgangslage für die wirksame Bekämpfung von Rassismus und Diskrimini-

---

* Decker, Oliver / Kiess, Johannes / Brähler, Elmar (2016): Die enthemmte Mitte. Autoritäre und rechtsextreme Einstellung in Deutschland. Gießen.

rung. Dies setzt voraus, dass der NSU-Komplex eine neue politische Öffentlichkeit benötigt, die auch die Migrant_innen, ihre Organisationen sowie die (kritischen) Akteure der Einwanderungsgesellschaft miteinbeziehen muss. Nicht zuletzt bieten das geplante bundesweite NSU-Tribunal im Mai 2017 und die Birlikte-Festivals auf der Kölner Keupstraße einen geeigneten Raum für diese politische Auseinandersetzung.

***

Irene Mihalic

Der Terror des NSU: Ein Gegenwartsproblem

Über 25 Jahre ist es her, als Uwe Mundlos, Uwe Böhnhardt und Beate Zschäpe Teil der gewaltbereiten rechtsextremen Szene in Thüringen wurden. Über 17 Jahre ist es her, als das Trio in den Untergrund abtauchte, um von dort als Teil eines wie auch immer geknüpften Netzwerkes mutmaßlich 10 Morde und diverse Raubüberfälle zu begehen. Und seit fünf Jahren wissen wir als Gesellschaft von dieser terroristischen Mordserie, die lange Zeit unter ganz anderen Überschriften durch die Gazetten der Republik ging. Überschriften versehen mit vorurteilsbeladenen Schlagworten wie »Türken-Mafia« oder »Döner-Morde«, die teilweise dem offiziellen Sprachgebrauch der Sicherheitsbehörden entstammten. Überschriften, die zum Ausdruck brachten, dass ein rechtsextremer Hintergrund von Ermittlerinnen und Ermittlern allzu schnell oder gar von vorneherein ausgeschlossen wurde. Überschriften, die zum Sinnbild dafür geworden sind, dass unserem Sicherheitsgefüge mit Blick auf die Nazi-Szene die Analysefähigkeit, der methodische Ansatz und die Kompetenz zum rechtzeitigen Zugriff fehlen.

Ich spreche als Frau mit Migrationshintergrund bewusst von *unserem* Sicherheitsgefüge. Wir sind Teil dieser Gesellschaft. Manche erkennen das nicht an. Nazis bringen das sogar mit Hass und Gewalt zum Ausdruck. Damit stellen sie sich jedoch selbst an den Rand der Gesellschaft. Wir als Menschen mit Migrationshintergrund sollten uns den Mantel der Ausgrenzung von keinem überstreifen lassen und ihn schon gar nicht selber anziehen. Wir gehören zu dieser deutschen Einwanderungsgesellschaft, mit all unseren unterschiedlichen ethnischen, kulturellen und religiösen Hintergründen. Dort, wo die staatlichen Institutionen nicht auf die Wirklichkeit der Einwanderungsgesellschaft eingestellt sind, müssen wir das offensiv benennen und einfordern – nicht von außen, sondern aus der Mitte heraus. Und genau das ist auch mein Ansatz als Grüne-Politikerin im Bundestag und ganz speziell als Mitglied des zweiten Untersuchungsausschusses zum Terror des NSU.

Aufklärung und Aufarbeitung

Schon nach der Bundestagswahl 2013 war mir und den mit dem Thema NSU befassten Kolleginnen und Kollegen im Bundestag – quer durch die Fraktionen – klar, dass es trotz der sehr guten Arbeit des ersten Untersuchungsausschusses notwendigerweise noch viele offene Fragen gab. Wir haben zunächst versucht, diese Fragen im Innenausschuss und als kleine interfraktionelle Gruppe näher zu beleuchten. Schnell stießen wir dabei jedoch an Grenzen. Das hatte weniger mit dem laufenden Verfahren vor dem Münchner Oberlandesgericht zu tun. Vielmehr wurde deutlich, dass die Sicherheitsbehörden, vor allem das Bundesamt für Verfassungsschutz (BfV), mehr Energie darauf verwendeten, die eigene Rolle zu verschleiern, anstatt offensiv an der Aufklärung mitzuarbeiten. Beispielhaft waren hier unsere Nachforschungen zum Fall von Thomas Richter alias »Corelli«, eines V-Manns des BfV. Im Frühjahr 2014 war Richter, kurz nachdem sich der Generalbundesanwalt endlich dazu durchgerungen hatte, ihn als Zeugen für das Gerichtsverfahren in München zu befragen, unter damals mysteriösen Umständen ums Leben gekommen. Richter hatte als V-Mann Corelli jahrzehntelang im näheren Umfeld des NSU agiert und war trotzdem zunächst scheinbar nicht interessant für das NSU-Verfahren. Zwar konnten wir nach äußerst zähen Sitzungen im Innenausschuss des Bundestages klären, dass Richter wohl eines natürlichen Todes gestorben war; die Ermittlungen und unsere Eindrücke der Führung des V-Manns Corelli warfen jedoch viele neue Fragen auf und offenbarten erneut den erstaunlich engen Blick der Sicherheitsbehörden auf den NSU-Komplex. Wir haben deshalb als Bundestag zunächst mit Jerzy Montag einen unabhängigen Sonderermittler eingesetzt, um die vorliegenden Akten zu Corelli einmal eingehender untersuchen zu lassen. Das Ergebnis von Montag, das aus für mich nicht verständlichen Gründen nur zu einem Bruchteil veröffentlicht werden durfte, hat meine Skepsis hinsichtlich der Rolle des Verfassungsschutzes mit Blick auf das NSU-Netzwerk noch einmal deutlich verstärkt. Die Führung des V-Manns Corelli steht beispielhaft für das Versagen und die tiefen strukturellen Defizite des Verfassungsschutzes in Deutschland gerade hinsichtlich der Beobachtung des Rechtsextremismus. Dieser Fall hat mir noch einmal vor Augen geführt, dass wir im Bund noch einen zweiten Untersuchungsausschuss zum NSU einsetzen müssen. Einerseits um weiter aufzuklären, das Bild so gut es geht zu vervollständigen. Neben der Aufklärung muss es vor allem aber auch um die Aufarbeitung gehen. Was läuft – abgesehen von diversen Mängeln und Fehlern, die es überall gibt, wo Menschen arbeiten – so grundsätzlich falsch bei der Arbeit der Sicherheitsbehörden, dass sie die Neonaziszene nicht in den Griff bekommen? Hierauf brauchen wir als Gesellschaft schleunigst Antworten, um unseren Staat fit zu machen gegen die Gefahr von rechts.

Spuren des Netzwerks
Sowohl Aufklärung als auch Aufarbeitung müssen an der bisher gravierendsten Leerstelle bei der Befassung mit dem NSU ansetzen: Den Spuren des Netzwerkes um den NSU. Schon gleich nach Bekanntwerden der Serie verengte sich der Blick erneut auf das Trio. Das will glauben machen, wir hätten es mit einem begrenzten Problem zu tun. Eigentlich ist alles in prima in Deutschland, nur die drei haben wir nicht gesehen. Die sind abgetaucht und haben ihr schlimmes Handeln erfolgreich über 13 Jahre hinweg verbergen können. Klar haben ihnen noch ein paar Freunde von früher geholfen, Waffen beschafft, eine Wohnung besorgt, sie mit neuen Identitäten versorgt.

II. DER NSU-KOMPLEX IN DER POLITISCHEN DISKUSSION 89

Aber im Wesentlichen waren es die drei. Mundlos und Böhnhardt sind tot, Zschäpe soll verurteilt werden. Dann ist aber auch Schluss mit der »NSU-Riecherei« – was ich mal in Anlehnung an den ersten deutschen Bundeskanzler so formulieren möchte, dem die »Nazi-Riecherei« schon sieben Jahre nach Kriegsende mächtig stank. Wer den Fall so betrachtet, als klinisches Problem, das mit einer einfachen Operation zu lösen ist, übersieht nicht nur Vieles, sondern sogar das Wesentliche. Die Nazi-Szene hat in den 1990er Jahren zunehmend auf das Prinzip des führerlosen Widerstandes in kleinen, lose vernetzten Zellen gebaut. Das NSU-Trio war höchstwahrscheinlich Teil dieses größeren Ganzen, das, angepasst an aktuelle Entwicklungen, auch heute noch existieren wird. Unsere Sicherheitsbehörden und vor allem der Verfassungsschutz haben diese Entwicklungen nicht nur nicht erkannt, sondern ihnen vermutlich sogar zugearbeitet – wenn auch ungewollt. Denn man hat gerade in der Zeit, als sich das Prinzip des führerlosen Widerstandes in der rechtsextremen Szene durchsetzte, massiv V-Leute in diesen Zirkeln eingesetzt, die mutmaßlich selber Netz- und Knotenpunkte der Nazi-Szene waren. Die Hoffnung, dass der Staat mehr vom Wissen dieser V-Leute profitiert, als die Nazis vom Vorgehen der Sicherheitsbehörden mutet aus heutiger Sicht hochgradig naiv an. Das Urteil der Vorsitzenden des Thüringer Untersuchungsausschusses Dorothea Marx, die mit Blick auf die Rolle des V-Leute-Systems vom »betreuten Morden« spricht, könnte der Realität sehr nahe kommen. Der Bundestags-Untersuchungsausschuss wird in seiner Arbeit alles daransetzen, diese Defizite in der Struktur unserer Sicherheits- und Strafverfolgungsbehörden deutlich zu machen. Dabei gliedert sich unsere Arbeit in drei Schwerpunkte:

1. Schwerpunkt: Tatort-Spuren des Netzwerks
Im letzten Untersuchungsausschuss des Bundestages konnte zunächst nur der Ermittlungsverlauf bis zum 4.11.2011 untersucht und bewertet werden. Wir legen nun einen Schwerpunkt darauf, uns noch einmal genau anzuschauen, was nach dem 4.11. geschah, wie die Polizei agierte, was der Verfassungsschutz beizusteuern wusste oder verschwieg und: wie die Bundesanwaltschaft das Verfahren vor dem OLG Mün-

chen (vor-)strukturierte. Die ersten Sitzungen des Untersuchungsausschusses haben uns dabei bereits gezeigt, dass die Zeit nach dem 4.11. ein neues Kapitel der Versäumnisse bei der Bearbeitung des NSU-Komplexes war. Unsere Sicherheits- und Strafverfolgungsbehörden sind noch weit davon entfernt, eine deutliche Zäsur, einen Paradigmenwechsel vollzogen zu haben. Es fehlt eine neue Behördenkultur und -struktur *nach* dem NSU. Bei der Auswertung der Spuren und Asservate ist von vorneherein eine folgenschwere Weichenstellung vollzogen worden, mutmaßlich vorgegeben von der ermittlungsführenden Bundesanwaltschaft: Man hat sich genauer und konzentriert nur mit Hinweisen befasst, die einen direkten Bezug zu Böhnhardt, Mundlos und Zschäpe aufweisen, sowie zu den Unterstützern, bei denen sich ein direkter teilweise enger Kontakt zum Trio von vorneherein nicht abstreiten ließ.

Durch diese Verengung wurden zum einen die fachlichen Fehler der Ermittlungen bis zum 4.11. teilweise wiederholt. Viele schlüssige Hypothesen blieben unbearbeitet; alles was nicht in direkten Zusammenhang mit dem vorgegebenen Personenkreis zu bringen war, fand keine oder zumindest kaum Beachtung. Dabei gibt es bei den Polizeien sehr viel kriminalistische Kompetenz, auch das konnten wir bei der Vernehmung von Zeugen feststellen. Leider wurde diese Kompetenz viel zu selten eingesetzt. Durch die engen Grenzen einer vorgegebenen Konstruktion der Abläufe hat man den kriminalistischen Sachverstand unserer Sicherheitsbehörden mit viel Aufwand ins Leere laufen lassen.

Die Verengung hat aber vor allem dazu beigetragen, Ausmaß und Qualität der Gefahr von rechts weiter zu vernebeln. Zwar stand der rechtsextreme Hintergrund der Taten nun nicht mehr in Frage. Aber mit der Konzentration auf das Kerntrio plus ›Freunde von früher‹ wurde einer vertieften Untersuchung der Struktur des Umfelds ein Riegel vorgeschoben. Damit wurde der Nazi-Terror bagatellisiert als singuläres Phänomen, um zu suggerieren, dass das Problem im Prinzip gelöst ist. Diese Verharmlosung ist im wörtlichen Sinne brandgefährlich – gerade mit Blick auf die aktuelle Welle rechter Gewalt in unserem Land.

2. Schwerpunkt: Maschen des Netzwerks – die Rolle des Staates

Es ist nicht unwahrscheinlich, dass der verengte Blick in den Ermittlungen kein Produkt des Zufalls war. Neben dem Ansinnen der Bundesanwaltschaft, ein möglichst abgegrenztes Verfahren zu führen, könnte das Wissen oder gar die (wenn auch mittelbare) Beteiligung des Staates am Netzwerk um das NSU-Trio den nur bedingten Aufklärungswillen der Sicherheits- und Strafverfolgungsbehörden erklären. Durch das oben bereits beschriebene V-Leute-System hat man der rechtsextremen Szene, vermittelt von den Verfassungsschutzämtern, staatliche Strukturhilfe zur Verfügung gestellt. Nazis erhalten bis zum heutigen Tag erhebliche finanzielle und organisatorische Unterstützung, ohne dass die Gesellschaft den Nutzen wirksam überprüfen kann. Hinzu kommt, dass wir klare Anhaltspunkte dafür haben, dass V-Leute durch Einsatz ihrer Führer vor Strafverfolgung geschützt wurden – sei es durch Warnungen oder gar durch Einflussnahme in Richtung Polizei bzw. Strafverfolgungsbehörden. Für den Einsatz von V-Leuten gibt es weder eine zeitliche Begrenzung, noch nachvollziehbare geschweige denn kontrollierbare Kriterien. V-Leute wären somit prädestiniert, an der Sicherung und strategischen Steuerung von terroristischen Zellstrukturen mitzuwirken. In der Leitschrift des »leaderless resistance«, den »Turner-Diaries«, wird genau diese Rolle von V-Leuten detailliert beschrieben. V-Leute als Netzpunkte der Zellen, mit beiden Beinen in der Szene und dem Ohr in den staatlichen Institutionen.

Wir wollen die Wege und Strukturen der Vernetzung so gut es geht aufklären und beschreiben. Dabei wird es notwendigerweise auch um internationale Bezüge und Kooperationen von Neonazis und die Rolle des Staates in diesem Zusammenhang gehen. Dazu werden wir uns noch einmal genau mit V-Leuten im Umfeld des NSU befassen, ihren Kenntnissen zum Trio und zu den Anschlägen. Wir werden die V-Leute-Führer vernehmen und sie zu den Details befragen: Wie lange sind V-Leute geführt worden? Welche Ergebnisse wurden geliefert? Wie konnte man sich der Loyalität der jeweiligen Person sicher sein. Wurde seitens der V-Mann-Führer und wenn ja mit wessen Rückendeckung versucht, auf staatsanwaltschaftliche oder polizeiliche Ermittlungen Einfluss zu nehmen? Dort wo es angebracht und möglich ist, wollen wir auch die V-Leute im NSU-Kontext selber vernehmen. Wer eine vertiefte Aufklärung der Zusammenhänge erreichen möchte, muss diesen sicherlich unangenehmen Weg gehen, um ein abgerundetes Bild der Vorgänge zu bekommen. Bei alledem geht es uns nicht ausschließlich um eine bessere Rekonstruktion. Da werden sicherlich immer Details fehlen. Wir untersuchen den Nutzen und den Schaden des V-Leute-Systems von Grund auf und wollen am Ende konkrete Verbesserungen bei den Sicherheitsbehörden herausarbeiten, so dass sie besser ein- und aufgestellt sind mit Blick auf die rechte Gefahr.

3. Schwerpunkt: Verknüpfung des Netzwerks zur Gegenwart
In den letzten Jahren gab es eine frappierende Welle rechtsextremistischer Gewalttaten vor allem mit Bezug zur Flüchtlingssituation. Geprägt vom Denken, das im Zuge der NSU-Ermittlungen herrschte, ordneten die Sicherheitsbehörden die Taten wieder allzu leicht als singuläre Phänomene ein mit vornehmlich lokalen Bezügen. Nach dahinter stehenden Strukturen wird kaum geschaut. Eine Staatsschutzrelevanz wird selten gesehen. Wir wollen im Untersuchungsausschuss einen Beitrag dazu leisten, die Zusammenhänge stärker in den Blick zu nehmen. In diesem Kontext werden wir uns einerseits mit konkreten Bezügen zum NSU-Umfeld befassen. Wir werden also thematisieren, welche Personen, die schon Kontakte zum Trio und der näheren Umgebung hatten, auch heute in der Nazi-Szene eine Rolle spielen. Das wollen wir unter anderem anhand der langen Liste der nicht vollstreckten Haftbefehle im Bereich Rechtsextremismus genau untersuchen.

Über die direkten Bezüge zum NSU-Trio hinaus gilt es jedoch auch zu klären, wie die Neonazi-Szene heute insgesamt aufgestellt ist, wie sie agiert und mobilisiert. Es steht zu vermuten, und das ist tragisch, dass das NSU-Trio damals nur ein kleiner Ausschnitt der gesamten gewaltorientierten rechtsextremen Szene darstellte; dass Böhnhardt, Mundlos und Zschäpe weniger der NSU an sich waren, als dass sie mit ihrem Handeln wie viele andere in der Szene den NSU-Prinzipien folgten. Von daher ist es geboten, sich stärker mit dem strukturellen Nährboden solcher Zellen, gegebenenfalls auch individuell handelnder Personen zu befassen. Dabei ist natürlich die zentrale Frage, inwieweit diese auf dem Schirm der Sicherheitsbehörden sind. Bisher mussten wir immer wieder feststellen, dass wir heute viel zu wenige Informationen über Mobilisierungswege und konkrete Planungen der Neonazis haben. Völlig überrascht zeigten sich beispielsweise sowohl Polizei als auch Verfassungsschutz von HoGeSa. Republikweit hatten die Hooligan- und die rechtsextreme Szene Hand in Hand einen Aufmarsch von über 4.000 Teilnehmern organisiert. Über Monate hinweg. Wahrscheinlich hat der Verfassungsschutz Baden-Württemberg das Ganze über einen V-Mann sogar mit initiiert. Genauso konnte die Bedeutung der PEGIDA-Aufmärsche im Kontext rechtsextremistischer Strategien bisher von staatlichen Institutionen in keiner Weise angemessen eingeordnet werden. Das zeigt, wie weit wir derzeit von einer fundierten Analyse der aktuellen Geschehnisse im rechtsextremen Spektrum entfernt sind. Durch das Offenlegen einzelner Mobilisierungsstränge wollen wir Impulse geben, dieses Analyse-Vakuum im rechten Bereich nachhaltig zu schließen.

NSU-Aufklärung – ein Fass ohne Boden?

Nein. Aber bodenlos sind bisher die Aufklärungsbereitschaft und die Transparenz der staatlichen Institutionen, vor allem des Verfassungsschutzes. Es ist äußerst mühsam, mit parlamentarischen Instrumenten an der Mauer des Schweigens zu rütteln. Aber mein Anspruch ist, dass wir so lange weitermachen, bis wir die zentralen Muster des rechten Terrors erfasst haben. Und daher ist es ein wichtiges Signal, dass gleichzeitig der Bund und viele Länder mit ihren Untersuchungsausschüssen daran mitwirken, Stein für Stein aus dieser Mauer zu ziehen. Wenn sich die Behörden aktiv beteiligen, kommen wir besser voran.

Wie gesagt, es geht uns nicht in erster Linie um eine archivarische Aufarbeitung der Vergangenheit. Bei der parlamentarischen Aufklärung dieser Mordserie geht es im Kern um Gegenwarts- und Zukunftsbewältigung. Es geht darum, dass sich der Staat mit all seinen Institutionen endlich auf die Realität unserer Einwanderungsgesellschaft einstellt und Menschen egal welcher Herkunft wirksam schützt vor Terroristen, Mördern, Aggressoren egal welcher Herkunft. Mit Blick auf dieses Ziel betreiben und verstehen wir unsere Aufklärungsarbeit.

Cemile Giousouf

N-S-U – Drei Buchstaben, die ein Land veränderten

Einleitung

Als Kind erscheint einem, was man nicht wortwörtlich »fassen« kann, stets beängstigender als im fortgeschrittenen Alter. Daher hätte ich nicht gedacht, dass mich allein drei Buchstaben als Erwachsene dermaßen beunruhigen könnten. Bis zum 4. November 2011.

An jenem Tag wurde in Eisenach eine Bank überfallen, die beiden Täter flüchteten bis zu ihrem Wohnmobil. Dann fielen Schüsse. Schließlich brannte das Wohnmobil aus, mitsamt den Leichen zweier Männer: Uwe Böhnhardt und Uwe Mundlos.

Zügig stellte sich heraus, hier handelte es sich nicht um zwei gewöhnliche Bankräuber, sondern um zwei von drei Akteuren einer rechtextremen Terrorgruppe. Kurz nach dem Selbstmord ihrer beiden Komplizen zündete Beate Zschäpe die gemeinsame Wohnung in Zwickau an und stellte sich nach wenigen Tagen der Polizei. NSU, Nationalsozialistischer Untergrund, so nannten sie sich.

Ein rassistisches Terrortrio zog dreizehn Jahre lang durch das Land, ermordete Menschen und finanzierte sich durch kriminelle Machenschaften. Und niemand bekam es mit. Das Enttarnen der rechten Terrorzelle NSU war für uns alle, insbesondere für die Angehörigen der Opfer, ein Schock.

Sicherheitsbehörden konnten Zusammenhänge zwischen diesen Straftaten nicht aufdecken. Sie schlossen ein rassistisches Tatmotiv bis zuletzt aus. Mehr noch: Die Ermittler waren zunächst grob falsch dem organisierten Verbrechen auf der Spur. Die Opfer bekamen so selbst den Status des Delinquenten. Auch in den Medien fehlte es an Sensibilität, sie benannten die Mordserie plakativ und makaber als »Döner-Morde«. Ein Terminus, der wiederum die Opfer kriminalisierte.

Jahrelang galten die Morde als ein noch nicht abgeschlossener unaufgeklärter Vorgang. Nachdem aber die Terrorbande im Jahr 2011 aufflog, war das alles andere als beruhigend. »Mein Vater wurde von

II. DER NSU-KOMPLEX IN DER POLITISCHEN DISKUSSION 95

Neonazis ermordet – soll mich das nun beruhigen?«, sagte die Tochter von Enver Şimşek, einem der Opfer. Worte, die niemanden unberührt lassen können. Die Tochter schlussfolgerte: »Ich trauere um meinen Vater und frage mich gleichzeitig, ob ich hier noch zu Hause bin.« Eine Aussage, die offenbart, wie stark das Vertrauen in unseren Rechtsstaat in Mitleidenschaft gezogen wurde. Doch es gibt noch eine weitere Botschaft: Frau Şimşek fühlt sich hier im Grunde zuhause, nur ist dieses Vertrauen tief erschüttert worden.

Politik steht geschlossen für eine Aufklärung
Im Februar 2012 kamen die Familienangehörigen und die Politik bei einer bewegenden Gedenkveranstaltung am Berliner Gendarmenmarkt zusammen. Ich erinnere daran, als wäre es gestern. Ich saß gebannt vor dem Fernseher, als die Kanzlerin und einige Familienangehörige redeten.

»Im Alltag vergisst man alles zu schnell«, betonte die Kanzlerin bei ihrer Rede, »wir verdrängen, was mitten unter uns geschieht«, fuhr sie fort. Sie sprach uns allen aus der Seele. Wenn auch niemand den Zorn, die Trauer und die Zweifel von Familien, die ihre Liebsten verloren haben, ungeschehen machen kann, war es sehr wichtig, dass die Bundeskanzlerin eines betonte: »Sie stehen nicht länger allein mit Ihrer Trauer, wir fühlen mit Ihnen, wir trauern mit Ihnen.«

Diesen Worte folgten Taten in der Bundespolitik: Bereits seit November 2011 haben alle Fraktionen im Deutschen Bundestag und die Bundesregierung die klare Linie verfolgt, verlorenes Vertrauen in den Rechtsstaat wieder herzustellen. Alle am Untersuchungsausschuss beteiligten Fraktionen haben den 47 Empfehlungen des ersten NSU-Untersuchungsausschusses geschlossen zugestimmt. Die entsprechenden Handlungsempfehlungen richten sich sowohl an die Polizei, die Justiz, den Verfassungsschutz und speziell an die Vertrauensleute der Sicherheitsbehörden.

Die Bundesregierung hat in der Folge viele Gesetzesänderungen verabschiedet. Im Februar 2014 wurde seitens der Bundesregierung ein »Bericht zur Umsetzung der Empfehlungen des 2. Untersuchungsausschusses der 17. Wahlperiode« (Bundestagsdrucksache 18/710) vorgelegt. Ferner hat die Regierung eine Bilanz aus dem Skandal gezogen und alle Empfehlungen in ihrem Verantwortungsbereich umgesetzt.

Darüber hinaus traten im August 2015 eine Reihe von Neuregelungen im Justizbereich in Kraft. So soll zum Beispiel der Generalbundesanwalt künftig frühzeitig in laufende Ermittlungen eingebunden werden, wenn seine Zuständigkeit in Betracht kommt. Das bedeutet im Klartext, dass der Generalbundesanwalt darüber entscheidet, ob und welche Prioritäten eine Ermittlung haben soll, wenn es Uneinigkeiten zwischen den Staatsanwaltschaften der Länder gibt. Eine Neuregelung geht sogar einen Schritt weiter als die Empfehlungen des NSU-Ausschusses. Und zwar sieht jenes Gesetz vor, rassistische, fremdenfeindliche oder sonstige menschenverachtende Beweggründe und Ziele bei der Strafzumessung zu berücksichtigen. Mit anderen Worten: Wenn das Gericht feststellt, dass derlei Motive vorliegen, fließt dies entsprechend in die Strafzumessung ein.

Mittlerweile wird die lückenlose Aufklärung der Pannenserie durch eine gemeinsame Entscheidung aller Fraktionen im Deutschen Bundestag in einem dritten NSU-Untersuchungsausschuss fortgesetzt. Das Bundeskriminalamt hat auch seine Lehre aus der rechtsterroristischen NSU-Mordserie gezogen: In den letzten Jahren wird daran gearbeitet, Ermittlungstaktiken, Personalauswahl und interkulturelle Kompetenz in unserer obersten Polizeibehörde zu optimieren.

Die Umsetzung der Empfehlungen ist in der Tat lobenswert, wofür ich mich auch als Bundestagsabgeordnete verantwortlich fühle. Jedoch ist auch mir bewusst, dass es darauf ankommt, diesen Empfehlungen langfristig aktiv zu folgen. Zum Beispiel hat der erste NSU-Ausschuss im Bundestag in seinem Abschlussbericht empfohlen, »Interkulturelle Kompetenz« als ein Pflichtfach in die Polizeiausbildung zu integrieren.

Diese Maßnahmen können zwar alleine keine Pannen verhindern, aber sie können die Sensibilität der Polizei gegenüber rassistischen Straftaten stärken.

Das beunruhigende Gefühl, die Verzweiflung darüber, bei einer schweigenden Zschäpe, die einen zur Weißglut bringt, die Tatsache, dass wichtige Zeugen sterben, dass wichtige Unterlagen geschreddert wurden: All das hinterlässt bei allen Erfolgen einen bitteren Beigeschmack. Die Tatsache, dass über Jahre Beamte, V-Männer, die auf dem rechten Auge blind waren, nicht sehen wollten, Verbrecher geschützt haben, statt sie zu stellen, all das ist ein Schandfleck in der jüngeren Geschichte Deutschlands.

Von einem staatlichen Versagen zu reden, wäre aber falsch. Es war das unmenschliche Verhalten Einzelner. Aber eben diese Einzelnen sind ausschlaggebend gewesen über Jahre...

Im Kampf gegen Rassismus gibt es keine Ausnahmen
Deutschland ist ein weltoffenes Land, das haben wir nochmals mit unseren Taten in der Flüchtlingskrise bestätigt. Unsere Vision für unser Land ist es, ein offenes und diskriminierungsfreies Zusammenleben zu gewährleisten.

Deutschland liegt beim Thema Fremdenfeindlichkeit im Vergleich mit anderen westlichen Ländern im Mittelfeld. Kein großer Trost, wenn man bedenkt, dass in den vergangenen beiden Jahren im Zuge der Flüchtlingssituation rassistisch motivierte Übergriffe deutlich angestiegen sind. 2015 gab es 715 registrierte Übergriffe auf Flüchtlingsunterkünfte, im Jahr zuvor waren es gut 200.

Was mich auch besorgt, ist der Anstieg bei Propagandadelikten und verbaler Gewalt gegenüber Menschen mit ausländischem Aussehen. Es scheint mir so, als ob in den letzten Jahren eine Hemmschwelle durchbrochen worden ist. »Das wird man ja noch mal sagen dürfen« ist zu einem geflügelten Wort geworden. Nicht selten der Anfang einer Hetztirade gegen Menschen mit Zuwanderungsgeschichte. Die Übergänge vom Populismus zum Rechtsextremismus sind dabei nicht selten fließend.

Ich frage mich, woher diese tiefsitzende Angst vor dem Fremden kommt. Etwa eine Million Flüchtlinge sind 2015 nach Deutschland gekommen, nicht alle werden eine Anerkennung erhalten. Eine Million, das sind 1,4 Prozent der deutschen Bevölkerung. Wie sollen diese Menschen unsere Gesellschaft derart verändern, wie es die Fremdenfeinde befürchten?

Die AfD selbst erklärt uns den Zusammenhang: Die Flüchtlingskrise sei ein Geschenk für seine Partei, so Alexander Gauland. Ein eklatantes Beispiel dafür, dass die AfD die Zuwanderungsthematik gezielt nutzt, um Menschen mit unterschiedlichsten »Beschwerdebedürfnissen« zu sammeln. Sie alle eint die Angst vor der Zukunft und der häufig diffuse Frust über die allzu moderne Gegenwart. Die Flüchtlinge sind demnach ein perfekter Sündenbock, auf den sich Ängste projizieren lassen.

Die Lehre aus der Mordserie zeigt aber in eine ganz andere Richtung: Rassismus, Diskriminierung und Fremdenfeindlichkeit sind nicht mit dem Grundgesetz vereinbar. Die Demokratie geht von der gleichen Würde aller Menschen aus.

Wenn wir Politiker es ernst meinen, den Fremdenhass zu bekämpfen, sollten wir auch schon dem Verbalradikalismus die Stirn bieten. Die folgerichtige Umsetzung der Empfehlungen des NSU-Ausschusses ist dabei nur eine Seite der Medaille. Entscheidend wird sein, dort Widerstand zu leisten, wo das friedliche Zusammenleben unserer Gesellschaft vor Ort angegriffen wird. Gefragt ist Zivilcourage.

***

Serap Güler

Mich überkommt vor allem Scham

In den Jahren 2000 bis 2006 wurden in verschiedenen Großstädten Deutschlands aus mutmaßlich rassistischen Motiven neun Morde an Bürgern mit Migrationsgeschichte, zwei Sprengstoffanschläge und ein Mord an einer Polizistin verübt. Nach bisherigen Erkenntnissen ist ein Neonazi-Trio aus Zwickau dafür verantwortlich, das sich den Namen »Nationalsozialistischer Untergrund« (NSU) gegeben hatte.

Die Geschichte um den NSU brachte das Vertrauen, das die Menschen in Deutschland gegenüber ihrem Staat aufgebaut haben, brutal zu Fall, weil nach wie vor offen ist, wie derartige Taten über Jahre hinweg unentdeckt bleiben konnten.

II. DER NSU-KOMPLEX IN DER POLITISCHEN DISKUSSION

Der Skandal

Der Schockzustand und die Sprachlosigkeit, die die Aufdeckung des NSU-Trios mit sich brachte, sind nach wie vor da. Selbst nach fünf Jahren können wir uns kaum vorstellen, was sich in Deutschland abgespielt hat. Wir sind entsetzt und erschüttert. Dass Menschen hassen und willfährig morden, wissen wir; aber dieses Maß an Staatsversagen überfordert viele, und es lässt niemanden kalt.

Die rechte Terrorserie ist in der deutschen Nachkriegsgeschichte beispiellos, manche bezeichnen sie auch als einen Schlag ins Gesicht der Demokratie. Deshalb hatte der Bundestag allen Grund, kollektive Demut zu zeigen. Der Staatsskandal hat viele in ihrem Glauben an den deutschen Staat erschüttert; sie hätten für unseren Staat ihre Hand ins Feuer gelegt und waren überzeugt, dass so etwas in dieser Dimension bei uns nicht vorkommen kann.

Sind die deutschen Sicherheitsbehörden auf dem rechten Auge wirklich blind? Nach dem, was wir heute wissen, ist die Gewalt von Rechtsextremisten jahrelang verschleiert worden. Ermittlungen wurden schlampig geführt, und für die Aufklärung wichtige Akten wurden mit Vorsatz geschreddert. Opfer wurden zu Tätern erklärt, und deren Angehörige schickte man durch die Hölle. Auch wenn wir uns vor Verschwörungstheorien hüten sollten, werden diese doch dadurch angeheizt, dass die Verantwortlichen lediglich von »Ermittlungspannen« reden wollen oder zu Protokoll geben, dass die Täter vor allem wegen ihres »untypischen Verhaltens« unentdeckt geblieben seien.

Was war passiert?

Jahrelang zog ein Phantom quer durch Deutschland und brachte innerhalb von sechs Jahren neun Kleinunternehmer um: mitten am Tag, an ihren Arbeitsstätten und immer mit derselben Waffe. Auch eine 22-jährige Polizistin wurde ermordet, Sprengstoffattentate und mehrere Raubüberfälle wurden verübt. Es handelte sich um ein Phantom, weil jede Spur zur Identität des Täters oder der Täter fehlte. Die einzige Spur, die man scheinbar hatte, führte zu der Annahme, dass es sich um mafiöse Machenschaften handeln musste. So wurden aus den Opfern – acht von ihnen stammten aus der Türkei und einer aus Griechenland – Täter, die sich allem Anschein nach selbst in kriminelle Kreise begeben hatten und darin umgekommen waren.

Schutzgeld- oder Drogenkonfliktszenarien nahmen ihren Lauf, und eine Verbindung zur Mafia wurde hergestellt, weil die Ermordung häufig mit einem Kopfschuss durchgeführt wurde. Man vermutete, die Opfer hätten ihre Schulden nicht beglichen oder sollten mit ihrem Leben dafür bezahlen, dass sie illoyal geworden waren.

Unterstrichen wurde diese These nicht zuletzt durch den Namen, den die Sonderkommission zur Aufklärung der Morde erhielt: *Bosporus*. Das Motiv dieser abscheulichen Taten, so die Annahme der Ermittler, lag offenbar im Herkunftsland der Opfer – ganz ungeachtet der Tatsache, dass ein Griechischstämmiger dabei war. Aber wer nahm es zu dieser Zeit schon so genau? Auch *Der Spiegel* berichtete scheinbar wissend, dass Dutzende Polizisten, Staatsanwälte und Verfassungsschützer versuchten, die mafiösen Organisationen türkischer Nationalisten in Deutschland zu durchdringen, die für das Blutvergießen verantwortlich seien. Die Morde – darauf schien man sich geeinigt zu haben – seien schließlich die Rechnung für Schulden aus kriminellen Geschäften oder die Rache an Abtrünnigen. Ein anderer Artikel des gleichen Mediums sah alle Fäden im Drogen-, Glücksspiel- und Schutzgeldmilieu zusammenlaufen.

Die Spur der Morde sollte also in eine düstere Parallelwelt führen, in der eine mächtige Allianz zwischen rechtsnationalen Türken, dem türkischen Geheimdienst und Gangstern den Ton angeben sollte. Die Spur führte die Beamten sogar bis in die Tiefen des türkischen Staates. *Ergenekon*, die *Grauen Wölfe* und auch der Susurluk-Fall, bei dem 1996 der von Interpol gesuchte Mafia-Pate Abdullah Çatlı ums Leben kam, wurden mit den Morden in Verbindung gebracht. Aus heutiger Sicht und Faktenlage ist das alles nur schwer nachvollziehbar und nimmt einen infamen Beigeschmack an.

Nun fragen wir uns, was in all den Jahren die Hinterbliebenen der Opfer empfunden haben mögen. Welcher Schmerz hat sie mehr erschüttert? Der Verlust des Vaters, Sohnes, Bruders, Mannes, Freundes, oder die demütigende Verdächtigung, dass die Opfer angeblich ins kriminelle Milieu verstrickt waren? Was hat die Frau, deren Mann ermordet wurde, wohl gedacht, als sie mit all den Beschuldigungen konfrontiert wurde? Wuchsen Zweifel in ihr, und hat sie sich gefragt, wer der Mensch eigentlich war, mit dem sie all die Jahre ein Bett geteilt hatte? Oder fragte sie sich vielmehr, womit sie diesen Staatsstreich verdient hat, der ihren Mann als Täter postulierte? Was dachten die Eltern und Kinder der Opfer? Im Zweifel wussten die Angehörigen schon immer, was wir erst mit gehöriger Verspätung erfahren haben: dass die Opfer Opfer waren.

Schlimmer geht es nicht? Ein Irrtum! Den abscheulichen Morden wurde mit der allzu bereitwillig angenommenen Titulierung »Döner-Morde« noch eins drauf gesetzt – auch hier wieder ungeachtet der Tatsache, dass lediglich zwei der neun Opfer einen Döner-Imbiss betrieben. Man versachlichte die Morde an Menschen und rückte sie in eine Ecke, in der man sie allem Anschein nach haben wollte: zu den Türken. Gewollt oder ungewollt rief man den Eindruck hervor, dass es sich hier um Taten handelte, die nichts mit der deutschen Mehrheitsgesellschaft zu tun hatten. Oder etwas direkter formuliert: Die Migrant_innen schlachteten sich selbst ab. Und die Medien lancierten mit ihren Überschriften das Bild jener düsteren Parallelwelt. Kann man die Opfer stärker verunglimpfen, als sie aufgrund ihrer Herkunft auf ein Imbissgericht zu reduzieren?

Und auch aktuell sehen wir, dass mit jedem weiteren Detail, das ans Tageslicht kommt, das Ganze eine immer schlimmere und abscheulichere Dimension annimmt – ohne, dass auch nur die Hälfte der Fragen, die durch unsere Köpfe schwirren, beantwortet wären. Wir fragen uns, wie es sein konnte, dass jahrelang über 100 Ermittler in mehreren Bundesländern auf die falsche Spur gesetzt haben – obwohl sich doch die Neonazi-Szene mit diesen Morden brüstete: beispielsweise mit dem Lied »Dönerkiller«, das im Sommer 2010 von der Band *Gigi und die braunen Stadtmusikanten* veröffentlicht wurde und genau auf diese Morde anspielte. War das kein Hinweis? Sicher war es einer, aber keiner, der bei den Ermittlungen wirklich verfolgt wurde.

Und die Fragen nehmen weiter zu: Wie kann es eigentlich sein, dass nach offiziellen Angaben der Behörden die Zahl der Menschen, die Opfer rechtsextremer Gewalt werden, um ein Vielfaches kleiner ist als die Angaben der Amadeu Antonio Stiftung? Auf Nachfrage erhält man den lapidaren Hinweis auf statistische Berechnungsgrundlagen.

Das gesamte politische Personal war in den Tagen nach der Aufdeckung dieser schrecklichen Taten darum bemüht, Mitgefühl und Einsicht zu zeigen. Dies betraf nicht nur das eilige Zusammentreffen der zuständigen Minister und Amtschefs der Länder und des Bundes, wo es allerdings nicht darum ging, Missstände zu beseitigen, sondern vielmehr die eigenen Fürstentümer zu verteidigen. Die meisten rangen vor allem nach Worten. Allen voran fand Bundeskanzlerin Angela Merkel die passenden: Sie sprach von »Schande«, und auch Bundestagspräsident Norbert Lammert schaffte es, die richtigen Worte zu wählen, indem er offen zugab, was viele empfanden: »Wir sind beschämt, dass die Sicherheitsbehörden die Morde weder rechtzeitig aufklären noch verhindern konnten.« Viele übten auch Selbstkritik und wiesen darauf hin, dass die Politik die Dimension des Rechtsextremismus unterschätzt habe.

Versprochen wurde eine umfassende Aufklärung dieses Angriffs auf unsere Gesellschaft und Demokratie. Die damalige Vorsitzende der Grünen, Claudia Roth, sprach von einem »Skandal« und betonte wie ihr Kollege Cem Özdemir, dass man jahrelang die Opfer selbst beschuldigt hatte. Der SPD-Vorsitzende Sigmar Gabriel machte sich gar die Mühe und besuchte die Keupstraße in Köln – jenen Ort, an dem 2004 insgesamt 22 Menschen von dem Neonazi-Trio durch einen Nagelbombenanschlag verletzt worden waren. Ebenso wie bei den »Döner-Morden« tat man auch den Nagelbombenanschlag seinerzeit als »Milieustraftat« ab. Dies sei »beleidigend und demütigend«, erklärte Gabriel. Weniger glückliche Kommentare kamen hingegen aus den Reihen der CSU.

Was bleibt
Sowohl der Bundestag als auch zahlreiche Landesparlamente richteten nach Bekanntwerden des Skandals Untersuchungsausschüsse

ein. Im November 2014 stimmten auch alle Fraktionen der im Landtag von Nordrhein-Westfalen vertretenen Parteien für die Einsetzung eines eigenen Parlamentarischen Untersuchungsausschusses. Die Initiative dazu hatten die Piraten ergriffen, die die CDU unterstützte, weil der Bundestag nach ihrer Auffassung zu wenig Zeit für die Aufarbeitung jeder einzelnen Straftat gehabt hatte. In dieser Folge standen hier von Beginn an vor allem die beiden Sprengstoffanschläge in Köln aus den Jahren 2001 und 2004 sowie der Mord an einem Kioskbesitzer in Dortmund im Jahr 2006 im Mittelpunkt.

Das Ziel der nordrhein-westfälischen Abgeordneten war und ist es herauszufinden, welche Fehler womöglich von den Sicherheits- und Justizbehörden sowie Ministerien im eigenen Bundesland begangen worden waren und welche Anpassung in den Strukturen der Sicherheits- und Ermittlungsbehörden nötig sein könnten.

Die Einsetzung der Untersuchungsausschüsse ist richtig und wichtig: zur Aufklärung, als Signal und als Gelegenheit, die Opfer und Angehörigen zu Wort kommen zu lassen.

Ein bedeutender Satz stammt von der früheren Fraktionsvorsitzenden der Grünen im Bundestag, Renate Künast: »Wenn man hätte wissen wollen, hätte man wissen können.« Dieser Satz spricht Bände.

Die Konsequenzen, die man politisch aus diesem Albtraum bisher gezogen hat, erwecken nach den aktuellen Angriffen auf Flüchtlingsheime nicht den Eindruck, Früchte zu tragen. Bedeutender, wenn auch nur ein Anfang, wäre hingegen das Verbot der NPD – das Verfahren läuft aktuell. Man sollte zwar nicht glauben, dass man damit dem Rechtsextremismus einen Riegel vorschieben kann, aber man hätte zumindest die Gewissheit, dass solche demokratiefeindlichen Parteien nicht auch noch mit staatlichen Geldern unterstützt werden.

Doch nichts von all dem wird in der Lage sein, die Wucht und die Wut über das Staatsversagen aufzulösen. Es ist und bleibt ein Schandfleck unseres Landes. Und das ist bitter.

***

İbrahim Yetim

Nach der Aufdeckung des »NSU-Trios«

Am 4. November 2011 wurde die Aufdeckung des »Nationalsozialistischen Untergrunds« (NSU) bekannt. Die Aufdeckung dieses »Trios« und der von ihnen verübten Morde hat mich überrascht und zutiefst schockiert. Dass eine rechtsterroristische Gruppe über Jahre hinweg unerkannt mordet und die Auswahl der Opfer allein auf ihren Migrationshintergrund (oder ihre Stellung in der Gesellschaft) zurückzuführen ist, habe ich in Deutschland nicht für möglich gehalten. Ich erinnere mich gut daran, dass die Erschütterung in meinem Familien- und Freundeskreis sehr groß war. Bei vielen türkeistämmigen Migrantinnen und Migranten entstand ein »Die Deutschen wollen uns hier nicht«-Gefühl. Schlimmer noch war jedoch die große Verunsicherung darüber, dass es den deutschen Sicherheitsbehörden bzw. der deutschen Gesellschaft nicht möglich war, Migrantinnen und Migranten zu schützen. Vor der Aufdeckung des »NSU-Trios« gab es ein großes Vertrauen in den deutschen Staat und die Sicherheitsbehörden. Aufgrund dessen wurden von vielen Migrantinnen und Migranten die Ermittlungsansätze nicht hinterfragt. Der anschließende Vertrauensverlust war daher jedoch umso größer.

Drei Jahre nach der Aufdeckung des NSU-Trios setzte der nordrhein-westfälische Landtag durch einen gemeinsamen Beschluss aller im Landtag vertretenen Fraktionen den Untersuchungsausschuss zum NSU-Terror in Nordrhein-Westfalen ein. Der Auftrag des Ausschusses besteht darin, ein mögliches Fehlverhalten nordrhein-westfälischer Sicherheits- und Justizbehörden in Bezug auf die Aktivitäten der rechtsterroristischen Gruppierung NSU und eventueller Unterstützerinnen und Unterstützer – insbesondere in der rechtsradikalen Szene in Nordrhein-Westfalen – zu untersuchen. Die Arbeit des Ausschusses ist sehr komplex. Es gibt eine Fülle von Akten, eine Vielzahl von Sitzungen und eine große Anzahl von Zeugen, die für die Aufarbeitung der Sprengstoffanschläge in Köln sowie des Mordanschlags in Dortmund gelesen bzw. gehört werden müssen. Wenngleich die juristische Aufarbeitung der Taten beim Oberlandesgericht in München erfolgt, ist es aus meiner Sicht wichtig, dass sich auch die Politik mit den Hintergründen der Taten beschäftigt und vor allem Schlussfolgerungen für die Sicherheits- und Justizbehörden entwickelt. Darüber hinaus ist eine Strategie zur Rechtsextremismusprävention notwendig, damit sich solche Taten in Nordrhein-Westfalen oder Deutschland nicht wiederholen!

Als Ende des Jahres 2014 der Untersuchungsausschuss mit der genannten Aufgabenstellung eingesetzt wurde, waren die Auswirkungen der weltweiten Flüchtlingsbewegung für Nordrhein-Westfalen noch nicht absehbar. Seitdem hat sich einiges verändert: Nordrhein-Westfalen hat 2015 230.000 Flüchtlinge aufgenommen und auch aktuell kommen nach wie vor viele Menschen zu uns. Mit Blick auf die Fluchtursachen und die Situation in den Herkunftsländern ist davon auszugehen, dass viele von ihnen bei uns bleiben werden. Unter Berücksichtigung des demographischen Wandels ist das für unsere Gesellschaft eine große Chance. Gleichwohl erleben wir aktuell eine Veränderung des gesellschaftlichen und politischen Klimas. Diese Veränderung hat zwei Gesichter: Viele Menschen nehmen gerne Flüchtlinge bei uns auf. Sie engagieren sich ehrenamtlich in den Unterkünften, organisieren Kleiderspenden und bieten Sprachkurse oder Spielangebote an – kurz: sie füllen die Willkommenskultur mit Leben! Auf der anderen Seite erleben wir jedoch eine Zunahme von Gewalt gegen Flüchtlingsunterkünfte und Hasskommentaren im Internet. Aus meiner Sicht ist es nachvollziehbar, wenn Menschen sich fragen, wie das Zusammenleben in Deutschland zukünftig aussehen kann, ob genügend Arbeitsplätze und Wohnraum vorhanden sind oder wie es gelingt, dass Flüchtlinge unsere Sprache lernen und wissen, welche Regeln und Gesetze in unserer Gesellschaft gelten. Über all diese Fragen lässt sich diskutieren und es ist Aufgabe der Politik, dafür Lösungen zu finden und diese anzubieten. Wer jedoch Gewalt gegen Flüchtlinge oder ihre Unterkünfte einsetzt oder im Internet gegen sie hetzt, der überschreitet eine Grenze. Im März 2016 warnte der Chef des Bundeskriminalamts (BKA) vor einer neuen rechten Terrorgefahr. Seine Befürchtung ist, dass sich von den Protestbewegungen kleine Gruppen abspalten könnten. Wenn man sich die Entstehung des »NSU-Trios« anschaut, dann ist die Einschätzung des BKA-Chefs alarmierend.

Ich bin überzeugt, dass es nicht ausreicht, wenn sich allein Politikerinnen und Politiker gegen rechte Gewalt und Ausländerfeindlichkeit aussprechen. Vielmehr ist es aus meiner Sicht dringend notwendig, dass wir uns als Gesellschaft dagegen positionieren. Jede und jeder Einzelne muss sich einbringen. Die Chance dazu ergibt sich auf der Arbeit, im Sportverein oder im Freundeskreis meist täglich. Auch die schon hier lebenden Migrantinnen und Migranten müssen sich noch stärker einbringen. Ihre Aufgabe ist es aufzuzeigen, dass es viele Beispiele von gelungener Integration in unserem Land gibt. Nur so kann es gelingen, dass die zu uns kommenden Flüchtlinge ihren Platz in unserer Gesellschaft finden!

***

Niema Movassat

Rechten Terror im Keim ersticken!

Jahrelang konnte die rechte Terrorbande NSU mordend durch Deutschland ziehen. Doch erst 2006 fingen die Ermittler damit an, einen möglichen rassistischen Hintergrund der Mordserie überhaupt einmal zu prüfen. Zuvor hatten sich die Polizeibehörden ausschließlich auf Bandenkriminalität konzentriert oder sogar in einem Fall die Ehefrau eines Opfers verdächtigt[*]. Die Boulevardpresse schrieb von der »Türken-Mafia« oder »Halbmond-Mafia«, die Nürnberger Sonderkommission hieß »SoKo Halbmond«, eine 2005 eingerichtete Sonderkommission »SoKo Bosporus«. Die Täter konnten aus Sicht

---

[*] Der Tagesspiegel, 15.11.20111, Opferwitwe: »Sogar mich hatte die Polizei im Verdacht«, www.tagesspiegel.de.

von Presse und Polizei offenbar nur andere Migranten sein, keinesfalls Deutsche ohne einen Migrationshintergrund. Offensichtlich kam den Ermittlern nicht ansatzweise in den Sinn, dass Neonazis Migranten ermorden könnten und dass Fremdenhass in Terror enden kann. Dabei sollte schon die deutsche Geschichte jedem vor Augen führen, dass Rassismus, Antisemitismus und Fremdenfeindlichkeit am Ende in Mord enden können. Bis heute ist außerdem nicht klar, welche Verwicklungen deutsche Geheimdienste in die Mordserie hatten. Gab es Verbindungen zwischen Geheimdienststellen und dem Umfeld des NSU? Wie kommt es, dass wichtige Zeugen plötzlich sterben? Wieso funktionierte der Datenaustausch zwischen den verschiedenen Sicherheitsbehörden nicht? Alles Pannen und Zufälle? Denkbar, dass es so ist. Die Aneinanderreihung so vieler Zufälle und Pannen aber überrascht dann doch. Dass überhaupt derartige Fragen gestellt werden müssen, ist schlimm genug.

Nicht ohne Grund setzte der Deutsche Bundestag gleich nach Bekanntwerden der Mordserie einen Untersuchungsausschuss ein. Dieser nahm am 26. Januar 2012 seine Arbeit auf. Auch zahlreiche Bundesländer setzten Untersuchungsausschüsse ein, um die Mordserie des NSU umfassend aufzuklären: Thüringen, Sachsen, Bayern, Hessen, Baden-Württemberg, NRW und Brandenburg. Es kommt wahrlich nicht aller Tage vor, dass wegen einer Mordserie parlamentarische Untersuchungsausschüsse eingesetzt werden. Mittlerweile ist dank der Arbeit der Ausschüsse und des Prozesses gegen Beate Zschäpe vor dem OLG München eine Reihe von Fakten bekannt. Doch viele Fragen bleiben offen, werden womöglich nicht oder erst viele Jahre später geklärt werden können. Wenn überhaupt.

Die bekannten Fakten können heute an vielen Stellen ausführlich nachgelesen werden. Genauso die Fragen, die weiterhin offen sind. Eine zentrale Problematik, auf die vermutlich weder Untersuchungsausschüsse noch der Münchner Prozess eine Antwort geben können, ist das kollektive Versagen der Sicherheitsbehörden in Deutschland. Wie kann es sein, dass es Ermittlern so unmöglich erschien, dass Rechtsterroristen die Täter sein könnten? Während bei islamistischem Terror mittlerweile eine hohe Sensibilität der Sicherheitsbehörden herrscht, scheint man auf dem rechten Auge weitgehend blind zu sein. Dies zeigt sich auch im Umgang mit linker und rechter Kriminalität. Während erstere, die sogenannte linke Gewalt, oft in Aktionen zivilen Ungehorsams besteht oder sich ausschließlich gegen Sachen richtet, wendet sich rechte Kriminalität oft gegen Leib und Leben von Menschen. In innenpolitischen Darstellungen aber wird oft beides gleichgesetzt: Diejenigen, die eine Neonazi-Demo blockieren, mit denjenigen, die einen Migranten krankenhausreif prügeln; derjenige, der ein Auto anzündet, mit demjenigen, der mit seinen Kumpels zusammen eine Hetzjagd auf Asylbewerber organisiert. Man kann Gewalt und das Überschreiten strafrechtlicher Vorschriften auch ablehnen, ohne Dinge gleichzusetzen, die schlichtweg nicht gleichzusetzen sind.

Wenn Neonazis Gewalt ausüben, wird dies zudem häufig verharmlost. Ein Asylbewerberheim brennt? Bei der Polizei heißt es dann bestenfalls »ein politischer Hintergrund kann nicht ausgeschlossen werden«. Was soll denn sonst der Hintergrund sein? »Angewandte Architekturkritik«?* 2015 gab es laut Bundeskriminalamt 163 bestätigte Gewalttaten gegen Asylunterkünfte, eine Verfünffachung gegenüber dem Jahr 2014. Insgesamt gab es 924 Straftaten gegen Asylunterkünfte!** Rassismus greift in diesem Land immer mehr Raum. 33,9% der Bundesbürger stimmen überwiegend oder voll und ganz der These zu, dass »die Bundesrepublik durch die vielen Ausländer in einem gefährlichen Maß überfremdet« sei***. Solche Zahlen müssen jeden empören, der Intoleranz und Fremdenhass ablehnt.

Die NSU-Mordserie hat aber nicht dazu geführt, dass Hass gegen Migrantinnen und Migranten in der breiten Gesellschaft kritisch diskutiert wird. Die Mehrheitsgesellschaft scheint weitgehend desinteressiert. Während viele Medien sehr ausführlich über die NSU-Mord-

---

* So schön und klar hat es die Kunstfigur Gernot Hassknecht in der *Heute Show* formuliert: Heute Show, 6.11.2015, »Richter Gernot Hassknecht klagt an«, www.youtube.com.

** Gewalt gegen Flüchtlinge – Deutlich mehr Anschläge auf Asylbewerberheime, 13.1.2016, www.tagesschau.de.

*** »Mitte«-Studie der Universität Leipzig – Rechtsextreme finden in der AfD eine Heimat, 15.6.2016, www.tagesspiegel.de.

serie berichtet haben, hat man im alltäglichen Leben nicht das Gefühl, dass die NSU-Morde für die meisten Menschen in diesem Land zu irgendeinem Zeitpunkt irgendeine relevante Rolle gespielt haben oder spielen. Getreu dem Motto »mich betrifft es ja nicht«, werden die diversen Meldungen höchstens achselzuckend zur Kenntnis genommen. Dies ist jedenfalls meine Erfahrung. Vielleicht ist das Ganze für viele zu kompliziert? Natürlich sind die einzelnen Fakten schwierig zu erfassen. Aber im Kern bleibt doch folgendes: Mindestens drei Deutsche schlossen sich zusammen, um Migranten zu ermorden. Sie taten dies jahrelang unbehelligt. Die Ermittler waren nicht mal ansatzweise auf der richtigen Spur. Aus diesen wenigen, unbestrittenen Tatsachen müssten doch Konsequenzen folgen: Niemals mehr Verharmlosung rechter Gewalt. Sensibilität der Sicherheitsbehörden bei Morden an Migranten. Konsequentes staatliches Vorgehen gegen rechte Gewalttäter. Innerhalb der Gesellschaft müsste die Konsequenz sein, dass eigene rassistische Vorurteile hinterfragt werden. Denn die Mordserie des NSU kam sicherlich nicht aus dem Nichts. Es gibt Stufen, bis es zu rechter Gewalt oder gar rechtem Terror kommt. Auf der ersten Stufe steht die Entwicklung von Vorurteilen gegen Minderheiten. Diese Vorurteile sind heute in einem breiten Teil der Gesellschaft bis weit in die Mitte verankert. Eigentlich muss schon auf der ersten Stufe gesellschaftspolitisch angesetzt werden. Vorurteile, Rassismus, Antisemitismus, Islamophobie, all diese Spielarten des Hasses gegen Minderheiten müssen von der Gesellschaft konsequent zurückgewiesen werden und die Thesen der Hetzer mit Argumenten entkräftet werden. Aufklärung muss in der Schule beginnen, aber darf dort nicht enden.

Allerdings erleben wir aktuell nicht, dass Vorurteile verringert werden. Der Aufstieg der »Alternative für Deutschland« (AfD) offenbart genau das Gegenteil. Ihr wird ein zweistelliges Ergebnis bei den Bundestagswahlen 2017 prophezeit. Bei der Landtagswahl am 13. März 2016 wurde die AfD in Sachsen-Anhalt nach der CDU sogar zweitstärkste Kraft. Bei den am selben Tag stattfindenden Landtagswahlen in Baden-Württemberg und Rheinland-Pfalz wurde sie immerhin drittstärkste Fraktion. Im September 2016 erreichte sie bei der Wahl zum

Abgeordnetenhaus von Berlin ein zweistelliges Ergebnis. Die AfD ist zweifellos auf dem Vormarsch. Selbst wenn man vorsichtig hoffen kann, dass ihre Parteiführung sich angesichts der doch sehr großen Spannweite der Partei von national-konservativ über rechtspopulistisch bis extrem rechts selbst zerlegen könnte, so wird das potentielle Wählerklientel so schnell nicht verschwinden. Immerhin liegt dieses rechte Potential in Deutschland bei bis zu 30%.* Die Auseinandersetzung wird den Demokraten in diesem Land nicht erspart bleiben.

Umso wichtiger ist es meines Erachtens, drei Dinge in der Auseinandersetzung mit der AfD zu tun: Erstens dort, wo AfD-Vertreterinnen und -Vertreter offen rassistische oder antisemitische Äußerungen verlautbaren, dies in aller Klarheit zurückzuweisen und klarzustellen, dass damit Grenzen des demokratischen Diskurses überschritten sind.** Zweitens die Thesen und Argumente von AfD-Politikerinnen und -Politikern konsequent auseinandernehmen und nachweisen, wo diese lügen. Hier sei übrigens angemerkt, dass die AfD-Parteichefin Frauke Petry Rekordhalterin hinsichtlich der Nennung falscher Fakten in Talkshows ist, nahezu jede dritte Faktennennung von ihr ist nachweislich falsch.*** Drittens eine Alternative für diejenigen aufzeigen, die über die sozialen und politischen Verhältnisse im Land enttäuscht sind. Denn es sind auch viele Arbeiterinnen und Arbeiter, Erwerbslose und arme Menschen, die der AfD ihre Stimme geben. Diese Menschen sind desillusioniert über die herrschende Politik. Sie erleben, dass für sie wenig bis gar nichts investiert wird. Dass sie auf Hartz IV gesetzt werden, dass sie nur Leiharbeitsjobs angeboten bekommen, dass ihre Kinder in Armut aufwachsen, dass sie Armuts-

---

* »AfD-Potenzial um einiges größer als die Umfragewerte«, Die Welt, 25.5.2016, www.welt.de.

** Hiermit meine ich Äußerungen wie die des baden-württembergischen AfD-Abgeordneten Wolfgang Gedeon, der die »Protokolle der Weisen von Zion«, eine gefälschte Schrift, die von Antisemiten als »Nachweis« genutzt wird, das »Weltjudentum« der Verschwörung zu überführen, als seriöse Quelle sieht, vgl. Rüdiger Soldt: AfD-Abgeordneter Gedeon – Forscher: Schriften »eindeutig antisemitisch«, FAZ, 22.6.2016, www.faz.net.

*** Nina May: Frauke Petry lügt am häufigsten, Hannoversche Allgemeine Zeitung, 15.6.2016, www.haz.de.

renten erhalten. Die Antwort darauf muss lauten: Tretet nicht nach unten gegen die, die noch weniger haben, also gegen die Flüchtlinge, sondern schaut nach oben. In diesem Land gibt es genug Reichtum. Das obere 1 % in Deutschland besitzt laut Deutschem Institut für Wirtschaftsforschung (DIW) 33 % des Privatvermögens, dies dürften ca. 1,6 Billionen Euro sein. Deutlich höhere Steuern für Superreiche, Großunternehmen und Riesenerbschaften sind notwendig, um mehr Geld für Soziales, Wohnungsbau, Infrastruktur und Bildung zu haben. Ein Staat, der seinen Bürgerinnen und Bürgern zeigt, dass er an alle denkt, der niemanden abhängt, gewinnt Vertrauen. Die sich zunehmend öffnende Schere zwischen Arm und Reich hingegen ist der Nährboden, auf dem die Rechtspopulisten der AfD gedeihen.

All dies zusammen kann helfen, die AfD zu schwächen. Es kann helfen, den ein oder anderen, der vorhat, seine Stimme dieser rechtspopulistischen Partei zu geben, davon zu überzeugen, dies nicht zu tun. Wenn es aber darum gehen soll, Vorurteile grundsätzlich abzubauen, sind alle gefragt. Solange eine CSU mit dem Thema »Flüchtlinge« Wahlkampf macht, solange ein rechter Hetzer wie Thilo Sarazzin Mitglied der SPD ist, solange werden Rechte sich bestätigt und als Teil der Mitte fühlen. Solange werden Vorurteile – noch einmal: sie sind die erste Stufe auf dem Weg in rechte Gewalt – nicht ernsthaft zurückgedrängt werden können. Rassismus zu bekämpfen ist eben nicht nur eine Frage von Moral und Anstand, es ist eine hochpolitische Frage, die viele gesellschaftspolitische Bereiche umfasst. Sei es, Ghettoisierungen zu verhindern, sei es strukturellen Rassismus durch Behörden und Polizisten anzuprangern, sei es zu verhindern, dass es zu einer Verteilungsungerechtigkeit kommt, in der das Vorurteil aufkommt: »Für die (Flüchtlinge) macht ihr alles, für uns nichts«. Vorschläge, wie den Mindestlohn für Flüchtlinge auszusetzen, sind in diesem Zusammenhang wie ein Konjunkturprogramm für Parteien wie die AfD. Nur wenn die demokratischen Parteien endlich die Finger davon lassen, mit rechtspopulistischen Parolen Wählerinnen und Wähler zu ködern, besteht eine Chance, Rechte ernsthaft zu schwächen.

***

Ali Baş

Nach dem NSU-Terror: Warum wir mehr über Rassismus reden und gesellschaftliche Entfremdung verhindern müssen

Es ist ein warmer Sommerabend in meinem Wahlkreis. Ich habe zum politischen Filmabend in unser kleines Kino am Rathaus eingeladen. Es läuft: »Der Kuaför aus der Keupstraße«, die Dokumentation zum Nagelbombenanschlag auf die Kölner Keupstraße. Ein gutes Dutzend Interessierter findet den Weg in den Filmsaal. Darunter Mitglieder des Integrationsrates, Aktive aus der Flüchtlingshilfe und weitere Bürgerinnen und Bürger.

Der Film ist schwere Kost, er erzählt sehr eindringlich über das Leben der Opfer des Anschlags in den Jahren danach. Über die Verdächtigungen durch die Polizei, das Versagen der Sicherheitsbehörden und die späten Wiedergutmachungsversuche durch Politik und Gesellschaft nach dem Auffliegen des rechtsterroristischen NSU im Jahre 2011. Und die noch immer nicht abgeschlossene Aufklärung. Als nach der letzten Szene der Abspann beginnt, lasse ich das Gesehene für einen Moment sacken. Man sieht den Besucherinnen und Besuchern die Betroffenheit sehr gut an. Manche müssen erstmal tief durchatmen, um sich ein wenig für die anschließende Diskussion zu akklimatisieren.

Von den Mitgliedern des Integrationsrates kommt die erste Meldung: »Ich finde, es hätten heute ruhig mehr Leute kommen können. Der Eintritt war frei, es wurde überall Werbung gemacht. Das ist so schade.« In der Tat, es hätten mehr sein können. Aber mehr als Ankündigungen und freien Eintritt kann man auch nicht bieten. Anscheinend ist das Thema für viele Menschen zu schwer für einen lauen Sommerabend. Es bietet auch keine Gelegenheit für Popcorn und Chips, wie es bei einem Hollywood-Blockbuster der Fall wäre. Trotzdem gehört es auf unsere Tagesordnung, gehört es in unser gesellschaftliches Gedächtnis. Ein türkisch-deutscher Zuschauer meldet sich. Er habe in dem Film einiges wiedererkannt, gerade was den Umgang von Behörden mit Menschen ausländischer Herkunft beträfe. Das finge beim wenig freundlichen Ton bei Ausländerbehörden an und reiche bis zum ständigen Anhalten auf der Straße durch die Polizei. »Ich habe das Gefühl, auch nach 50 Jahren noch immer wie ein Fremder behandelt zu werden«, lautet das ernüchternde Fazit. Die ganze Sitzreihe im Kino pflichtet dieser Aussage zustimmend bei. Diese Äußerungen höre ich noch öfter, auch bei den anderen Aufführungen in den Nachbarorten. Hier meldete sich hinterher ein älteres Ehepaar aus Australien bei mir. Die Frau ist Anfang der neunziger Jahre aus Deutschland ausgewandert und glaubt, dass sich in Deutschland wohl wenig geändert habe. »Als ich Deutschland verlassen habe, gingen Flüchtlingsheime in Flammen auf, wurden Migranten umgebracht. Nun komme ich nach so langer Zeit mal wieder und ich sehe, dass sich da wenig geändert hat«, meint sie.

Ich erinnere mich an eine kommunale Ausschusssitzung mit einem Bericht der Polizei, wenige Tage nachdem der NSU durch den Tod von Uwe Mundlos und Uwe Böhnhardt sowie die Festnahme von Beate Zschäpe aufgeflogen war. Als dort über den aktuellen Ermittlungsstand gesprochen wird und darüber, dass es in der türkeistämmigen Community Verunsicherungen bezüglich der Sicherheit gäbe, meldet sich ein Vertreter aus der lokalen Politik zu Wort. Wenn man schon über diese Rechtsextremen spreche, solle man auch über die Bedrohung durch diese Islamisten reden. Es gäbe ja Ecken in der Stadt, in denen angeblich die Scharia gelte statt des deutschen Grundgesetzes. Das sei ja auch ein Problem.

Auf diese Frage wurde wegen des fehlenden thematischen Zusammenhangs zwar nicht weiter eingegangen, aber man fragt sich doch allen Ernstes, was in den Köpfen einiger Leute vorgeht, wenn gerade über eine der größten rassistischen Gewalttaten der jüngeren Vergangenheit gesprochen wird.

Bei den Morden des NSU wurde lange Zeit in den Medien von sogenannten »Döner-Morden« geredet, eine unwürdige Bezeichnung für die vielfachen menschlichen Tragödien, die hinter jedem einzelnen Mord stehen. Dieses Unwort hat seitdem vor allem in der türkeistämmigen Community seine Spuren hinterlassen. Auch nach der Ermordung von Marwa El-Sherbini 2009 in einem Dresdner Gerichtssaal hat es lange gedauert, bis man öffentlich von einem Mord aus antimuslimisch-rassistischen Motiven sprach.

Genau hier liegt das eigentliche Problem. Indem die Motive für diese Taten nicht richtig benannt bzw. öffentlich wahrgenommen werden, werden auch wichtige gesellschaftliche Aufarbeitungsprozesse behindert. Gerade diese sind aber wichtig, damit sich jede/r in einer pluralistischen und multikulturellen Gesellschaft heimisch fühlen kann. Es darf keine Opfer zweiter Klasse geben. Darum muss umso intensiver über alle Facetten von Rassismus gesprochen werden, auch über den institutionellen bzw. antimuslimischen Rassismus.

Umso wichtiger ist es, dass Politik und Gesellschaft dieses Thema ernsthaft anpacken. Dazu gehört auch die Erfassung antimuslimischer Straftaten in den offiziellen Statistiken, die gerade durch Meldungen über Schändungen von Gebetshäusern und gewalttätige Übergriffe zunehmen. Letztlich ist der gesellschaftliche Umgang mit Rassismus entscheidend für die weitere Integration aller Menschen in unserem Land.

Ansonsten dürfte gerade bei manchen Gruppen von Zugewanderten die Entfremdung von der hiesigen Gesellschaft hin zu einer Zuwendung zu den Ursprungsländern der Eltern und Großeltern weiter zunehmen. Derzeit lässt sich das u. a. bei der türkeistämmigen Community beobachten, bei der der politische Einfluss von außen parallel dazu weiter anwächst. Eine andere Form der gesellschaftlichen Entfremdung stellt auch die politische und religiöse Radikalisierung dar, die besonders junge Leute betrifft.

Vor diesen großen Herausforderungen werden wir in den kommenden Jahren stehen, gerade vor dem Hintergrund globaler Krisen und Fluchtbewegungen, der Zunahme terroristischer Bedrohungen und dem Erstarken rechtsextremer politischer Kräfte.

Ob wir das gemeinsam hinbekommen?

***

Karim Fereidooni

Ungeklärte Fragen in Bezug auf den »NSU«-Terrorismus

> »Als Bundeskanzlerin der Bundesrepublik Deutschland verspreche ich Ihnen: Wir tun alles, um die Morde aufzuklären und die Helfershelfer und Hintermänner aufzudecken und alle Täter ihrer gerechten Strafe zuzuführen. Daran arbeiten alle zuständigen Behörden in Bund und Ländern mit Hochdruck.«
>
> *(Merkel 2012, o. S.)*

Dieser Aufsatz fokussiert die bislang ungeklärten Fragen im Zusammenhang mit der Aufklärung der rassistischen Morde bzw. Mordversuche, rechte Terroranschläge und Raubüberfälle des »Nationalsozialistischen Untergrunds« (»NSU«). Die zu klärenden Fragekomplexe beziehen sich auf (1) die Kernmitglieder des »NSU« – Uwe Böhnhardt, Uwe Mundlos und Beate Zschäpe – sowie auf den Kreis der übrigen Mitglieder und Unterstützer_innen des »NSU« und (2) den Einsatz von V-Männern durch nachrichtendienstliche Ermittlungsbehörden.

**Erster Fragenkomplex:
Der »NSU« und seine Helfer_innen**
Im Folgenden wird den beiden Fragen nachgegangen: (1) Wer waren/sind die (weiteren) Mitglieder und Unterstützer_innen des »NSU«? und b) Wie starben Uwe Böhnhardt und Uwe Mundlos?

Wer waren/sind die (weiteren) Mitglieder und Helfer_innen des »NSU«?
Über dreizehn Jahre lang, von 1998 bis 2011, haben sich die drei Kernmitglieder des »NSU« im Untergrund aufgehalten und dabei Menschen ermordet, beraubt und terrorisiert (vgl. Stuttgarter Zeitung 2014, o. S.). Während dieser Zeit haben sie in sieben unterschiedlichen Wohnungen gewohnt (vgl. Aust/Laabs 2014, S. 867), die sie zum Teil durch Spenden von Sympathisanten finanzieren konnten (vgl. Weber 2014, o. S.) und in denen sie keineswegs isoliert lebten, sondern Be-

such von ihren rechtsextremen Freund_innen erhielten (vgl. Aust/ Laabs 2014, S. 521). Neben ihren Raubzügen durch die »neuen Bundesländer« und ihrer rassistischen Mordserie, die sie vornehmlich in die »alten Bundesländer« führte, sind sie arbeiten gegangen, u. a. weil ihnen, laut Zeugenaussagen, Freund_innen Arbeitsplätze vermittelten. Beispielsweise soll Uwe Mundlos – mit falschen Papieren – von 2000 bis 2001 in der Baufirma von Ralf Marschner, der zur gleichen Zeit V-Mann beim Bundesamt für Verfassungsschutz war, gearbeitet haben (vgl. Sundermann 2016, o. S.) und Beate Zschäpe soll als Kassiererin in einem Laden von Ralf Marschner beschäftigt worden sein (vgl. Aust/Büchel/Laabs 2016). Der Zeuge, der diese Informationen in der Dokumentation »Der ›NSU‹-Komplex« (2016) an Journalisten weitergegeben hat, war der damalige Geschäftspartner von Ralf Marschner. Diese Informationen führten bislang aber nicht dazu, dass Marschner als Zeuge beim »NSU«-Prozess vernommen worden ist, weil die Bundesanwaltschaft die Zeugenaussagen als »Gerücht« (Aßmann 2016, o. S.) bewertet.

Ihre falschen Identitäten konnte das Trio mithilfe gefälschter Ausweise und Reisepässe aufrechterhalten, die sie von Freunden bekamen (vgl. Aust/Laabs 2014, S. 766). Schätzungsweise »zwei Dutzend Akteure« (ebd., S. 371) haben auf die ein oder andere Weise dem Trio geholfen, unbemerkt im Untergrund zu leben. Neben der Hilfe in Bezug auf das Überleben in der Illegalität, haben Freund_innen und Gleichgesinnte dem Trio (in)direkt dabei geholfen, zu morden. Beispielsweise wird – aufgrund der Komplexität der Bomben – gemutmaßt, dass das Trio für den Bombenanschlag in der Probsteigasse in Köln und auch für den Nagelbombenanschlag in der Kölner Keupstraße Hilfe von »alten sächsischen Freunden (…) mit Sprengausbildung bei der Bundeswehr« (ebd., S. 595) bekam. Auf den Sachverhalt, dass sich unter den Unterstützern des »NSU« (ehemalige) Soldaten befanden bzw. befinden, verweisen Aust/Laabs (2014, S. 341, 400f., 481f.). Zudem belegen Zeugenaussagen, dass »dem NSU mehr, eventuell noch unbekannte Mitglieder angehören könnten« (ebd., S. 476). Des Weiteren spricht Vieles dafür, dass die Wohnmobile, mit denen der »NSU« die Fahrten zu den Morden, Terroranschlägen, Raubüberfällen aber auch

Urlauben zurückgelegt hat, von der Baufirma ebenjenes Freundes – Ralf Marschner – angemietet worden sind, der Uwe Böhnhardt beschäftigt hat (vgl. ebd., S. 520).

Dass Zschäpe, Böhnhardt und Mundlos bereits vor dem Bekanntwerden des gesamten Umfangs der »NSU«-Taten für die breite Öffentlichkeit in der rechtsextremen Szene bekannt waren und von dort Unterstützung erfuhren, wird u.a. aus der Widmung für den »NSU« und seine Taten deutlich, die sich in der 18. Ausgabe der Zeitschrift »Der weiße Wolf« aus dem Jahr 2002 befindet. Nachdem das Trio vier Menschen ermordet, einen Sprengstoffanschlag verübt und sechs Raubüberfälle begangen hat, steht dort geschrieben: »Unterstützt die Kameraden (...) auf der Straße, bildet Netzwerke – nur vom Musikhören und Feiern kommt die Wende nicht. (...) Vielen Dank an den NSU, es hat Früchte getragen ;-)« (ebd., S. 537). Aber nicht nur die Sympathisanten, sondern auch das Trio selbst gibt in der Bekenner-DVD zu, nicht isoliert gelebt und gemordet zu haben. Sie verlautbaren: »Der Nationalsozialistische Untergrund ist ein Netzwerk von Kameraden« (ebd., S. 784).

Vor dem Hintergrund dieser Erkenntnisse stellen sich die folgenden Fragen: *Wer waren/sind die weiteren Mitglieder und Unterstützer_innen des »NSU«? Warum mussten sich die meisten von ihnen bislang nicht vor Gericht verantworten? Ist der »NSU« auch nach dem Tod von Uwe Böhnhardt und Uwe Mundlos sowie der Verhaftung von Beate Zschäpe aktiv?*

Die Antworten auf die ersten beiden Fragen stehen noch aus. Diesen müssen die polizeilichen und nachrichtendienstlichen Ermittlungsbehörden nachgehen. Die dritte Frage hingegen kann mithilfe der polizeilichen Kriminalstatistik beantwortet und eindeutig bejaht werden, weil seit dem Bekanntwerden des »NSU« für die breite Öffentlichkeit im Jahr 2011 mindestens 259 Straftaten mit »NSU«-Bezug begangen worden sind. Hierbei handelt es sich um Propagandadelikte; Brandstiftung sowie gefährliche Körperverletzung u.a. mit dem Einsatz von Waffen (vgl. Zeit Online 2015, o. S.). Insgesamt wurden im Jahr 2015 924 Straftaten gegen Unterkünfte geflüchteter Menschen gezählt (vgl. Tagesschau.de 2016), einige davon wurden von Personen begangen, die entweder direkten Kontakt zu dem »NSU«-

Trio besaßen (vgl. Focus Online 2015, o. S.) oder ihren rassistischen Terror explizit in der Tradition des »NSU«-Trios verüben (vgl. Fischer 2015, o. S.).

Wie starben Uwe Böhnhardt, Uwe Mundlos und Zeug_innen des »NSU«-Prozesses?

Folgende beiden Fragen sind bislang noch nicht hinreichend geklärt: *Hat Uwe Mundlos zunächst Uwe Böhnhardt und dann sich selbst erschossen oder wurden die beiden von einem bzw. mehreren bislang unbekannten Personen erschossen? Sind die Zeug_innen des »NSU«-Prozesses eines natürlichen Todes gestorben oder wurden sie umgebracht?*

Die Ungereimtheiten und Widersprüche der Zeug_innenenaussagen der am Einsatz beteiligten Polizist_innen auf der einen und der Bewohner_innen der Siedlung in Eisenach-Stregda, in dem das Wohnmobil des »NSU« nach dem Raubüberfall auf die Sparkasse in Eisenach abgestellt wurde und in dem die Leichen von Böhnhardt und Mundlos gefunden wurden, sind dermaßen groß, dass diese Fragen Gegenstand eines Krimis über den »NSU« wurden (vgl. Schorlau 2015). Während die Nachbar_innen »von einer dritten Person berichte[n], die kurz nach dem Ausbruch des Feuers aus dem Wohnwagen geflüchtet sei« (Frische 2013 o. S.), lautet die offizielle Darstellung der Bundeskriminalpolizei (BKA) folgendermaßen: Mundlos erschießt Böhnhardt, legt danach das Feuer im Wohnwagen und tötet sich anschließend selbst (vgl. Hamburger Abendblatt 2011). Zweifel an dieser Version äußert u. a. der Waffenexperte Siegmund Mittag, der seit 30 Jahren als Büchsenmacher arbeitet (vgl. n-tv 2013), denn auf dem Boden des Wohnmobils befanden sich, neben der Leiche von Mundlos, zwei Patronenhülsen, wobei sich die zweite Patronenhülse – nach seinem Selbstmord – im Gewehr hätte befinden müssen und nicht auf den Boden hätte fallen dürfen (vgl. Aust/Laabs 2014, S. 776). Im Ermittlungsbericht steht diesbezüglich: »Nachdem Uwe Mundlos sich selbst erschossen hat, habe er in einem krampfartigen Anfall durchgeladen« (vgl. n-tv 2013). Dieser Auffassung widerspricht Herr Mittag, denn seiner Meinung nach wäre Uwe Mundlos – nach dem Schuss – zu keiner Regung mehr fähig gewesen (vgl. ebd.). Zudem berichtet eine Zeugin Dirk Laabs und Stefan Aust, dass die beiden Polizisten erst eintrafen, als der Camper bereits in Flammen stand, während die offizielle Version lautet, dass das Wohnmobil erst nach dem Eintreffen der beiden Polizisten begonnen hat zu brennen (vgl. Aust/Laabs 2014, S. 770 f.). Nicht nur, dass zwei unterschiedliche Versionen über den Ablauf des Todes von Mundlos und Böhnhardt existieren und möglich erscheinen, sondern auch der Umstand, dass »die Anwohner (…) nur sehr oberflächlich vernommen [und, d. Verf.] ihre Aussagen nicht in Protokollen, sondern nur zusammenfassend aufgenommen [wurden, d. Verf.], nährt die Zweifel an der offiziellen Darstellung des Sachverhalts. Außerdem »wurde im Wohnwagen eine DNS-Spur gefunden, die bislang nicht zugeordnet werden konnte« (vgl. Frische 2013, o. S.).

Angesichts der sieben durchgeladenen Waffen, die sich im Wohnwagen befanden (vgl. n-tv 2013), stellen sich außerdem die folgenden Fragen: *Warum haben Böhnhardt und Mundlos nicht unmittelbar nach dem Überfall die Flucht ergriffen, wie sie es bei den zuvor verübten Verbrechen getan hatten? Haben Sie auf eine dritte – bislang unbekannte Person – gewartet? Warum haben die beiden Rechtsterroristen, die bis dato zehn Menschen umgebracht hatten, Suizid begangen anstatt sich den Weg »freizuschießen«?*

Aber nicht nur der polizeiliche Umgang mit den Anwohner_innen, sondern auch mit den beteiligten Feuerwehrleuten, dem Wohnmobil sowie den darin befindlichen Leichen und Asservaten trägt dazu bei, die offizielle Version des Ablaufes in Zweifel zu ziehen. Zum einen beurteilen »gleich mehrere Feuerwehrleute [den Umstand, d. Verf.], dass die Polizei ihnen das Löschen des Feuers im Fahrzeug strikt untersagt hatte, obwohl man nach dem Öffnen der Seitentür die Beine einer im Fahrzeug liegenden Person gesehen habe [als, d. Verf.] ungewöhnlich, denn man habe ja auch nicht wissen können, ob die Person nicht noch am Leben sei. [Einer der Feuerwehrmänner, d. Verf.] hatte daher den Eindruck (…), dass die Polizei schon gewusst habe, dass die Personen im Wohnmobil tot sind« (Förster 2015, o. S.). *Warum durfte die Feuerwehr den Wohnwagen nicht betreten? Woher hätten die Polizist_innen wissen sollen, dass Uwe Böhnhardt und Uwe Mundlos bereits zu diesem Zeitpunkt tot waren?*

Des Weiteren bestätigte der Einsatzleiter der Feuerwehr, »dass die Polizei die Speicherkarte der Kamera beschlagnahmt hatte, mit der die Feuerwehr ihren Einsatz in Eisenach-Stregda dokumentieren wollte. Auf der Speicherkarte hätten sich Aufnahmen aus dem Inneren des Wohnmobils befunden. Erst viel später habe die Polizei diese Speicherkarte zurückgegeben. ›Sie war allerdings leer, die darauf befindlichen Aufnahmen sind gelöscht worden‹, sagte der Beamte aus. Bis heute sind diese Aufnahmen, die ersten Fotos aus dem Inneren des Wohnmobils, verschwunden« (ebd., o. S.). *Weswegen wurde das Fotomaterial der Feuerwehr von der Polizei beschlagnahmt und warum wurden diese Bilder gelöscht?*

Außerdem wurde der ausgebrannte Camper samt Leichen und Asservaten nicht ordnungsgemäß am Tatort untersucht, sondern wurde mithilfe eines Abschleppwagens »im 40-Grad-Winkel hochgezogen«, zu der Lagerhalle des Abschleppunternehmens gebracht und stand dort »einen Monat [lang herum, d. Verf.], davon die meiste Zeit völlig unbewacht« (Funke 2015, o. S.). Als Grund für das Abschleppen des Wohnmobils und dem damit verbundenen unsachgemäßen Umgang mit den Asservaten verwies der Einsatzleiter der Polizei, Michael Menzel, darauf, »dass die Absperrung des hangabwärts in einem Wohngebiet liegenden Tatorts nur schwer zu realisieren gewesen wäre, da man über das darüber befindliche Gelände dieses Wohnmobil habe einsehen können. Das habe bedeutet, dass man de facto ein Haus oder ein riesengroßes Zelt hätte darüber bauen müssen. Das Wohnmobil sei in den Abmessungen sieben Meter lang gewesen. Ihm sei nicht bekannt, dass Thüringen über ein entsprechend großes Zelt verfüge« (Thüringer Landtag 2014, S. 1279). *Warum wurde der ausgebrannte Wohnwagen abgeschleppt, wodurch wichtige, sich im Wagen befindliche, Asservate beschädigt worden sind? Wurde der Camper tatsächlich nur deshalb abgeschleppt, weil im gesamten Bundesland Thüringen kein sieben Meter großes Zelt existiert, um die notwendige Absperrung vorzunehmen? Weshalb wurde das ausgebrannte Wohnmobil in einer unbewachten Lagerhalle eines privaten Abschleppunternehmens ungesichert abgestellt, anstatt den Tatort weiträumig abzusperren und die Spuren zu sichern oder den Camper wenigstens in eine Polizeidirektion zu bringen?*

Neben diesen Ungereimtheiten in Bezug auf den Tod von Böhnhardt und Mundlos existieren offene Fragen bezüglich des Todes von vier »NSU«-Zeug_innen, die kurz bevor oder nachdem sie im »NSU«-Prozess ausgesagt haben, unter mysteriösen Umständen gestorben sind. Laut eines WDR-Fernsehberichts vom März 2016 haben zwei der vier toten Zeugen (Florian H. im September 2013 und der Verlobte von Melissa M. im Februar 2016) Suizid begangen, während Thomas R. (Ende März 2014) an einer unentdeckten Diabetes und Melissa M. (März 2015) an einer Lungenembolie gestorben sein sollen. Das mysteriöse an diesen Fällen sei, so der Journalist Thomas Moser, der sich seit Jahren mit dem »NSU«-Komplex beschäftigt, »dass die Ermittlungsbehörden sich auffällig früh auf natürliche [bzw. frei gewählte Todesfälle, d. Verf.] festlegen, Akten zurückhalten und Akten geschreddert wurden, dass vertuscht wird, dass Beamte eine eingeschränkte Aussagegenehmigung haben« (Aktuelle Stunde 2016). *Sind die »NSU«-Zeug_innen von weiteren Mitglieder des »NSU« ermordet worden oder haben sie Suizid begangen bzw. sind sie eines natürlichen Todes gestorben? Warum erschweren bzw. verunmöglichen die Ermittlungsbehörden die Recherchen von Journalisten?*

Zweiter Fragenkomplex:
Die Arbeit des Verfassungsschutzes
In Bezug auf den Fragenkomplex zu der Arbeit der nachrichtendienstlichen Behörden existiert ein Themenfeld, das nachfolgend fokussiert wird: der Einsatz von V-Männern durch den Verfassungsschutz.

Fragenkomplex: Der Einsatz von V-Männern durch den Verfassungsschutz
In Bezug auf die Bereitschaft von Rechtsextremisten, dem Verfassungsschutz Informationen gegen Geld anzubieten, muss die folgende Frage gestellt werden: *Inwiefern profitierten die V-Männer von der Mitarbeit beim Verfassungsschutz?*

Wie bereits dargestellt, ist im Zuge des »NSU«-Prozesses bekannt geworden, dass das Trio auch bzw. vor allem von V-Männern unterschiedlicher Verfassungsschutzämter finanziell unterstützt worden ist. Ein V-Mann [Vertrauens-Mann, d. Verf.] ist eine Person, »die der Polizei Hinweise zur Verhinderung und Aufklärung von Straftaten geben [soll, d. Verf.] und deren Identität nach Möglichkeit von der Ermittlungsbehörde, für die sie tätig [ist], geheim gehalten wird« (bpb o. J., o. S.). Der Einsatz von Frauen und von Personen, die sich in Bezug auf die binäre Geschlechterkonstruktion (Mann/Frau) nicht repräsentiert fühlen, ist durchaus denkbar und gebietet eine andere Wortwahl als die alleinige maskuline Verwendung dieses Terminus. Im Zusammenhang mit dem »NSU«-Verfahren wurden allerdings nur männliche Vertrauenspersonen identifiziert und vernommen.

Einer dieser V-Männer – Tino Brandt – hat mithilfe der insgesamt 100.000 Euro, welche er vom Verfassungsschutz Thüringen zwischen 1994 bis 2001 kassierte, den »Thüringer Heimatschutz« maßgeblich mit initiiert und finanziert (vgl. Aust/Laabs 2014, S. 150) und sich erst »mit dem Geld vom Verfassungsschutz (…) zu einer Führungsfigur der rechten Szene (…) emporgearbeitet« (ebd., S. 487). Der »Thüringer Heimatschutz« ist »die wichtigste neonazistische Vereinigung in Thüringen. Seit Mitte der 90er-Jahre aktiv, steht die Gruppe in Kontakt mit nahezu allen relevanten rechtsextremistischen Gruppen in Deutschland« (MDR 2016a, o. S.).

Somit existiert zumindest ein indirekter Zusammenhang zwischen (dem Aufbau) der rechtsextremen Szene in Thüringen sowie den Morden des »NSU«-Trios und dem Verfassungsschutz des Freistaats, denn erst mithilfe des Geldes vom Verfassungsschutz gelang der Start des Lebens im Untergrund für das Trio sowie der Aufbau einer rechtsextremen Szene in Thüringen. Zwischenzeitlich sollen 40 des bis zu 160 Personen starken »Thüringer Heimatschutzes« V-Männer des Militärischen Abschirmdienstes (des Geheimdienstes der Bundeswehr, MAD), des Bundesamtes für Verfassungsschutz oder des Landesamtes für Verfassungsschutz Thüringen gewesen sein (vgl. Jüttner 2012, o. S.).

Tino Brand war somit kein Einzelfall, denn auch andere Rechtsextreme wie Jürgen Helbig wurden »1000 D-Mark (…) pro Monat« (Aust/Laabs 2014, S. 399) für ihre Dienste angeboten und Thomas Richter alias Corelli hat in den achtzehn Jahren seines »Dienstes« für das Bundesamt für Verfassungsschutz ca. 300.000 Euro erhalten (vgl. Frontal 21 2016). Vor diesem Hintergrund kann die Arbeit des Verfassungsschutzes als waghalsiger Spagat zwischen dem Auskundschaften der rechten Szene und der Förderung ebenjener durch die Gelder, die an V-Männer gezahlt worden sind, bezeichnet werden.

Somit haben sowohl die V-Männer persönlich als auch der »Thüringer Heimatschutz« strukturell von den steuerfreien Zahlungen der Verfassungsschutzämter profitiert.

Aber nicht nur finanziell, sondern auch bezüglich des Schutzes vor polizeilicher und staatsanwaltlicher Strafverfolgung, den der Verfassungsschutz für die V-Männer aufrecht erhielt, profitierten die rechtsextremen Kreise von der Zusammenarbeit mit den Nachrichtendiensten; beispielsweise, weil die V-Männer vom Verfassungsschutz vor Hausdurchsuchungen durch polizeiliche Behörden gewarnt wurden (vgl. Aust/Laabs 2014, S. 137. 542) oder weil der Verfassungsschutz dafür (ge)sorgt (hat), dass die Staatsanwaltschaft gegen V-Männer keine Haftbefehle erlässt/erließ oder polizeiliche Ermittlungen eingestellt werden/wurden (vgl. ebd., S. 152. 160. 316. 467. 470). Der Verfassungsschutz bezahlt(e) sogar Reisen von Skinheads, die der rechtsextremen Netzwerkbildung dienten (vgl. ebd., S. 518). Daneben hat der Verfassungsschutz die Anwaltskosten von straffällig gewordenen Skinheads bezahlt (vgl. ebd., S. 172. 516), »damit die nicht ins Gefängnis kommen und wertlos werden« (ebd., S. 137). Nach seiner Enttarnung als V-Mann des Thüringer Verfassungsschutzes im Jahr 2001 beglich der Nachrichtendienst Tino Brandts Schulden in Höhe von 4.000 bis 6.000 D-Mark (vgl. ebd., S. 430).

Im Sinne des Rechtsstaates, der das Grundgesetz verteidigt, kann die Zahlung der Gelder an bzw. der Schutz vor Strafverfolgungsbehörden für zum Teil vorbestrafte Rechtsextremisten bzw. sich noch in Haft befindliche Rechtsradikale (vgl. ebd., S. 165 f. 314. 326. 409. 432. 441) nur dann als gerechtfertigt erachtet werden, wenn der Ertrag der Informationen der V-Männer die Kosten der Förderung der rechtsextremen Szene übersteigt, sodass gefragt werden muss: *Welchen Ertrag hat der Einsatz von V-Männern für den Verfassungsschutz bzw. für den Rechtsstaat erbracht?*

Die Antwort hierauf lautet: Erstaunlich wenig. Beispielsweise hat Tino Brandt dem Verfassungsschutz Thüringen entweder keine neuen Erkenntnisse, sondern immer wieder nur Sachverhalte berichtet, die dem Dienst ohnehin bereits bekannt waren, oder er hat dem Verfassungsschutz Informationen gegeben, die sich als falsch herausgestellt haben (vgl. ebd., S. 301. 370. 375. 381. 416. 423. 488). Im Jahr 2001 hat er dem Dienst – nachdem das Trio bereits einen Menschen ermordet hatte und mithilfe der finanziellen Unterstützung von Brandt im Untergrund lebte – mitgeteilt, dass sich Böhnhardt und Mundlos ins Ausland absetzen möchten und Zschäpe sich stellen werde (vgl. ebd., S. 486). Diese Informationen führen bei den Ermittlungsbehörden dazu, anzunehmen, dass von dem Trio keine Gefahr ausgeht.

Aber auch Ralf Marschner, der – laut Zeugenaussagen – Uwe Mundlos und Beate Zschäpe in seinen Firmen beschäftigt haben soll, während er V-Mann für das Bundesamt für Verfassungsschutz war, soll den Nachrichtendienst mehr als nur einmal getäuscht haben (vgl. ebd., S. 519 f.). Ein enger Freund von Marschner, der zur rechtsextremen Szene Zwickaus gehört, wohnt noch immer nur einige Meter von der Zwickauer Wohnung entfernt, in der das »NSU«-Trio über sechs Jahre lang gewohnt hat. Es kann angenommen werden, dass Marschner wusste, wer ganz in der Nähe seines Freundes gewohnt hat. Außerdem hat Marschner gegenüber dem BKA bestritten, die »NSU«-Unterstützerin Susann E. zu kennen, die jahrelang mit Beate Zschäpe befreundet war und das Trio häufig in ihrer Wohnung besuchte, wobei Marschner, gemeinsam mit Susann E. und anderen Neonazis 2001 ein Zwickauer Café überfallen hat (vgl. Frontal 21 2016).

Deshalb muss konstatiert werden, »dass der Thüringer Verfassungsschutz in den neunziger Jahren die zuverlässigste Anlaufstelle für (…) Neonazis war: Man bekam ohne Qualifikationen einen Haufen Geld, das man nicht versteuern musste, die Einkommensgrenze war nach oben hin offen, und man konnte irgendwas erzählen. Kontrolliert wurde nichts« (König 2012, o. S., zitiert nach Jüttner 2012, o. S.).

Der Grundgedanke des Verfassungsschutzes basiert demnach nicht darauf, rechtsextreme Strukturen zu zerschlagen oder die rechtsterroristischen Handlungen der Skinheads bereits in der Planungsphase zu verhindern und den polizeilichen Ermittlungsbehörden zu helfen, diese Personen ins Gefängnis zu bringen. Vielmehr räumt der Verfassungsschutz den Rechtsextremen einen gewissen Freiraum ein, damit deren Strukturen aufgebaut werden können, mit dem Ziel, diese Personen und die Szene zu kontrollieren. Demnach mutet die gesamte Handlung des Verfassungsschutzes zum einen als groß angelegte Beschäftigungsmaßnahme für die eigenen Beamt_innen an, wobei der Grundsatz lautete: V-Mann-Schutz vor Opferschutz. Zum anderen müssen die folgenden Fragen gestellt werden: *Warum hat der Verfassungsschutz an V-Männern festgehalten, ohne dass dadurch größere Erfolge gegen rechtsextreme Strukturen verbucht werden konnten? Besaßen bzw. besitzen die V-Männer Informationen, die so brisant waren/sind, dass der Verfassungsschutz um jeden Preis verhindern wollte bzw. verhindert, dass diese Sachverhalte an die Öffentlichkeit kamen/kommen? Ergibt sich die Brisanz dieser Informationen aus der Zusammenarbeit von Verfassungsschutz und V-Männern, die die Morde begangen haben? Warum lehnen Bundesanwaltschaft und Gericht die Forderungen der »NSU«-Opferanwälte ab, die die Vernehmung von V-Leuten wie Marschner fordern? Wie glaubwürdig ist es, dass der Verfassungsschutz nichts von dem »NSU«-Trio mitbekommen haben will, obwohl über 40 V-Männer auf das »NSU«-Umfeld angesetzt waren (vgl. Frontal 21 2016)?*

Diese Fragen sind die brisantesten im gesamten »NSU«-Prozess, weil es diesbezüglich um eine mögliche Mitwisserschaft bzw. Beteiligung staatlicher Behördenmitarbeiter_innen an dem »NSU«-Terror geht. Zweifel an der offiziellen Version des Verfassungsschutzes, wonach die Beamt_innen keine relevanten Informationen besaßen bzw. nicht in die Morde verwickelt sind, nährt einer der ungewöhnlichsten Sachverhalte im »NSU«-Komplex: Die Rolle von Andreas Temme – einem ehemaligen Mitarbeiter des hessischen Verfassungsschutzes, der sich am 6.4.2006 während des Mordes im Kasseler Internetcafé des Opfers Halit Yozgat befand (vgl. Aust/Laabs 2014, S. 644) bzw. 40 Sekunden bevor sich der Mord ereignet hat, das Internetcafé verlassen haben will (vgl. Panorama 2012). Temme will, anders als alle übrigen Personen, die sich im Internetcafé befanden, keine Schüsse gehört und nichts gesehen haben, obwohl das Internetcafé klein und überschaubar ist (vgl. Aust/Laabs 2014, S. 637). Gegenüber einem Kollegen bestritt Temme, nach Bekanntwerden des Mordes, das Internetcafé zu kennen, geschweige denn, es je betreten zu haben (vgl. Buschschlüter 2015, o. S.), obwohl er sich mit seinem rechtsextremen V-Mann – Benjamin Gärtner – immer wieder in Kasseler Internetcafés getroffen hat (vgl. Aust/Laabs 2014, S. 606). Auch nachdem der verheiratete Temme in der Zeitung von dem Mord im Internetcafé liest, meldet er sich nicht bei der Polizei, weil er sich, wie er später zugibt, kurz vor bzw. während der Tat doch im besagten Internetcafé befand und auf einer Online-Dating-Plattform mit einer weiblichen Bekanntschaft gechattet habe, sich deshalb geschämt habe und dies geheim halten wollte (vgl. Panorama 2012).

Zweifel an dem Leumund von Temme sind berechtigt, weil die Polizei, nachdem sie herausfand, dass er sich entweder zur Tatzeit oder kurz davor am Tatort befand und er daraufhin kurzzeitig festgenommen wurde, »NS-Literatur« bei ihm zu Hause sichergestellt hat. Zudem war Temme in seiner Jugend in seinem Heimatdorf wegen seiner Gesinnung als »Klein Adolf« bekannt (vgl. Aust/Laabs 2014, S. 643). Des Weiteren hat Andreas Temme kurz vor der Tat in Kassel mit seinem V-Mann, Benjamin Gärtner, telefoniert (vgl. Panorama 2012); und auch an zwei anderen Tattagen der »NSU«-Mordserie telefonierte Temme – kurz bevor die Morde begangen wurden – mit ihm. Bei Vernehmungen gab er an, sich an die Inhalte der Telefonate nicht mehr erinnern zu können (vgl. Aust/Laabs 2014, S. 605 f.).

Ferner verdeutlicht das Video von der Tatbegehung im Internetcafé, dass Temme, sollte er sich zur Tatzeit im Internetcafé aufgehalten haben, eindeutig hinter den Tresen schauen konnte, wo Halit Yozgat verblutet ist (vgl. Die Welt 2015, o. S.).

Auch die von der Polizei abgehörten Aussagen von Eva Temme, Andreas Temmes Ehefrau, die sie während eines Telefonats mit ihrer Schwägerin tätigte, lassen Zweifel an der demokratischen Gesinnung der Eheleute Temme aufkommen: »Du hast unsere Zeit verplempert in so einer Asselbude bei einem Dreckstürken (…) interessiert es mich denn, wen der [gemeint ist ihr Ehemann Andreas Temme, d. Verf.]

heute wieder niedergemetzelt hat? Solange er sich die Klamotten nicht schmutzig macht!« (vgl. Jansen 2015, o. S.)

Aufgrund dieser Ungereimtheiten, die bis heute nicht aufgeklärt sind, haben Kripo-Beamte den hessischen Verfassungsschutz gebeten, Temme selbständig befragen zu dürfen. Dieses Ersuchen wurde sowohl von Temmes ehemaliger Vorgesetzten, Iris Pilling, die sich nicht davor gescheut hat, während der Mordermittlungen mit ihrem vom Dienst suspendierten Mitarbeiter außerhalb des Büros zu verabreden (vgl. Aust/Laabs 2014, S. 651), als auch vom damaligen LfV-Präsidenten Lutz Irrgang abgelehnt (vgl. ebd, S. 650f.). Das polizeiliche Ersuchen, die V-Männer zu befragen, scheiterte außerdem, weil Volker Bouffier – damals Innenminister und gegenwärtig Ministerpräsident von Hessen – der Staatsanwaltschaft einen Brief mit folgendem Sachverhalt schrieb: »auf Grund Ihres Schreibens und der sich daran anschließenden Kommunikation bin ich nach Abwägung aller Umstände zu dem Ergebnis gelangt, dass die erbetenen Aussagegenehmigungen [für die V-Männer] nicht erteilt werden können, ohne dass dem Wohl des Landes Hessen Nachteile bereitet und die Erfüllung öffentlicher Aufgaben erheblich erschwert würden (...)« (ebd., S. 662). Die Staatsräson steht somit über der Aufklärung eines rassistischen Mordes. V-Mann Gärtner darf sich somit beim BKA auf sein Aussageverweigerungsrecht berufen und über die Treffen mit Andreas Temme zwischen 2003 und 2006 wird nichts bekannt (vgl. ebd., S. 791). Aufgrund dieser Vorgänge ist davon auszugehen, dass Temme mehr weiß, als er bislang eingeräumt hat. Außerdem wird deutlich, dass Temme von seinen Vorgesetzten und dem Ministerpräsidenten des Landes Hessen vor – für ihn und den gesamten Verfassungsschutz – unangenehmen polizeilichen Befragungen geschützt wird. Deshalb kann gemutmaßt werden, dass Temme brisante Erkenntnisse besitzt, die er aber nicht öffentlich machen kann bzw. will. Dass der Verfassungsschutz nicht nur den Beamten Temme, der gegenwärtig nicht mehr beim Verfassungsschutz, sondern beim Regierungspräsidium Kassel beschäftigt ist (vgl. Hinrichs 2015, o. S.), sondern auch rechtsextreme V-Männer vor unangenehmen Fragen schützt und somit Quellenschutz größere Bedeutung beigemessen wird als Opferschutz, könnte als Hinweis dafür gedeutet werden, dass staatliche Behörden und V-Männer in einer ungeeigneten bzw. kriminellen Art und Weise miteinander kollaboriert haben. Oftmals sind bzw. waren die Beziehungen zwischen V-Mann-Führern des Verfassungsschutzes und ihren rechtsextremen V-Männern derart eng, dass beispielsweise der V-Mann-Führer von Tino Brandt auch nach dem Ende der Tätigkeit Brandts für den Verfassungsschutz Kontakt zu ihm gehalten hat (vgl. Aust/Laabs 2014, S. 429. 430).

Ein weiterer Sachverhalt, der Zweifel an der offiziellen Version des Verfassungsschutzes schürt, wonach die Beamt_innen keine relevanten Informationen besaßen bzw. nicht in die Morde verwickelt waren, ist die gezielte Vernichtung sowie das Verschwinden wichtiger Akten. Einige dieser Akten konnten inzwischen rekonstruiert werden; andere wiederum sind »verschwunden« bzw. nicht rekonstruierbar.

Insgesamt sind 310 Akten des Bundesamts für Verfassungsschutz zum »NSU«-Komplex »verschwunden« bzw. mutwillig zerstört worden (vgl. ebd., S. 787 f. 792. 797 f.). Eine dieser Akten war Ralf Marschners V-Mann-Akte, die vom Bundesamt für Verfassungsschutz im Jahr 2010 – vor Eintritt der Löschfrist – zerstört wurde (vgl. Frontal 21 2016). Eine andere zerstörte Akte ist die von Michael See alias Tarif, der heute in Schweden lebt (vgl. Stuttgarter Zeitung 2015, o. S.).

Daneben sind »Abhörbänder von Böhnhardts Handy« (Aust/Laabs 2014, S. 310), Klarnamen, Abhör- sowie Vernehmungsprotokolle, Treffberichte und Handys von »NSU«-Helfer_innen und V-Männern (vgl. ebd., S. 345. 460. 535. 763. 790. 782. 793. 818. MDR 2016b) nicht mehr auffindbar bzw. zerstört. Wie die Staatsanwaltschaft Chemnitz am 9.5.2016 mitteilte, beinhaltet eines dieser verschwundenen Dokumente die Zeugenvernehmung von V-Mann Marschner aus dem Jahr 1999, die angeblich dem Chemnitzer Hochwasser im Jahr 2010 zum Opfer gefallen sein soll, obwohl keine offizielle Mitteilung der Chemnitzer Staatsanwaltschaft aus dem Jahr 2010 existiert, die die Öffentlichkeit über das Verschwinden von Akten informiert. Das Mysteriöse daran ist, dass sich Marschners Dokument der Zeugenvernehmung in Band drei einer insgesamt 15 Bände umfassenden Ermittlungsakte befand und sich alle übrigen 14 Bände in tadellosem Zustand befinden. Diesen Sachverhalt kommentiert die Obfrau von Bündnis 90/Die Grünen Irene Mihalic folgendermaßen: »Es ist schon seltsam, dass sich die reißenden Wasser gerade dieses Schriftstück ausgesucht haben« (vgl. MDR 2016b, o. S.). Am 17.5.2016 bestätigt das sächsische Innenministerium, dass eine Kopie des Ordners existiere und die Dokumente der Zeugenvernehmung Marschners bereits seit April 2016 dem »NSU«-Untersuchungsausschuss des Bundestags vorlägen (vgl. MDR 2016c, o. S.). Von der Existenz des Handys von Neonazi und V-Mann Thomas Richter alias Corelli wusste das Bundesamt für Verfassungsschutz angeblich nichts. Obwohl sich das besagte Mobiltelefon seit 2012 im Tresor des Bundesamts befand, wurden Beamt_innen erst am 8.7.2015 darauf aufmerksam, sodass dieses Asservat erst einige Zeit später untersucht werden konnte. Im Handy waren etwa 200 Kontaktdaten von Neonazis und 1.000 Fotos gespeichert. Das Bundesamt informierte den »NSU«-Untersuchungsausschuss des Bundestags erst am 11.5.2016 von der Existenz des Handys (vgl. Frontal 21 2016).

Des Weiteren sind Dokumente, die konkrete Hinweise auf den Verbleib des »NSU«-Trios (vgl. Aust/Laabs 2014, S. 391) beinhalteten, und Briefe zwischen unterschiedlichen Behörden über die »NSU«-Ermittlungen verschwunden (vgl. ebd., S. 528). Aufgrund dieser Sachverhalte stellt »NSU«-Opferanwalt Thomas Bliwier fest: »Die NSU-Terrorakte waren vom Verfassungsschutz betreute Morde« (Hart aber Fair 2016).

Fazit

Vor dem Hintergrund der bislang ungeklärten Fragen, der mutwilligen Vermeidung, Verschleppung und Verhinderung der Terror- und Mord-Ermittlungen sowie der offensichtlichen Verstrickung staatlicher Behörden(mitarbeiter_innen) in den rechten Terrorismus des »NSU« mutet die Aussage von Bundeskanzlerin Merkel im Rahmen der zentralen Gedenkfeier für die NSU-Opfer, die diesem Aufsatz vorangestellt ist, an wie Hohn. Denn bislang kann keine Rede davon sein, dass die Bundesregierung oder die zuständigen Behörden in Bund und Ländern sich nachhaltig darum bemüht hätten, die ungeklärten Fragen zu beantworten und die verbeamteten Mittäter_innen zu bestrafen. Wollen die Bundesregierung sowie der Verfassungsschutz das Vertrauen der Angehörigen des »NSU«-Terrorismus zurückgewinnen, müssen auf diese hehren Worte rechtsstaatliche Taten folgen.

Literatur

Aktuelle Stunde (16.3.2016): Das reihenweise Sterben der NSU-Zeugen. www1.wdr.de (Stand: 25.6.2016).
Aßmann, Tim (20.4.2016): Bundesanwaltschaft will V-Mann nicht als Zeugen befragen lassen. www.br.de (25.6.2016).
Aust, Stefan / Laabs, Dirk (2014): Heimatschutz. Der Staat und die Mordserie des NSU, München: Pantheon.
Aust, Stefan / Büchel, Helmar / Laabs, Dirk (17.4.2016): Protokolle? Unter Verschluss. Ergebnisse? Geheim. www.welt.de (25.6.2016).
Bundeszentrale für politische Bildung (bpb) (o.J.): V-Mann. www.bpb.de (25.6.2016).
Buschschlüter, Nicholas (21.12.2015): Kollege hält Ex-Verfassungsschützer für Lügner. http://hessenschau.de (25.6.2016).
Der NSU-Komplex (6.4.2016): www.daserste.de (25.6.2016).
Die Welt (27.2.2015): NSU-Terror: Andreas Temme bei der Tatortbegehung in Kassel. www.welt.de (25.6.2016).
Fischer, Thomas (15.12.2015): Wahrheit, Moral und Presse. www.zeit.de (25.6.2016).
Focus Online (24.8.2015): Flüchtlingsunterkunft geht in Flammen auf. www.focus.de (25.6.2016).
Förster, Andreas (27.8.2015): Wie starb der NSU? www.freitag.de (25.6.2016).
Frische, Tim (4.11.2013): NSU-Prozess. Wurden Uwe Mundlos und Uwe Böhnhardt ermordet? http://web.de/magazine/politik (25.6.2016).
Frontal 21 (17.5.2016): NSU-Aufklärung unerwünscht. www.zdf.de (25.6.2016).
Funke, Hajo (30.8.2015): NSU-PUA Thüringen | UA 6/1 Protokoll 27.8.2015 – 2. Thüringer NSU-Untersuchungsausschuss (Abschleppen Wohnmobil, Feuerwehr, Rechtsmedizin). https://hajofunke.wordpress.com (25.6.2016).
Hamburger Abendblatt (21.11.2011): BKA-Chef: Kiesewetter in Beziehung zu NSU-Gruppe. www.abendblatt.de (22.4.2016).
Hart aber fair (4.4.2016): Wegschauen, kleinreden – wie gefährlich ist die rechte Gewalt? www.ardmediathek.de (25.6.2016).
Hinrichs, Per (17.6.2015): »Ich würde da offen aus der Hüfte schießen«. www.welt.de (25.6.2016).
Jansen, Frank (30.6.2015): »Du hast unsere Zeit verplempert in so einer Asselbude bei einem Dreckstürken«. www.tagesspiegel.de (17.5.2016).
Jüttner, Julia (4.9.2012): V-Leute im »Thüringer Heimatschutz«: »Spitzel bespitzelt Spitzel«. www.spiegel.de (25.6.2016).

MDR (5.1.2016a): Der »Thüringer-Heimatschutz«. www.mdr.de (25.6.2016).
MDR (9.5.2016b): NSU-Akte vom Hochwasser in Sachsen weggespült? www.mdr.de (25.6.2016).
MDR (17.5.2016c): Zerstört geglaubte NSU-Akte gibt es als Kopie. www.mdr.de (25.6.2016).
Merkel, Angela (23.2.2012): Rede von Bundeskanzlerin Angela Merkel bei der Gedenkveranstaltung für die Opfer rechtsextremistischer Gewalt. www.bundesregierung.de (25.6.2016).
n-tv (31.10.2013): Der NSU – Eine Spurensuche: War es wirklich Selbstmord? www.n24.de (25.6.2016).
Panorama (5.7.2012): Nazi-Morde: Hessischer Verfassungsschützer beteuert Unschuld. http://daserste.ndr.de (25.6.2016).
Schorlau, Wolfgang (2015): Die schützende Hand. Denglers achter Fall, Köln.
Stuttgarter Zeitung (18.2.2014): Wie lange lebte Zschäpe mit »den Uwes«? www.stuttgarter-zeitung.de (25.6.2016).
Stuttgarter Zeitung (23.4.2015): Puzzle mit NSU-Akten. www.stuttgarter-zeitung.de (25.6.2016).
Sundermann, Tom (13.4.2016): Anwälte wollen V-Mann Primus hören. http://blog.zeit.de (25.6.2016).
Tagesschau.de (13.1.2016): Deutlich mehr Anschläge auf Asylbewerberheime. www.tagesschau.de (25.6.2016).
Thüringer Landtag (16.7.2014): Abschlussbericht des Untersuchungsausschusses 5/1 »Rechtsterrorismus und Behördenhandeln«. www.thueringer-landtag.de (25.6.2016).
Weber, Mirko (15.7.2014): Spenden vom Verfassungsschutz. www.berliner-zeitung.de (25.6.2016).
Zeit Online (14.8.2015): Mindestens 259 Straftaten mit NSU-Bezug. www.zeit.de (25.6.2016).

# III.
Rechter Terror
und NSU-Komplex
im medialen Blick

Ayça Tolun

Ich und der NSU-Prozess

Es begann alles seltsam. Ich bekam im Urlaub einen Anruf. Es war ein Kollege. Ich hätte bei der Verlosung einen Platz in der Pressetribüne beim demnächst beginnenden NSU-Prozess bekommen. Allerdings sei meine Bewerbung problematisch, weil ich mich quasi am Haus vorbei beworben hätte und das sei jetzt ein Problem. So richtig verstanden hatte ich das damals nicht.

Ich hatte mich tatsächlich einen Tag vor meinem Urlaubsantritt beim Oberlandesgericht München für den NSU-Prozess akkreditieren lassen. Es gab eine Bewerbungsfrist. Danach sollten die raren Presseplätze im Gerichtssaal nach der Reihenfolge des Eingangs vergeben werden. Ich war ziemlich spät dran und ließ mich eigentlich auch nur akkreditieren, um mir später nicht vorwerfen zu lassen, dass ich es nicht mal versucht habe. Das Ganze war damals symptomatisch für die Einordnung des NSU-Prozesses in der türkischen Community.

Natürlich war der Schock groß, als plötzlich klar wurde: ja, es war tatsächlich eine rechtsextreme Mörderbande, die neun Migranten und eine Polizistin ermordet hatte. Über all die Jahre hieß es in der türkischen Community hinter vorgehaltener Hand, es seien rechtsextreme Mörder gewesen. Aber die Ermittlungen liefen genau in die andere Richtung. Viel erfahren hat man darüber nicht. *Der Spiegel* und der *Stern* und einige überregionale Zeitungen haben sporadisch berichtet. Und die Kollegen hielten sich scheinbar komplett an das, was ihnen die Ermittlungsbehörden erklärten. Die ermittelnde SoKo trug den schönen Namen SoKo Bosporus und ein knalliges Synonym für die Morde gab es auch. Man berichtete über die »Döner-Morde«.

III. DER NSU-KOMPLEX IM MEDIALEN BLICK   135

Die Ermittler gingen davon aus, es handle sich um eine innere türkisch-kurdische Angelegenheit. Das griechische Opfer müsse eine Verwechslung sein. Die SoKo Bosporus ermittelte in Richtung Prostitution, Geldwäsche, Kurdenkonflikt, Schutzgelderpressung. Von rechtem Terror war nie die Rede.

In der türkischen Community aber war die Sache klar. Es konnten nur Rechtsextreme gewesen sein. Interessanterweise haben sich aber über all die Jahre hinweg auch die türkischen Medien nur an die Ausführungen der Ermittler gehalten. Auch die Begrifflichkeiten wurden übernommen. Die türkischen Medien berichteten unisono von den »Döner-Morden«. Doch es rumorte in der türkischen Community, z. B. in der Kölner Keupstraße. Dort war im Juni 2004 eine Nagelbombe hochgegangen. Wie sich später herausstellte, berichteten viele Augenzeugen und die meisten der 22 zum Teil schwerverletzten Anwohner von ihrem Verdacht – es seien Rechtsextreme gewesen. Die Polizei reagierte eher ungehalten, dachte nicht mal daran, diesem Verdacht wenigstens nachzugehen.

Auch ich war damals relativ schnell vor Ort. Ich habe mit den Anwohnern gesprochen. Und weil türkischsprachig, auch alles mitbekommen, was man sich untereinander so alles erzählte. Trotzdem hielt auch ich mich damals an die Ausführungen der Polizei. Trotz der Zusatzinformationen von den Anwohnern empfand ich keinen Drang, weiter zu recherchieren bzw. den Verdacht der Anwohner nennenswert zu thematisieren.

Später habe ich mich oft gefragt, warum wir Journalisten so unjournalistisch gehandelt haben. Obwohl über die Jahre hinweg immer mehr Ungereimtheiten auftauchten. Es war wohl der Glaube daran, dass, was nicht sein darf, auch nicht sein kann.

Tatsächlich haben wohl deshalb türkische Journalisten nie auf eigene Faust recherchiert, sondern eher bei den viel besser ausgestatteten deutschen Medien abgeschrieben. Aber auch die Community hat relativ schnell umgedacht. Man hat sich auf die polizeiliche und journalistisch bestimmte Einordnung eingelassen. Erst im Laufe des NSU-Prozesses haben wir erfahren, dass aber gerade die Polizei massiv dazu beigetragen hatte, diese Stimmung zu erzeugen. Nämlich indem sie die Opfer und ihre Angehörigen als Verdächtige mit allerlei moralisch bedenklichen und strafrechtlich relevanten Methoden unter Druck setzte.

Nichtsdestotrotz hätte man selbstverständlich journalistisch auch anders reagieren können. Dass es anders kam, hing u. a. damit zusammen, dass nicht nur die Community, sondern ebenso die Journalisten den deutschen Behörden und somit dem deutschen Staat ihr uneingeschränktes Vertrauen entgegenbrachten.

Später während des Prozesses sollte ich bei meinen Recherchen genau dieses Argument sogar von den Opferfamilien oft hören.

Nein, man habe den deutschen Behörden vertraut, deshalb auch die unangenehmen Ermittlungen gutgeheißen und geglaubt, dass es sich tatsächlich um innertürkisch begründete Serienmorde handeln würde.

Der Prozess

Als ich das erste Mal die Hauptangeklagte Beate Zschäpe im Gerichtssaal sah, war ich hin und her gerissen. Ich hatte erwartet, entweder auf ein Häufchen Elend zu treffen oder direkt in das Auge des Bösen zu blicken… Beides war nicht der Fall. Da saß eine junge Frau im Gerichtssaal, die so bieder und so nichtssagend – wie auch nichts sagend – war wie nur möglich.

Sie schwieg zwar, aber die Zeugen berichteten von einer Frau und einer rechten Terrorzelle, die ein unglaublich normales deutsches Spießerleben führten. Auch deshalb erinnerte Beate Zschäpes Auftreten von Anfang an den Begriff von der »Banalität des Bösen« (Hannah Arendt).

Darum ging es. Um eine Terrorgruppe, die zwar im Untergrund lebt, aber derweil mit den Nachbarn Hoffeste feiert, mit dem Wohnwagen in den Urlaub fährt und auch sonst sichtbar völlig normal lebt.

Niemand hatte scheinbar Verdacht geschöpft, obwohl es viele Merkwürdigkeiten gab. Wechselnde Ausweise, eine schussfest verrammelte Wohnung, zwei junge Männer, die zwischendurch immer mal für länger verschwanden. Dazu ein beziehungstechnisch kompliziert verstricktes Trio, welches scheinbar auch ohne Jobs finanziell immer gut versorgt war. Und dazu die vielen Freunde aus der örtlichen Naziszene.

Noch viel verstörender war aber die Tatsache, dass sich das NSU-Trio über all die Jahre im vermeintlichen Untergrund gleichzeitig auch im Dunstkreis des Verfassungsschutzes bewegte.

Seit Beginn des Prozesses reiht sich ein Skandal an den anderen. Geschredderte Akten, liegengelassene Berichte, verschwundene und wiedergefundene CDs und Handys, plötzliche, zum Teil nicht nachvollziehbare Todesfälle unter den Spitzeln und massives, gleichzeitig aber sehr unglaubwürdiges Versagen von hochrangigen Verfassungsschützern waren bisher an der Tagesordnung.

Auch im Gerichtssaal verhalten sich die meisten Verfassungsschützer, die als Zeugen auftreten, eher unkooperativ. Sie erinnern sich nicht, schweigen oder machen falsche Angaben. Das Problem dabei: ihre Aussagen können nur in Parlamentarischen Untersuchungsausschüssen angegangen werden.

Jeder, der den NSU-Prozess beobachtet, hat inzwischen lernen müssen, dass es in diesem Prozess nur darum geht, ob die Hauptangeklagte Beate Zschäpe und die anderen vier Mitangeklagten sich der zehn Morde und der zwei Bombenanschläge sowie der diversen Raubüberfälle mit schuldig gemacht haben.

Derweil hat sich herauskristallisiert, dass Zschäpe und die Mitangeklagten den Abzug nicht betätigt haben.

Allerdings ist auch klar: Beate Zschäpe wusste Bescheid und sie hat mit ihrer perfekten Logistik, die Morde und andere Straftaten wahrscheinlich erst möglich gemacht. Sollte sie schuldig gesprochen werden, wird sie höchstwahrscheinlich eine gerechte Strafe bekommen. Dessen sind sich alle Beobachter und sogar die Opferfamilien sicher.

Diese Gewissheit aber beantwortet keinesfalls die eigentlichen Fragen der Opferangehörigen.

Beispielsweise ob der NSU tatsächlich nur aus drei Mitgliedern und einer Handvoll Helfern bestand oder ob sich hinter dem NSU doch ein viel größeres Netzwerk verbirgt.

Vieles spricht dafür, aber die Spuren werden bisher bei Gericht nicht verfolgt. Ebenso steht die Frage im Raum, ob die massiven Fehler der Verfassungsschützer die Morde nicht erst möglich gemacht haben.

Tatsächlich gibt es viele Indizien dafür, dass der NSU viel früher hätte hochgenommen werden können, was alle zehn Morde und die Bombenanschläge verhindert hätte. Doch auch bei dieser Frage hält sich das Gericht bisher zurück und verweist auf die diversen laufenden Untersuchungsausschüsse.

Prozessmüdigkeit und andere Enttäuschungen
Die Opferangehörigen sind nach drei Jahren NSU-Prozess zermürbt und enttäuscht. Ihnen wird der Prozess schon lange nicht mehr gerecht. Zusätzlich schmerzt die Tatsache, dass das öffentliche Interesse am Prozess fast komplett verschwunden ist. Die Berichterstattung ist inzwischen minimiert. Die türkische Presse berichtet fast gar nicht mehr.

Allein dass der Prozess stattfindet, reicht vielen als Beweis, dass der NSU ein einmaliger Ausrutscher war und dass nicht nur die Täter ihrer gerechten Strafe zugeführt werden, sondern dass dieser Prozess gleichzeitig auch die Garantie dafür ist, dass in Deutschland so etwas nie wieder passieren kann.

In der Community aber hat sich inzwischen genau das umgekehrte Gefühl eingebrannt. Das Vertrauen in den deutschen Staat ist massiv beschädigt. Die Vertrauenskrise hat sich bei sehr vielen in Verschwörungstheorien umgewandelt. Nicht wenige glauben, es stecke der Verfassungsschutz und somit der deutsche Staat hinter den Morden und Anschlägen. Wenn es drauf ankommt, machen die Verfassungsschützer eben auch mit den Rechtsextremen gemeinsame Sache, heißt es.

Denn zu den – sagen wir mal – genetischen Erfahrungen der Deutsch-Türken gehört auch das Gebilde des sog. »Tiefen Staates«, der seit der Gründung der türkischen Republik die Gesellschaft und Politik aus dem Hintergrund regelt.

Für Deutsch-Türken ist der NSU, aber nicht zuletzt auch der NSU-Prozess – so wie er läuft – genug Indiz dafür, dass der deutsche Tiefe Staat mit solchen Verschwörungen vor allem die türkeistämmigen Migranten in Schach halten will.

Auch wenn es zunächst paradox klingen mag: die stärker werdende Hinwendung zur Türkei, die Begeisterung für den türkischen Staatspräsidenten Erdoğan und dessen Machtgehabe hat etwas mit den NSU-Morden und dem NSU-Prozess zu tun.

Viele glauben, die Türkei in Person von Erdoğan kümmere sich viel besser um die Türken in Deutschland, als der deutsche Staat gewillt ist, es jemals zu tun. So wird inzwischen Kritik an der Türkei gerne auch mit der Formulierung gekontert: »Sorgt ihr erst mal dafür, dass der NSU-Prozess die wahren Schuldigen aufdeckt und endlich den deutschen Tiefen Staat ausgräbt«.

Tatsächlich ist der NSU-Prozess für die meisten Deutsch-Türken der Lackmustest für die Aufrichtigkeit des deutschen Staates und der deutschen Gesellschaft gegenüber seinen neuen Bürgern. Doch bisher konnte der Prozess – zumindest auf dieser Ebene – nicht wirklich überzeugen.

***

Ebru Taşdemir

So nah und doch so fern –
Fünf Jahre NSU-Berichterstattung

Wo stehen Journalist_innen fünf Jahre nach der Aufdeckung der rassistischen Mordserie durch den »Nationalsozialistischen Untergrund«? Meine These ist: Mit der Wahl des Begriffs »Döner-Morde« als Unwort des Jahres 2011 haben wir das Verdammen der rassistischen Sprache den Sprachkritikern überlassen. Und als Journalist_innen konnten wir anschließend so weitermachen wie bisher. Es gab keinen Aufschrei in den Redaktionen, keine medienübergreifende Selbstbetrachtung und keinen gesetzten Rahmen, um über Vorurteile, die wie im Falle der NSU-Mordserie die Berichterstattung vernebelten, nachzudenken. Doch ab und an gab es Zweifelnde aus den eigenen Reihen, die Fragen stellten. Exemplarisch für die wenigen Journalist_innen, die sich und ihre Rolle in der Berichterstattung zum NSU analysierten, möchte ich hier vier Beispiele vorstellen und anschließend überlegen, ob es uns angesichts der derzeitigen Berichterstattung über Migrant_innen im weitesten Sinne gelingt, fernab von Klischees und Vorurteilen zu berichten.

Marjan Parvand, ARD-Journalistin und ehemalige Vorsitzende der »Neuen deutschen Medienmacher«, stellte im November 2011 bestürzt fest: »Es ist die Aufgabe des Journalisten, immer wieder seinen eigenen Standpunkt und die seiner Gesprächspartner in Frage zu stellen. Es ist die Aufgabe des Journalisten, andere Perspektiven und Blickwinkel zuzulassen. Erst so kann er der Wahrheit ein wenig näherkommen. Was die rassistischen Morde in unserem Land angeht, haben wir nicht nur das alles nicht gemacht, wir haben auch noch unser wichtigstes Werkzeug – die Frage – über Bord geworfen.«[*]

Andrea Dernbach geht sogar einen Schritt weiter: »Was da geschieht, ist eine symbolische Ausbürgerung. Die ›Döner‹-Toten gehören nicht ›zu uns‹. Sie sind die Anderen, die Fremden. Und hinter diesem behaupteten Fremdsein wird alles unwichtig, was die Toten voneinander unterscheidet.«[**]

Sehr deutlich wird dieses »Andere« und »Fremde« in den Nachbetrachtungen der Kolleg_innen. So lautet eine im Jahre 2012 ausgestrahlte ARD-Dokumentation über die NSU-Mordserie: »Acht Türken, ein Grieche, eine Polizistin.« Die Berufsbezeichnungen der Opfer fallen unter den Tisch, einzig bei der Polizistin als (irrtümlich einzige) deutsche Staatsbürgerin wird er benannt. Ebenfalls interessant: Journalist_innen gebrauchen »Fremdenfeindlichkeit« und »Ausländerfeindlichkeit« als Synonyme für Rassismus.[***] Obwohl weder die Familien noch die durch den NSU getöteten Männer »Fremde« waren, sondern

---

[*] Marjan Parvand: Wir haben uns keine Fragen gestellt. Migazin, 22.11.2011. www.migazin.de, abgerufen am 12.6.2016.

[**] Andrea Dernbach: Sprache, die Taten verharmlost, Zeit Online, 21.11.2011. www.zeit.de, abgerufen am 12.6.2016.

[***] Kuzmany, Stefan: Ausgrenzung durch Sprache. Spiegel Online, 16.11.2011. www.spiegel.de, abgerufen am 12.6.2016

Menschen, die bereits seit Jahren hier lebten, arbeiteten, ihre Kinder aufzogen und bestimmt auch deutschsprachige Zeitungen lasen.

Seit 2011 berichten Journalist_innen über Untersuchungsausschüsse, Gerichtsverhandlungen, V-Männer, Aktenschredder, Beate Zschäpe, tote Zeugen und natürlich auch – über die Familien der Angehörigen. Nach einer quälenden, jahrelangen Auseinandersetzung mit dem Tod eines geliebten Menschen mussten sie sich letztendlich erneut einer medialen Betrachtung, nun allerdings unter anderem Vorzeichen, aussetzen. So bemerkt die türkische Kommunikationswissenschaftlerin Yasemin Inceoğlu eine mangelnde Solidarität mit den Familien und der türkeistämmigen Community: »Es hätte etwas geben müssen, was diesen Menschen, die es auch hätte treffen können, zeigt: Ihr gehört dazu, wir sind ein Land, ein Volk! Wir wollen mit euch leben! Die Morde treffen auch uns! Untersuchungsausschüsse allein reichen dafür nicht.«*

Die mangelnde Solidarität, sie gilt auch für die türkischen Medien. In der medienkritischen Studie der Otto Brenner Stiftung zur NSU-Berichterstattung** kommen die Wissenschaftler_innen zu dem Schluss, dass den deutschsprachigen Medien wie auch den türkischen Medien die kritische Distanz fehlte. Und sie fehlt ihnen immer noch: In Berichten aus der Türkei über die Mordserie wird nach wie vor der Begriff der »Dönerverkäufer-Morde« verwendet.*** Eine ungenaue wie falsche Bezeichnung in Anlehnung an den Begriff der »Döner-Morde«, der in der Türkei allein wegen der mangelnden Presseplätze für türkische Medienvertreter_innen ins Licht der Öffentlichkeit rück-

---

* Türkische Forscherin zur NSU-Mordserie: »Ein typischer Fall von Hasskriminalität«, 27.6.2015, Spiegel Online, abgerufen am 12.6.2016.

** Elke Grittmann/Tanja Thomas/Fabian Virchow: Das Unwort erklärt die Untat: Die Berichterstattung über die NSU-Morde – eine Medienkritik, OBS-Arbeitsheft 79, 2015, www.otto-brenner-stiftung.de, abgerufen am 12.6.2016.

*** Als Beispiel sei hier ein *Cumhuriyet*-Artikel vom 13.4.2015 angeführt, der über die Rolle der Schauspielerin Nursel Köse in einem Film über die NSU-Morde berichtet. Im Untertitel wird die Mordserie erneut als »Dönerverkäufer-Morde« angekündigt. www.cumhuriyet.com.tr, abgerufen am 12.6.2016.

te. »Wenn es hier nicht diese wahnsinnige Diskussion um die Platzvergabe gegeben hätte, dann hätte in der Türkei niemand etwas von dem Prozess mitbekommen.« So die WDR-Journalistin Ayça Tolun kurz vor Beginn der Gerichtsverhandlung in München.[*]

Wir sind noch immer distanziert und nicht allzu kritisch in unserem Tun. Fünf Jahre nach Entdeckung des NSU steht das Unwort »Döner-Morde« sinnbildlich für den rassistischen Umgang mit Migrant_innen in den Medien. Mit der Enttarnung des NSU wurde der »blinde Fleck« der Redaktionen und Journalist_innen, wenn es um Anschläge und Morde auf Menschen mit Einwanderungsgeschichte ging, ebenfalls aufgedeckt. »Wir waren alle blind«, lautete eine harte Auseinandersetzung in sechs Fragen des Journalisten Christian Fuchs mit sich und seinen Kolleg_innen.[**] Wo blieben die Antworten?

Mit der medialen Begleitung der »Flüchtlingskrise« wissen wir, dass wir uns Fragen wie »Wem helfen Verdächtigungen?« erneut stellen müssen. »Döner-Morde« als Wort zu verdammen, ist das Eine. Das Andere ist, sich mit der Sprache an sich zu befassen und als Journalist_innen unser Handwerkszeug zu überprüfen. Benutze ich Begriffe angemessen und dem Rahmen entsprechend? Diese Frage – und viele andere – lassen sich zum Beispiel mit dem Glossar der Neuen deutschen Medienmacher[***], als Handreichung für die Berichterstattung im Einwanderungsland, beantworten. Denn eine differenzierte und qualitativ hochwertige Berichterstattung ist eine Sache der Haltung und eines ständigen Überprüfens derselben.

---

[*] Sabah, Hürriyet und das Desinteresse in der Türkei, 29.4.2013 www1.wdr.de, abgerufen am 12.6.2016.

[**] Fuchs, Christian: Wir waren alle blind, vocer, 1.10.2012, www.vocer.org, abgerufen am 12.6.2016. Die sechs Fragen lauten: 1. Wieso sind wir so staatshörig? 2. Weshalb haben wir den Opfern nie richtig zugehört? 3. Wieso haben wir alle voneinander abgeschrieben? 4. Wem helfen Verdächtigungen? 5. Warum machen wir gerade wieder die gleichen Fehler? 6. Warum wissen wir mal wieder nur hinterher alles besser?

[***] In gedruckter Form und online erhältlich unter www.neuemedienmacher.de/wissen/wording-glossar.

Yasemin Karakaşoğlu

Beates Mähne

Polemische Gedanken zu einer schwer erträglichen medialen (Selbst-)Inszenierung

Wir sehen eine noch relativ junge Frau mit langen, leicht gewellten, dunklen Haaren, die sich ihr gefällig um die Schulter schmiegen. Sie schaut teils demonstrativ gelangweilt, teils trotzig in die Kamera, die die Medien im Gerichtssaal aufgebaut haben. Ihr Mund wirkt krampfhaft zugepresst, scheint sich mit Macht das Sprechen zu versagen, das wird nicht nur immer wieder verlesen, das wird auch mimisch deutlich. Angesichts der Ungeheuerlichkeit der ihr vorgeworfenen Beteiligung an einer Mordserie, die die Blindheit der Bundesrepublik gegenüber dem Terrorismus als Fortsetzung rassistischer Übergriffe auf Zugewanderte der 1990er Jahre verdeutlicht, erscheint die (Selbst-)Inszenierung von Beate Zschäpe, bei der die Medien durch die Verbreitung von Bildern unhinterfragt assistieren, nicht nur provokant, sondern auch zynisch. Anders als die ersten Fotos, die uns als typische Fahndungsfotos eine Person zeigen, die unserem Stereotyp »der Kriminellen« entspricht, also einer weiblichen Person mit strähnigen, ungepflegten Haaren, einer unscheinbaren, randlosen Brille und geradezu ausdruckslosem, nacktem Gesicht, Fotos einer Frau, die eben noch auf der Flucht war und die eher Antipathie auslösen, gelingt es ihr inzwischen mit medialer Unterstützung trotz andauernden Schweigens – oder gerade deswegen –, das abstoßende Bild der herzlosen, rassistischen Terroristin zu überschreiben.

Haare spielen, so meine These, in dieser Inszenierung keine unbedeutende Rolle und verweisen darauf, dass sie als Symbol wandelbarer Weiblichkeit und als »Zeichen«-Sprache für Rollen und Positionen, die Frauen in der Gesellschaft einnehmen, im westlichen Kontext immer noch perfekt funktionieren. Haare, insbesondere auf weiblichen Köpfen, so informieren uns einschlägige Symbollexika, können sehr widersprüchliche Signale aussenden, je nach historischem und gesellschaftlichem Kontext. In jedem Fall eignen sie sich in besonderer Weise zur Aussendung von Signalen wie auch zur Interpretation durch die Betrachter_innen. Unbestritten ist, dass sie zumindest in kulturellen Kontexten, die keine Verhüllung des weiblichen Hauptes vorsehen, nicht nur ein besonders sichtbarer Teil des Körpers sind, sondern auch ein auf vielerlei Art besonders gestaltbarer. Sie eignen sich daher besonders situationsbezogen zur Aussendung spezifischer nonverbaler Zeichen. Während langes Haar sowohl in der Geschichte wie auch in der Gegenwart vielfach für Gesundheit, Jugendlichkeit, (sexuelle) Attraktivität bis hin zu Zügellosigkeit und Verfügbarkeit stand und steht, vermittelt kurzes oder auch langes, gebändigtes Haar den Eindruck einer (sexuellen) Kontrolle über sich selbst bzw. ein Signal der Nicht-Verfügbarkeit nach außen. In revolutionären Kontexten kann langes Haar auch Widerstand gegen den Versuch der hegemonialen Macht, Kontrolle über die Individuen ausüben zu wollen, ausdrücken, es steht – im Gegensatz zum militärisch-disziplinierenden Kurzhaarschnitt – als Zeichen für Unabhängigkeit, Freiheit, als Widerstand gegen bürgerliche Ordnungsregeln; so etwa in der Hippie-Bewegung, deren spezifischem Zugang zur Symbolkraft der Haare im Musical »Hair« ein musikalisches Denkmal gesetzt wurde. Das erzwungene Abschneiden der – vor allem weiblichen – Haare durch die Obrigkeit oder fanatisierte Menschenmengen war immer verbunden mit der Intention der Subordination und Erniedrigung, ja Entmenschlichung.

Die hier skizzierte Bandbreite der Zeichen, die mit Haaren gesetzt werden können, kennt Beate Zschäpe ganz offensichtlich gut. Und so inszeniert sich Beate Zschäpe medial über ihre Haare immer wieder neu. Die Medien assistieren bereitwillig über die Verbreitung wirkmächtiger Bilder. Im Internet kursierende zahllose Nahaufnahmen verweisen auf den medialen Fokus – die Haare.

Wir sehen Beate Zschäpe als dynamische Windsbraut mit fliegenden Haaren, wir sehen sie als züchtiges »Mädchen« mit geflochtenem Zopf, manchmal auch neckischer mit eingeflochtenem Seitenzopf, wir sehen sie manchmal nur von hinten, dann mit einer sorgsam gepflegten und dramatisch drapierten Mähne oder neckischem Pferdeschwanz, wir sehen sie als ordentliche »Hausfrau« mit einem Knoten im Nacken, wir sehen sie als verführerische Sirene mit weichen braunen Locken, die modebewusst an einigen Stellen mit hübschen Klammern zurückgehalten werden, immer den Kopf rechtsseitig neigend in immer der gleichen Haltung und Gestik, trotzig demütig. Es gibt auch Bilder von ihr als junges Mädchen mit neckischem Mini-Kopftuch, das nur den Haaransatz verdeckt. Wir sehen dazu passende Outfits, die den jeweiligen Stil unterstreichen, mal ein eng anliegender Pullover, der ihre weiblichen Formen zur Geltung bringt, mal ein Geschäftsoutfit mit Sakko und gebügeltem Hemd, mal lässig gewandet mit einem Holzfällerhemd, mal züchtig mit Blüschen. Wir sind fasziniert, dass »das Böse« so hübsch, wandelbar und normal sein kann; nicht überwältigend hübsch, das Leben im Untergrund hat doch seine deutlichen Spuren im Gesicht hinterlassen, aber durchaus einnehmend und ein bisschen wie »das Mädchen von nebenan«, dabei immer dominant: die Mähne. Diese ermöglicht es ihr von Anfang an, auch als sie den Kameras noch geflissentlich ihren Rücken zudrehte, mit der Öffentlichkeit zu kommunizieren, man möchte fast sagen, zu flirten.

In auffälligem Kontrast zu diesen Haarinszenierungen erscheint der dem typischen Bild der Rechtsradikalen entsprechende, fast zum Glatzkopf geschorene »Kopfschmuck« der beiden Männer des NSU-Trios, Böhnhardt und Mundlos. Auch ihre Haartracht, die in bewusster Reduktion des zentralen Materials keine mehr sein kann und will, ist ein nach außen getragenes Zeichen. Es steht für Dominanz, Abschreckung, bewusste Provokation, öffentlich und selbstbewusst zur Schau getragenes Bekenntnis der Zugehörigkeit zur rechten Ideologie. Umso vielschichtiger erscheint die Haartracht Zschäpes, die damit ihre Weiblichkeit ins Zentrum rückt und gleichzeitig eine symbolische Abgrenzung gegenüber Böhnhardt und Mundlos suggerieren kann. So durchbricht sie mit der unbezähmbar erscheinenden und immer wieder gerne zur Schau getragenen Flut brauner Locken die durch die beiden Männer repräsentierte, ideologisch-strenge Linie, verleiht dem Trio etwas nahezu »Romantisches«.

Und hier scheint der tiefere Sinn dieser Selbst-Inszenierungen über den Körper zu liegen: Es geht darum, sich dramatisch in Szene zu setzen, Handlungsmacht über die Bilder zu erlangen, unseren Voyeurismus ausnutzend, uns manipulierend, ein Bild von sich zu zeichnen, das als Kontrapunkt zu den Berichten über die kaltblütigen Morde an neun Migranten und einer Polizistin dienen soll, an denen sie mutmaßlich aktiv unterstützend beteiligt war und zu denen von ihr bislang kein Wort des Bedauerns über die Lippen bzw. auf Papier gebracht wurde.

Warum nun aber ein solcher Artikel nur über die mediale Inszenierung ihrer Haare? Es geht um die Rolle eines nicht unerheblichen Teils der öffentlichen Medien in diesem Spiel. Medienverantwortliche, die willfährig den zugeworfenen Ball auffangen und damit die von Zschäpe augenscheinlich gewünschten Selbstpräsentationen ungefiltert reproduzieren, müssten sich fragen, warum sie auf dieses Spiel mit den Bildern in den Köpfen so unreflektiert eingehen.

Seit einiger Zeit sind wir nicht mehr nur auf die Bilder angewiesen, um uns ein »Bild« von Zschäpe zu machen. Sie bricht, wie paradox, zumindest auf dem Papier, ihr Schweigen und lässt uns an ihren Erfahrungen des Zusammenlebens mit Böhnhardt und Mundlos teilhaben. Wir bekommen nun frei Haus den Schlüssellochblick in dieses Dreiecksverhältnis, den wir möglicherweise so gar nicht wollten. Wieder werden wir Zeugen einer medialen Inszenierung, die aus dem zuvor über die Haartracht vermittelten bunten Strauß an Deutungsangeboten ihrer Persönlichkeit nun eines zentral herausgreift, das vor dem Hintergrund der Tatsache, dass die das Trio verbindende rassistische Ideologie zehn Menschen das Leben kostete, besonders unerträglich erscheint: Nun geht es bei den Verlautbarungen von Zschäpe, die im Dezember 2015 endlich ihr langes Schweigen gebrochen hat und uns seitdem suggeriert, dass nun die wirklich wichtigen Informationen zu ihrer mutmaßlichen Beteiligung an den Morden öffentlich werden, um Berichte über den fast normalen Alltag des Trios, um Szenen, in denen sie, die Täterin, zum Opfer der Männer, mit denen sie zusammengelebt hat, wird, in denen sie Prügel einstecken musste, wenn die Stimmung bei den Männern schlecht war: »Beate Zschäpe spricht über Schläge von Böhnhardt im NSU-Prozess.« (Spiegel Online, 16.3.2016) »Schließlich, lässt Zschäpe mitteilen, habe sie gewusst, wann es besser gewesen sei, nachzugeben. Damit untermauert sie ihre Behauptung aus der ersten Aussage, nach der die Männer das Verhältnis zwischen den dreien dominiert hätten. Zschäpe fühlte sich nach ihren Angaben emotional abhängig.« (Zeit Online, 16.3.2016).

Sie inszeniert sich somit als unterdrückte Hausfrau, die den Männern den Rücken da draußen in der Welt (wenn sie ihrem Mordgeschäft oder ihrer Geldbeschaffung durch Überfälle auf Banken nachgingen) freigehalten hat, die Taten nicht wirklich und nicht aktiv unterstützt hat, sondern nur passiv und tadelnd, wenn doch wieder ein Mord geschehen ist, obwohl es mit ihr anders abgesprochen war, im Hintergrund tätig war.

Die Offenbarung, selbst in emotionaler Abhängigkeit zu Böhnhardt Opfer seiner männlichen Gewalt gewesen zu sein, die das Leugnen der direkten Beteiligung an den Morden begleitet, ist zusammen mit der passenden Frisur, einer züchtig eingeflochtenen Hochsteckfrisur, die alle Haare nun bändigt, eine Verdichtung der öffentlichen Inszenierung als unschuldige, unterdrückte Frau.

All diese Details wären vielleicht von Interesse für ein psychologisches Gutachten, in dem dann Befunde etwa zu einer möglicherweise massiven intellektuellen und/oder emotionalen Einschränkung zur Annahme einer verringerten Schuldfähigkeit bei der Angeklagten führen könnten. Als von Beate Zschäpe selbst gestreute Brocken der Information über den NSU und ihre Beteiligung taugen sie jedoch wenig.

Ihre durch Journalist_innen teilweise unkommentierten, in keinen weiteren Kontext gesetzten Offenbarungen sind hingegen dazu geeignet, die Opfer erneut zu verhöhnen. In der öffentlichen Rekonstruktion ihrer Persönlichkeit kann Zschäpe, die nur durch Bilder oder schriftlich vorgelegte Verlautbarungen kommuniziert, in den Massenmedien die Deutungsmacht über ihre mediale Präsentation erringen. In der Art, wie sie hier agiert, erscheint sie keinesfalls als Opfer emotionaler Bindungen, sondern kalkuliert sorgfältig, was über sie in Umlauf gebracht werden soll.

Diesen Luxus hatten die Opfer des NSU und deren Familien nicht, die über ein Jahrzehnt in der öffentlichen Wahrnehmung als Täter, als Kriminelle, als angebliche Mitglieder mafiöser Migranten-Verbindungen an ihrem Schicksal selbst schuld gewesen zu sein schienen. Es war die unkritische Übernahme polizeilicher Schilderungen zu den Tathergängen und -motiven durch die Medien, in deren Rekonstruktion gesellschaftlich tief verwurzelte Bilder von *den* kriminellen männlichen Ausländern aus dem Mittelmeerraum wohlfeil schienen, die Geschehnisse plausibel erscheinen zu lassen.

Bilder sind mächtig, Medienmacher wählen sorgfältig und mit klarem Bewusstsein aus, welche Bilder sie verbreiten wollen. Die Perspektive, aus der ich fotografiere, kann eine durchschnittlich interessante Person in einem glänzenden Licht erscheinen lassen, und der gleichen Person eine dämonische Aura verleihen. Dass das von Zschäpe offensichtlich angebotene Spiel medial so willfährig aufgenommen wird, sollte uns zu denken geben. Haben die Medien aus ihrer Fehleinschätzung der Hintergründe für die von vielen Medien – und diese reichen von regionalen wie der *Nürnberger Zeitung* über überregionale Organe wie *FAZ* und *Bild* bis zur internationalen *Neuen Zürcher Zeitung* – lange Zeit rassistisch als »Döner-Morde« bezeichnete Mordserie gelernt? Oder werden sie sich weiterhin über die subtile Kraft der Bilder, die sie unkritisch reproduzieren, zugunsten des NSU und seiner Helfershelfer_innen instrumentalisieren lassen?

***

Ahmet Küllahçı

Halten Sie ihr Versprechen!

Am 4. Juni 2004 kam es auf der Keupstraße in Köln-Mülheim, auf der viele (Deutsch-)Türken leben, zu einer Nagelbomben-Explosion. 22 Menschen wurden verletzt, davon vier schwer.

Bei allen Mordfällen, bei denen Türken betroffen waren, wurde nach Beweggründen wie internen Abrechnungen, Drogenmafia, Kriminalität, Geldwäsche, Gelderpressungen und Rache gesucht.

III. DER NSU-KOMPLEX IM MEDIALEN BLICK 149

Auch die deutschen Medien haben diese Morde generell als »Döner-Morde« abgestempelt und sich nicht weiterhin damit befasst.

Genau, es kam zufällig ans Tageslicht, dass acht Türken, ein Grieche und eine Deutsche, die seit Jahren in diesem Land leben und hierher gehören, von Terroristen des Nationalsozialistischen Untergrunds (NSU) ermordet worden sind.

Am 4. November 2011 wurden Uwe Böhnhardt und Uwe Mundlos in dem Wohnwagen, in den sie nach einem Banküberfall geflüchtet waren, tot aufgefunden. Am selben Tag zündete Beate Zschäpe, gegen die seit 2013 vor dem Oberlandesgericht in München verhandelt wird, das Haus in Zwickau an, in dem sie mit den beiden genannten Personen, bei denen man im Nachhinein feststellte, dass diese zum Terrornetzwerk des NSU gehörten, zusammen lebte.

Nach diesem Vorfall kam heraus, dass hinter den Morden, die in Deutschland jahrelang als »Döner-Morde« bekannt waren, rassistische Strukturen standen.

Mit der Zeit kamen auch Informationen und Belege ans Tageslicht, dass V-Männer, die im Auftrag von Landesverfassungsschutzämtern in rechtsextremen Kreisen agierten, bei den Mordfällen die Finger mit im Spiel hatten. Sogar auch, dass Beamte und Führungskräfte von Landeskriminalämtern Informationen verheimlichten.

Nachdem aufgeflogen war, dass diese Morde von NSU-Terroristen verübt worden sind, kam es zu einer großen Diskussion in Deutschland. Im Bundestag wurde sogar ein Untersuchungsausschuss für die Aufklärung der NSU-Morde gebildet.

Am 23. Februar 2012 wurde im Berliner Konzerthaus eine Gedenkfeier für die NSU-Opfer organisiert. Ich war auch dort anwesend. Bundeskanzlerin Angela Merkel hielt eine emotionale Rede und sagte: »Als Bundeskanzlerin Deutschlands verspreche ich, dass ich alles tun werde, um die Mordfälle ans Licht zu bringen und die Personen, die dahinterstecken, zu entlarven und zu verurteilen.« Sie berichtete ebenfalls, dass die erforderlichen Maßnahmen ergriffen und mehrere Untersuchungsausschüsse gebildet worden sind, um zu verhindern, dass sich solche Fälle wiederholen. Merkel bedauerte es sehr, dass die Täter jahrelang nicht enttarnt werden konnten und entschuldigte sich bei den Angehörigen der Opfer, die unverdientermaßen verdächtigt wurden. »Dies ist eine Schande für unser Land«, sagte sie.

Nach langen Vorbereitungen begann am 6. Mai 2013 der NSU-Prozess vor dem Oberlandesgericht in München. Vor Beginn des Prozesses kochte eine »Medien-Krise« hoch. Es wurde erklärt, dass die türkischen Journalisten nicht in den Prozesssaal eingelassen werden, weil sie sich angeblich nicht bis zu einer bestimmten Zeit akkreditiert hätten. Natürlich kam es hier zu heftigen Reaktionen und Kritiken aus verschiedenen Umfeldern. Zu Recht. Letztendlich hat man eine rücksichtsvolle Lösung gefunden und auch türkischen Journalisten ermöglicht, die Sitzungen mitzuverfolgen.

Ein Jahr nachdem der NSU aufgeflogen war, habe ich am 12. November 2012 in einer Kolumne der Tageszeitung *Hürriyet* unter dem Titel »Es zu sagen reicht nicht, haltet euer Versprechen« folgendes geschrieben: »Letzte Woche Donnerstag, also am 8. November, habe ich sowohl die Sitzung des NSU-Untersuchungsausschusses als auch die Bundestagssitzung besucht, bei der die letzten Fortschritte in dieser Angelegenheit debattiert wurden.«

Als ich mich dem Paul-Löbe-Haus, das gleich neben dem historischen Reichstag liegt, näherte, begegnete ich einer Heerschar von Medienvertretern. Fernsehkameras, Fotografen, umherwirbelnde TV- und Radiomoderatoren mit Mikrofonen in den Händen... Und natürlich auch Pressemitarbeiter.

Und alle liefen hinter den Mitgliedern des NSU-Untersuchungsausschusses und den ehemaligen sowie aktuellen Führungskräften des Militärischen Abschirmdienstes (MAD) her, die verhört werden sollten. Im Sitzungssaal hatten die Mitglieder des Untersuchungsausschusses ihre Plätze eingenommen.

Aydan Özoğuz, Abgeordnete und damals stellvertretende Bundesvorsitzende der SPD, Memet Kılıç, Abgeordneter von Bündnis '90/Die Grünen, und Serkan Tören, Abgeordneter der FDP, waren auch unter ihnen. Auch wenn sie es nicht aussprachen, übermittelten sie geradezu die Botschaft: »Wir werden der Sache nachgehen und wir lassen nicht los...«

III. DER NSU-KOMPLEX IM MEDIALEN BLICK

Die ehemaligen und neuen Verantwortlichen des MAD haben gestanden, dass sie Uwe Mundlos – von dem sie während seines Bundeswehrdienstes wussten, dass er rechtsextrem war und der sich im Nachhinein als NSU-Anhänger herausstellte – »rekrutieren« (oder anwerben) wollten. Die Spionage-Vorwürfe jedoch wiesen sie ab.

Aus Anlass des ersten Jahrestags, also ein Jahr nach dem Auffliegen der NSU-Morde hat sich der Bundestag erneut mit dem Thema befasst. Im Abschnitt »Aktuelle Ereignisse« wurde ungefähr eine Stunde lang über die NSU-Morde und die letzten Entwicklungen innerhalb des vergangenen Jahres diskutiert und debattiert. Als ich den Sitzungssaal betrat, hat mich das Bild, das ich sah, nicht allzu sehr gewundert.

In der Reihe der Minister saß nur Annette Schavan (CDU), die damalige Bundesministerin für Bildung und Forschung und spätere Botschafterin der Bundesrepublik Deutschland beim Heiligen Stuhl. Erfreulicherweise aber nahm kurze Zeit später auch der ehemalige Bundesinnenminister Hans-Peter Friedrich seinen Platz im Sitzungssaal ein.

Ich ließ meinen Blick über die Fraktionsgruppen streifen... In den Reihen der CDU/CSU-Fraktion zählte ich 22 Abgeordnete. Bei der FDP waren es 11, bei den Grünen 18, der SPD 26 und der Linken 12 Parlamentarier. Richtig, von 620 Abgeordneten waren nur 89 anwesend. Die Abgeordneten, die ans Rednerpult traten, erklärten, es sei beschämend, dass diese Morde zehn Jahre lang nicht aufgedeckt wurden.

Die Polizei und das Bundesamt für Verfassungsschutz räumten ein, dass sie Fehler begangen haben und ohne Zeit zu verlieren erforderliche Maßnahmen ergreifen, damit Fehler solcher Art nicht noch einmal vorkommen.

Aber aus welchem Grund auch immer, Hans-Peter Uhl von der CDU wollte nicht akzeptieren, dass die Polizei Fehler gemacht haben könnte. Offensichtlich fühlten sich auch seine eigenen Fraktionskollegen gestört von seiner Anbiederung. Uhl wurde von keinem einzigen Parlamentarier applaudiert.

Friedrich gehörte auch zu jenen, die einsahen, dass die Sicherheitsdienste Fehler begangen hatten. Er deklarierte: »Wir stehen hinter unserem Wort. Wir werden diese Morde bis in alle Einzelheiten aufklären.« Bundeskanzlerin Angela Merkel hatte auch beim Staatsakt vom 23. Februar 2012 zum Gedenken der NSU-Opfer erklärt: »Ich verspreche es. Die Morde werden aufgeklärt.«

Ja, es ist gut, etwas zu versprechen. Zu betonen, dass »man hinter seinem Wort steht«, ist auch gut und wichtig. Aber das genügt nicht. Wir wollen, dass das Versprochene eingehalten wird!

Vier Jahre nachdem die Morde aufgedeckt worden sind, habe ich in der *Hürriyet* folgendes geschrieben: »Ja, es sind nun genau vier Jahre vorüber. Aber es konnte immer noch nicht zu einem Fortschritt kommen.«

Geführt von Aydan Özoğuz, der Beauftragten der Bundesregierung für Migration und Flüchtlinge, wurde am vorangegangenen Tag eine Art Veranstaltung zu Gedenken der Opfer organisiert. Die Mehrzahl der Teilnehmenden stellte wieder dieselben Fragen wie vor vier Jahren:

- »Wie kann es sein, dass über zehn Jahre lang nicht aufgeklärt werden konnte, durch wen diese Morde veranlasst worden sind?«
- »Warum wurde der rassistische Aspekt der Morde, die bei der Polizei als ›Döner-Morde‹ und ›Bosporus-Mordserie‹ aufgenommen wurden, außer Acht gelassen?«
- »Wer steckte hinter diesen Morden?«
- »Warum haben die Staatsanwälte die Ermittlungen nicht detailliert geführt?«
- »Gab es Leute / Personen innerhalb der Polizei oder des Bundesamts für Verfassungsschutz, die diese Terroristen in Schutz nahmen?«

Und viele andere Fragen.

Während ich den Rednern zuhörte, erinnerte ich mich an die offizielle Zeremonie, die zum Gedenken an die NSU-Opfer am 23. Februar 2012 in der Hauptstadt Berlin stattgefunden hatte. Und mir fielen die Worte Angela Merkels ein: »Als Bundeskanzlerin Deutschlands verspreche ich, dass wir als Regierung alles tun werden, um die

Morde ans Licht zu bringen und die Personen, die dahinter stecken zu entlarven und zu verurteilen.«

Ja, es sind 3 Jahre und 9 Monate seit Aussprache dieser Worte vergangen. Bis dahin fanden 250 Sitzungen im NSU-Prozess vor dem Oberlandesgericht München statt. Der Prozess dauert weiter an. Über 500 Zeugen wurden gehört. Und es sieht überhaupt nicht danach aus, als ob er in kurzer Zeit ein Ende finden wird. Und aus diesem Grund sage ich wieder: »Es zu sagen genügt nicht, haltet euer Versprechen!«

Edathy: »Ich werde Licht ins Dunkle bringen«
Mit Sebastian Edathy, dem damaligen Vorsitzenden des Bundestags-Untersuchungsausschusses, hatte ich einige Male Interviews geführt. Als Edathy zugab, dass er schockiert war, dass die Morde von einer rassistischen Terrororganisation begangen wurden, sagte er: »Ich wusste, dass in Deutschland rassistische Morde begangen werden. Allerdings stehen wir zum ersten Mal solcher Art von Mordserie und Morden gegenüber, die durch eine Terrororganisation begangen wurden. Ich muss zugeben, dass ich nie gedacht hätte, dass rassistische Morde durch eine organisierte Terrorvereinigung begangen werden könnten.«

Edathy versicherte, dass sie als Untersuchungsausschuss nachforschen werden, wie die Neonazi-Organisation zehn Morde innerhalb von zehn Jahren begehen konnte, von wem sie unterstützt wurde und wie sie mehr als ein Dutzend Banküberfälle verwirklichten. Zudem sagte er: »Wir haben uns im Ausschuss als 11 Abgeordnete der fünf Parteien im Bundestag selber versprochen, dass wir Licht ins Dunkle bringen werden.«

Mitten in Deutschland: NSU-Trilogie der ARD
Zur Trilogie »Mitten in Deutschland: NSU«, die im Ersten Deutschen Fernsehen (ARD) ausgestrahlt wurde, hatte ich folgendes geschrieben: »Diesen Film habe ich mir letzte Woche im Babylon-Kino in Berlin angesehen. Die Doku führt vollkommen das Ausmaß der Morde, die von den rechtsextremen Terroristen der NSU-Organisation

begangen worden sind, und die Tiefe der Schmerzen, die durchlebt worden sind, vor Augen.«

Den Personen, die den Film »Die Opfer – Vergesst mich nicht«, dessen Thema Enver Şimşek, das erste NSU-Opfer, war, gesehen haben, ist ohne Zweifel durch den Kopf gegangen, dass »es gar nicht so einfach ist, sowohl der Polizei als auch den Ermittlungsbehörden zu vertrauen.«

Die Tatsache, dass Semiya, die damals 14-jährige Tochter von Enver Şimşek, der am 9. September 2000 in Nürnberg ermordet wurde, genauso wie ihr Bruder und ihre Mutter als Verdächtige betrachtet wurden, löste geradezu Empörung aus.

Dass einer Frau, die den tiefen Schmerz des Verlustes ihres Ehemannes erleidet, von einem Polizeibeamten ein Foto einer Frau gezeigt und anschließend gefragt wird: »Wussten Sie, dass ihr Mann eine Freundin hatte?«, und ihr daraufhin ein weiteres Foto, das auf dem Tisch lag, gezeigt und gesagt wird: »Und das sind die gemeinsamen Kinder von ihrem Mann und seiner Freundin«, hatte zu Verwirrung bei den Zuschauern geführt. Dass die Geschichte von der Mätresse und den gemeinsamen Kindern sich als eine reine Erfindung herausstellte, hat die ohnehin vorhandene Ablehnung der »sowieso vorurteilshaften Behandlung« der Polizei und Ermittlungsbehörden gegenüber Türken und Menschen mit Migrationshintergrund noch mehr verstärkt.

Vor der Vorführung wurde eine Podiumsdiskussion durchgeführt. An der von *Stern*-Chefredakteur Hans-Ulrich Jörges moderierten Diskussionsrunde nahmen auch die Bundestagsvizepräsidentin Petra Pau, die Vorsitzende des NSU-Untersuchungsausschusses Dorothea Marx, der ehemalige Generalsekretär der Zentralrates der Juden in Deutschland und seit 2015 amtierende Präsident des Amtes für Verfassungsschutz Thüringen, Stephan Kramer, sowie Memet Daimagüler und Yavuz Narin, Anwälte von Angehörigen der türkischen Opfer, teil. Die Filmproduzentin ist Gabriela Sperl.

Alle Teilnehmer betonten, dass Sie nicht glauben können, dass in einem Land wie Deutschland die Täter dieser Morde innerhalb so langer Zeit nicht gefasst werden konnten. Auch dass sie nicht daran glauben, dass diese Morde nur allein von zwei Terroristen begangen worden sind, und dass sie sich sicher sind, dass es weitere Personen gab, die sie unterstützen. Sie meinten sogar, dass die Ämter für Verfassungsschutz über die Sache hinwegsehen.

Die Abgeordnete des Thüringer Landtags und Vorsitzende des NSU-Untersuchungsausschusses Dorothea Marx (SPD) erinnerte daran, dass im Jahre 2006, während Halit Yozgat in dem von ihm betriebenen Internetcafé in Kassel getötet wurde, auch ein Mitarbeiter des Landesamtes für Verfassungsschutz Hessens am Tatort anwesend war und machte damit auf den Verdacht eines überwachten und betreuten Mordes aufmerksam. Sie wollte damit also auf eine Art zum Ausdruck bringen, dass der Staat hier seine Finger mit im Spiel hat.

Semiya, die damals 14-jährige Tochter von Enver Şimşek war auch dabei. Ohne Zweifel hat sie die Schmerzen, die sie jahrelang erlitten hat, aufs Neue und in der Tiefe noch einmal gespürt.

Almila Bağrıaçık aus Berlin, die in dem Film »Die Opfer – Vergesst mich nicht«, der von Züli Aladağ in Deutschland und im Dorf von Enver Şimşek in der Türkei gedreht wurde und 2016 in der ARD ausgestrahlt wurde, die Rolle der Semiya Şimşek spielte, teilte mit, dass sie es bei den Dreharbeiten emotional gesehen sehr schwer hatte. In ihren Erinnerungen »Schmerzliche Heimat« berichtet Semiya Şimşek ausführlich von dem Leid ihrer Familie.

Der Anwalt Mehmet Daimagüler beklagte sich über die Gleichgültigkeit gegenüber diesen Morden. »Ich habe auch weggeschaut. Ich habe auch nicht die erforderliche Solidarität erweisen können. Bitte lasst uns doch alle gemeinsam sozial reagieren. In Deutschland soll das Leben eines Menschen mit Migrationshintergrund nicht weniger wert sein als das Leben der anderen«, sagte er.

Er erinnerte natürlich auch daran, dass trotz des Versprechens durch Angela Merkel, dass »alles bis ins kleinste Detail aufgeklärt wird«, die meisten Dinge immer noch unaufgedeckt geblieben sind.

»Was ist das für ein Widerstand?«, sagte er.

Ja, was ist das für ein Widerstand?

***

Yücel Özdemir

NSU: Eine Organisation in den Händen des Geheimdienstes?

Wenn man das Netz der Morde, der Mörder und der verantwortlichen Geheimdienstmitarbeiter betrachtet, so ist es für mich manchmal fraglich, ob eine Organisation namens NSU tatsächlich je existierte. Denn in Wirklichkeit handelt es sich offenbar vielmehr um eine von Geheimdienstmitarbeitern eng umrahmte Trio-Zelle samt einiger rassistischer Verflechtungen.

Dass mit dem sogenannten NSU, bei dem man nach offiziellen Angaben davon ausgeht, dass er aus einem Netzwerk von maximal 100 Personen besteht, 24 Geheimdienstmitarbeiter im engen Kontakt gestanden haben, ist wiederum aus staatlichen Angaben zu erfahren. Somit ergibt sich, dass jeder Vierte des 100-Personen-Netzwerks als Spitzel aktiv war.

Die Belege, Informationen und Zeugenaussagen, die während der Prozessphase ans Tageslicht kamen, unterlagen geradezu der Prüfung des Geheimdienstes, und ein richtiges Schema einer Organisation mit eindeutigen politischen Zielen und unabhängiger Struktur war nicht wirklich zu erkennen. Genauso wenig konnte die Existenz von anderen Zellen bewiesen werden, die angeblich durch Uwe Böhnhardt, Uwe Mundlos und Beate Zschäpe gelenkt bzw. angeführt wurden.

Die Belege, die während der Prozessphase auftauchten, zeigen meiner Meinung nach eindeutig, dass sich die »Zwickauer Zelle« in den Händen der Geheimdienstorganisationen befand und von diesen geschützt und gedeckt wurde. Obwohl die Sachlage so offensichtlich ist, läuft die wesentliche Frage darauf hinaus, ob die Zellenmitglieder mit Kenntnis von Geheimdienstmitarbeitern diese Morde begangen haben oder diese vor ihnen verheimlicht hatten. Die Antwort auf diese Frage ist der Schlüssel zur weiteren Aufklärung. Der Rest wird sich dann wie am Schnürchen lösen lassen.

Aus diesem Grund ist es möglich, die Vorfälle in die folgende Reihenfolge zu bringen:

Erstens: Sind die Serienmorde tatsächlich ohne die Kenntnis vom Geheimdienst begangen worden?

Wenn die Serienmorde tatsächlich ohne die Kenntnis von jenen Geheimdienstmitarbeitern, die in Verbindung zu der Zelle standen, begangen wurden, bedeutet dies, dass die beiden Uwes professioneller waren als erwartet.

Wenn man sich die Art und Weise anschaut, wie die Morde begangen wurden, ist indes anfängliche Unerfahrenheit nicht zu übersehen. Zum Beispiel wurden auf Enver Şimşek viel zu viele Schüsse abgegeben; mit der Zeit reduziert sich dann die Anzahl der Schüsse für die jeweiligen Morde.

Da die Autos, die bei den Morden benutzt wurden, unter den Namen Holger Gerlach und André Eminger, bei denen keine Verbindung zum Geheimdienst festgestellt werden konnte, gemietet wurden, kann man daraus folgern, dass die beiden Uwes sich von Zeit zu Zeit aus den Händen der Geheimdienste gelöst haben.

Trotzdem gibt es deutlich mehr Hinweise dafür, dass die Wahrscheinlichkeit, dass beide Uwes die Geheimdienste um sich herum abgewimmelt und ganz professionell die Morde begangen haben und anschließend wieder ganz normal in ihren Alltag zurückkehren konnten, sehr gering ist. Von Anfang an wurde immer vermutet, dass es Dritte gab, die die zu tötenden Personen vorgaben; allerdings konnten auch diese nicht ermittelt werden. Zum Beispiel befand sich nach der Aussage eines Rostocker Polizeibeamten der Imbiss, in dem Mehmet Turgut umgebracht wurde, an einem sehr abgelegenen Ort. Infolgedessen müsse es auf jeden Fall jemanden gegeben haben, der den Ort gemeldet hatte.

Warum auch immer: bis heute gibt es keinen schlüssigen Hinweis darauf, dass die beiden Uwes in den Städten, in denen die Morde begangen wurden, ohne die Kenntnis von den Geheimdiensten ein Netzwerk aufgebaut hatten.

Noch wichtiger ist, dass nach jedem Mord die Methode von allen Polizeieinheiten, die in der jeweiligen Region den Fall erforschten, immer dieselbe war. Die Opfer selbst wurden beschuldigt, kriminalisiert und mussten Hausdurchsuchungen über sich ergehen lassen. Die

Möglichkeit, dass der Mord durch Rassisten ausgeübt worden sein könnte, wurde von Anfang an ausgeschlossen.

Dass nach jedem Mord derselbe Plan durch die regionale Polizei verfolgt und eine Desinformationslage geschaffen wurde, lässt auf die Existenz einer unsichtbaren, ja einer »schützenden Hand« schließen, die verhindert, dass sich der Blickwinkel der Untersuchung auf rassistische Organisationen richtet.

Dass dieselben Methoden verwendet wurden, obwohl die umgebrachten Migranten und Händler unterschiedliche Beziehungen und Eigenschaften pflegten, ist nicht als Zufall zu werten. Obwohl von den Opfern und Angehörigen immer wieder gesagt wurde, dass die Täter nicht »südländisch«, sondern »nordisch« aussahen, wurde dies von der Polizeieinheit, die in dem Fall ermittelte, nicht als beachtenswert empfunden. Obwohl eine Frau, die nach dem Mord an İsmail Yaşar in Nürnberg als Zeugin aufgetreten war, aussagte, dass die Leute, die sie am Tatort gesehen hatte, »nordisch« aussahen, hatte die Polizei es bevorzugt, diese als »südländisch« auszuweisen.

All dies zeigt, dass die eigentlich verschiedenen Polizeieinheiten in den einzelnen Bundesländern von einer unsichtbaren Hand dazu gebracht wurden, dieselbe Methode einzusetzen. Diese »unsichtbare Hand« ist meines Erachtens nach nichts anderes als eine geheime rassistische Struktur innerhalb der Polizei sein. Denn es ist wohl kein Zufall, dass nach jedem Mord dasselbe Verfahren angewendet wird.

Die Antwort auf die Frage »Warum haben sie nicht in Betracht gezogen, dass diese Morde von Rechtsradikalen begangen worden sein könnten?«, die im Prozessverlauf von dem Gerichtspräsidenten und den Gerichtshelfern an die zuständigen Polizisten gerichtet wurde, war: »Wir haben uns geirrt, wir konnten es nicht mit einkalkulieren.« Als Grund dafür nannte man, dass bisher Rassisten in Deutschland derartige Morde nicht ausgeübt hätten. Es wurde erläutert, dass die Rassisten in der Regel Brandstiftungen verüben, um Migrant_innen umzubringen. Allerdings hatte man nicht berücksichtigt, dass auch von Migrant_innen in diesem Land Morde solcher Art nicht ausgeübt worden sind.

Zweitens: War es ein Zufall, dass am Tatort Mitarbeiter des Geheimdienstes anwesend waren?

Dass sich Mitarbeiter des Geheimdienstes zu Zeiten der Morde und Bombenanschläge der NSU-Zelle am Tatort aufhielten, ist ein weiterer wichtiger Punkt. Nicht nur als der letzte Migrant und Händler ermordet wurde, war dies der Fall. Es wurde auch verspätet zugegeben, dass bei den Bombenanschlägen in Köln ebenso Mitarbeiter des Geheimdienstes anwesend waren.

Dass bei dem Bombenanschlag auf der Keupstraße, mit dem ein Massenmord an Migrant_innen beabsichtigt war, zivile Polizisten gesehen wurden, empfand man trotz der sich jahrelang wiederholenden Aussage von Ali Demir, einem Kleinunternehmer aus der Straße, als nicht beachtenswert. Und im Nachhinein wurde zwar zugegeben, dass zwei offizielle Polizisten sich am Tatort befanden, aber angeblich nur, weil sie die Hunde ausführten. Allerdings stimmten die getätigten Aussagen der Polizisten, denen unterstellt wurde, sich am Tatort aufgehalten zu haben, (damit) nicht überein. Also hat man, um den – nach Aussagen der Zeugen – gesehenen Geheimdienstmitarbeiter zu decken, auf diese Variante zurückgegriffen.

Dass die Polizei nach dem Anschlag in der Probsteigasse, trotz der Aussagen der Zeugen und der Opfer, ein falsches Phantombild zeichnete und den beschriebenen Geheimdienstmitarbeiter gedeckt hatte, wurde später in dem Bericht, der vom Präsidenten des Landesamts für Verfassungsschutz an die Bundesanwaltschaft verschickt wurde, gemeldet.

Aber die eindeutigste Beziehung zwischen dem Geheimdienst und den Serienmorden hat sich bei dem Mord an Halit Yozgat in Kassel offenbart. Ob der Mitarbeiter des hessischen Landesamts für Verfassungsschutz Andreas Temme zufällig am Tatort war, ist immer noch ein großes Rätsel. Auffällig ist: Die Serienmorde hörten auf, nachdem der Stammkunde des Cafés, der auch »Klein Adolf« genannte Temme, vorübergehend festgenommen wurde – immerhin wurde kurzzeitig gegen ihn als Täter ermittelt.

Auch wenn später die Polizistin Michèle Kiesewetter umgebracht wurde; es muss verdeutlicht werden, dass man diesen Mord nicht direkt als die Fortsetzung der Morde an den Migranten ansehen darf. Ja, Kiesewetter wurde höchstwahrscheinlich von denselben Personen umgebracht; allerdings ist der Grund für den Mord sowie die Durchführung ganz verschieden.

Deshalb konnte bis heute nicht aufgeklärt werden, ob es zwischen den beiden Tatsachen, dass die Tötung der Migranten ein Ende nahm und dass Temme am Tatort anwesend war, einen Zusammenhang gibt. Obendrein ging die Antwort auf diese Frage auch noch im Labyrinth des ganzen Komplexes verloren.

Aus diesem Grund muss noch einmal die Frage gestellt werden: Ist es tatsächlich ein Zufall, dass nachdem festgestellt wurde, dass Temme an dem Zeitpunkt des Mordes am Tatort war, die Morde aufgehört haben?

Dass zwischen 2006 und 2011 kein einziger Kleinunternehmer mit Migrationshintergrund umgebracht wurde, kann gleichzeitig auch als das Ende der Mordserie betrachtet werden. Denn man sieht, dass die Zwickauer Zelle in diesen Jahren nicht weiter gemordet hatte und nur mit Banküberfällen vorlieb nahm. All diese Fakten und Entwicklungen stärken die Wahrscheinlichkeit, dass die Geheimdienste, die von Anfang an in Verbindung zu der NSU-Zelle standen, die Mörder bei ihren Taten begleitet haben. Was eine schreckliche Schlussfolgerung ist.

Wenn die Vorfälle nicht durch die Entscheidung der Polizei bzw. des Geheimdienstes zur Tötung der Händler mit Migrationshintergrund zwecks Verwirklichung einer bestimmten Politik zustande gekommen sind – und es gibt sehr starke Belege dafür, dass dem nicht so war –, dann stärkt dies die Wahrscheinlichkeit, dass ebenso wie innerhalb der Polizei auch innerhalb des Geheimdienstes ein Netzwerk existiert.

Dass Thomas Richter (Corelli), von dem man wusste, dass er im Besitz von wichtigen Informationen war, und Florian Heilig, der eine Aussage machen sollte, sowie zwei weitere Personen, die mit ihm in Verbindung standen, unter äußerst dubiosen Umständen ums Leben kamen, deutet darauf hin, dass ein solches Netzwerk auch nach Auffliegen des NSU immer noch sehr aktiv war.

Oder doch alles Zufall? Genauso zufällig wie das Verschwinden von Akten, nachdem der NSU aufgeflogen war? Oder sollten diejenigen, die die Unterlagen verschwinden ließen, etwa versucht haben, die Glieder der Mordkette voneinander zu lösen?

Den zweifelhaften Freitod der beiden Uwes – es war von vornherein nicht klar, ob es sich um Selbstmord oder eine professionelle Beseitigung handelt – kann man gleichzeitig auch als eine Beseitigung von deren Verbindung zu Polizei und Geheimdienst ansehen. Denn in dieser Situation durften keine weiteren Morde an Kleinunternehmern mit Migrationshintergrund mehr geschehen.

Dass der NSU aufgedeckt wurde und dass diejenigen, die Beihilfe leisteten, mutmaßlich verurteilt werden, sollte natürlich als ein positiver Schritt betrachtet werden. Allerdings – wichtiger als das ist, dass die Personen, die mit dafür gesorgt haben, dass jahrelang Morde begangen werden konnten, auch ans Licht gebracht und verurteilt werden.

Als ab dem 4. November 2011 die Öffentlichkeit auf die Zwickauer Zelle und Beate Zschäpe fixiert war, gingen die Spuren zu den wahren Verantwortlichen im chaotischen Labyrinth verloren. Deshalb konnten die politischen Entschuldigungen, die veranstalteten Gedenkfeiern und die aufgestellten Denkmäler nur von begrenzter Bedeutung sein. Und so war es dann auch. Denn jeder, der nicht die Augen verschließt, erkennt nun ganz deutlich, dass es nicht nur die beiden Uwes waren, die den Finger am Abzug hatten. Außerdem vergrößerten sich die rassistischen Organisationen mit rasender Geschwindigkeit weiter.

Und wie wird sich das auf uns Migrant_innen mit Abstammung aus der Türkei auswirken?
Die Tatsache, dass es sich bei den rassistischen Mordanschlägen um einen Serienmord handelte, hat bei den türkeistämmigen Menschen in Deutschland Angst, Zweifel, Beunruhigung und Misstrauen ausgelöst. Nach den Morden hat man insbesondere die Angehörigen der Opfer und generell die Migrant_innen, also die Betroffenen beschuldigt. Unter dem hohen Druck, den man sie jahrelang spüren ließ, hat man die Meldung, dass die Morde vom NSU begangen worden waren, geradezu mit Freude begrüßt.

Wenn man es sich genauer anschaut, ist dies eigentlich eine vollkommene Tragödie. Denn diejenigen, die angeblich ihre eigenen Angehörigen töteten, haben sich nach langer Zeit endlich darüber freuen können, dass erstmals ihre Unschuld bewiesen wurde. Jahrelang wurden sie als Verdächtige behandelt, was nun endlich ein Ende hatte. Eben diese Angehörigen der Opfer und die türkeistämmigen Migrant_innen waren nun von den Anschuldigungen befreit.

Gleichzeitig war dies die Ankündigung einer neuen Phase.

Wir, als die Zeitungen *Evrensel* und *Yeni Hayat/Neues Leben**, haben aufgrund der Tatsache, dass wir, ebenso wie viele Einrichtungen und andere Medien, keine handfesten Beweise hatten, es bevorzugt, nur die Frage zu stellen, durch wen diese Morde begangen worden sein könnten. Wir haben darauf geachtet, dass wir den Begriff »Döner-Morde«, der von der Boulevard-Presse erfunden und von der türkischsprachigen Presse in Deutschland unverändert übernommen wurde, nicht gebrauchten.

Über die erste Veranstaltung, die von Angehörigen und demokratischen Einrichtungen für die Opfer in Dortmund organisiert wurde, haben wir umfangreich berichtet.

Seit Jahren stehen wir mit unseren Publikationen gegen jede Art von Rassismus und Ausländerfeindlichkeit. Bei der Bewerbung um Journalistenplätze beim NSU-Prozess, der als »Jahrhundertprozess« bezeichnet wurde, war das Glück auf unserer Seite.

Auch wir haben uns beim Oberlandesgericht München um eine Akkreditierung beworben. Die Rückmeldung auf unsere erste Bewerbung war, wie auch bei vielen anderen Medien, negativ. Denn die erste Regelung besagte, dass nur die ersten 50 Bewerber angenommen werden würden. Dass dies ein ungerechtes Verfahren war, wurde im Nachhinein vom Bundesverfassungsgericht eingeräumt.

Durch den Beschluss des Bundesverfassungsgerichts kam es am 29. April 2013 zu einem Losverfahren, in dem *Evrensel* die Möglichkeit erwarb, eine von den vier türkischsprachigen Medien zu sein, die den

---

* *Evrensel* erscheint in der Türkei als Tageszeitung, *Yeni Hayat/Neues Leben* in Deutschland 14-tägig in einer zweisprachigen Ausgabe.

NSU-Prozess mitverfolgen konnte. Dies bedeutete natürlich zugleich eine besondere Verantwortung für uns.

Wir waren uns bewusst, dass es eine große Herausforderung war, die wir übernommen haben, um sowohl die in Deutschland lebenden Migrant_innen aus der Türkei als auch die Menschen in der Türkei zum Thema NSU-Prozess fachgemäß und rechtzeitig zu informieren.

Evrensel hat nur begrenzte Ressourcen, deshalb haben wir nach Erhalt der Chance, den Prozess mitzuverfolgen, eine Zusammenarbeit mit den Zeitungen *neues deutschland* und *die tageszeitung (taz)* aufgebaut – der *jungen Welt* wurde selbst ein Platz zugelost.

Im Zuge dessen ernteten wir seitens verschiedener Kreise und Medien die Kritik, nicht mit türkischen, sondern gezielt mit deutschen Medien zu kooperieren und unsere Plätze mit ihnen zu teilen. Als fortschrittliche Tageszeitung haben wir ehrlich gesagt nie darüber nachgedacht, unsere Plätze mit türkischen Tageszeitungen zu teilen, die rassistische und nationalistische Inhalte verbreiten. Denn dies würde unserer politischen Ausrichtung widersprechen.

Unsere Kooperation mit den beiden genannten Zeitungen, die bei der Verlosung keinen Platz erhielten, war zugleich ein gemeinsames Signal gegen Rassismus. Und heute denken wir, dass diese Entscheidung richtig war. Während der gesamten Prozessphase verlief die Zusammenarbeit mit den beiden Tageszeitungen reibungslos. Die deutschen Kollegen verfassten Nachrichten und Kommentare für *Evrensel*, und *Evrensel* schrieb für sie.

Wir als *Evrensel* haben während der Verfolgung des NSU-Prozesses auf drei wichtige Punkte geachtet:

Erstens: Mit dem Wissen, dass sie Personen aus verschiedenen Volksgruppen waren, haben wir die ermordeten Migranten und Händler, immer als »aus der Türkei stammend« bezeichnet. Denn wir wissen, dass die Gemeinsamkeit der umgebrachten Händler, die aus der Türkei stammen, nicht der Fakt war, dass sie Türken waren, sondern dass sie aus der Türkei stammten. Außerdem haben wir ständig betont, dass der aus Griechenland stammende Bulgarides und die Polizeibeamtin Kiesewetter von derselben Terrororganisation ermordet wurden – und werden es weiterhin betonen.

Zweitens: Von Anfang an haben wir darauf aufmerksam gemacht, dass es nicht nur, wie es vorgetragen wurde, drei Personen waren, die hier als Mörder beteiligt waren. Wir haben ständig auf die Verantwortung der Geheimdienstorganisationen aufmerksam gemacht und gefordert, dass in erster Linie diese Verantwortung aufgeklärt werden muss. Und solange dies nicht vollkommen aufgeklärt wird, kann nicht richtig Rechenschaft abgelegt werden.

Drittens: Es ist unser Ziel zu verhindern, dass die Vorurteile zwischen den Migrant_innen aus der Türkei und der deutschen Bevölkerung wachsen. Wir wollen zudem Rassismus und Faschismus entgegenwirken, den gemeinsamen Widerstand und das gemeinsame Zusammenleben stärken. Während ein großer Teil der türkischen Medien die NSU-Morde dafür benutzte, um gegen das deutsche Volk zu hetzen und die Hinwendung zu sich selbst zu verstärken, legte *Evrensel* besonderen Wert darauf, dass das gemeinsame Zusammenleben zwischen Migrant_innen und hier schon länger Einheimischen in dieser Phase nicht negativ beeinflusst wird. Der Kampf gegen Rassismus in deutschen Medien und Institutionen wurde von uns besonders hervorgehoben.

Fazit

Für die vor mehr als einem halben Jahrhundert nach Deutschland eingewanderten Migrant_innen aus der Türkei hat die NSU-Mordserie eine besondere Bedeutung. In der Liste der seit 1990 durch Rassisten umgebrachten Personen sind 22 der 178 Menschen Migrant_innen, die aus der Türkei stammen.

Jeder rassistischer Mord – besonders das Solingen-Massaker – verursachte beachtliche Schäden und Erschütterungen unter der türkeistämmigen Bevölkerung. Die NSU-Morde weisen im Gegensatz zu den vorherigen Morden allerdings wesentliche Unterschiede auf. Genau aus diesem Grund war die Wirkung auch besonders intensiv. Dass die Geheimdienste in Verbindung zu den Mördern standen, hat viele erschüttert. Dies bedeutet zugleich ein gestiegenes Misstrauen in deutsche Institutionen.

Jetzt droht eine zweite Phase dieses Vertrauensverlustes. Wenn beim NSU-Prozess keine Entscheidung fällt, die durch die Mehrheit als gerecht akzeptiert werden kann, dann wird es unter den türkeistämmigen Migrant_innen im Hinblick auf das Vertrauen in Polizei und Geheimdienste sowie allgemein in staatliche Einrichtungen – und vor allem auf das Sicherheitsgefühl der Migrant_innen in diesem Land – einen erheblichen Bruch geben.

Das bedeutet natürlich auch eine große Gefahr aus der Perspektive der Integrationsphase, die seit Jahren andauert. Denn aus der Sicht der Migrant_innen, die aus der Türkei stammen, könnte es wie folgt heißen: »Die Mörder, die unter der Beaufsichtigung der staatlichen Geheimdienste getötet haben, haben ihre verdiente Strafe nicht erhalten.« Nach jedem rassistischen Mord werden sie daran zweifeln, ob die Mörder tatsächlich ermittelt werden oder nicht. Damit dies nicht passiert, wäre folgende Entwicklung von Vorteil:

Die definitive Beendigung der Beziehungen zwischen den Geheimdiensten und den Neonazi-Organisationen, die in der Bundesrepublik schon seit ihrer Gründung ein bedeutendes Problem ausmachen; dass alle einzelnen Institutionen und Mitarbeiter_innen der Geheimdienste, die in Verbindung zu den Morden an den Migrant_innen standen bzw. stehen, Rechenschaft ablegen; dass die Komplizen aller Couleur, gleich ob sie nun bereits vor Gericht stehen oder dies in weiteren Verfahren geschieht, die angemessenen Strafen erhalten.

Sollte dies nicht gelingen, ist es nicht möglich zu behaupten, dass Deutschland die nötigen Lehren aus den NSU-Morden gezogen hat.

IV.
Rechter Terror und NSU-Komplex im Blickfeld der Betroffenen

Bahar Aslan

Eingebrannt in die Erinnerung:
Solingen | Sivas | NSU

> »Aber wie soll man erleichtert sein, wenn in einem modernen Zeitalter jahrelang eine rechte Bande morden konnte, ohne entdeckt zu werden? In einem Land, das man liebt?«
> *(Tülin Özüdoğru, Tochter von Abdurrahim Özüdoğru;*
> *zitiert aus Barbara John: Unsere Wunden kann die Zeit nicht heilen)*

1993: Solingen und Sivas

Es ist Sommer. Ich sitze am Küchenfenster und puste Seifenblasen in den hellblauen Himmel über mir. Mir gefällt es, wie sie emporsteigen: Majestätisch, schwerelos und unbekümmert. Nichts ahnend von dem, was gleich passiert, nicht wissend, dass sie schon bald zerplatzen werden. Währenddessen werden im Wohnzimmer die Stimmen meiner Eltern lauter, energischer und vermischen sich mit denen, die aus dem Fernseher kommen. Es ist der Tag, an dem das Massaker in Sivas stattfindet, wo Menschen überwiegend alevitischen Glaubens von einem rassistischen Mob gelyncht werden. Das *Hotel Madimak* in Sivas wird in Brand gesetzt, welches anlässlich eines Festivals Musiker, Schriftsteller und Intellektuelle beherbergt. Eine aufgebrachte, wütende Menge zündet unter »Allahu ekber«-Rufen das Hotel an. Die Flammen lodern auf und das Hotel fängt an zu brennen. Die dort untergebrachten Teilnehmer des Kulturfestivals haben keine Chance, dem Feuer zu entkommen, und sterben vor den Augen der Öffentlichkeit. Stundenlang wird das Massaker von türkischen Fernsehersendern aufgezeichnet. Keiner greift ein. Weder Polizei, noch Feuerwehr. Dieser Tag markiert einen Wendepunkt in meiner Kindheit. An diesem Tag erfahre ich, dass ich *Alevitin* bin. Ich verstehe das Wort nicht, kenne weder dessen Bedeutung, noch erschließt sich mir der Inhalt. Die Geschehnisse in Sivas kann ich nicht nachvollziehen. Mir ist alles fremd. Als Grundschülerin hat man wenig Ahnung von der Welt. Man lebt in einer Seifenblase, schwerelos und unbekümmert. Nicht ahnend, dass Menschen einander ausgrenzen, hassen, verachten und umbringen, weil sie anders aussehen, anders heißen oder einen anderen Glauben haben. Erst viel später, mit Eintritt in die Pubertät, verstehe ich, dass ich in der Türkei einer religiösen Minderheit angehöre, die verfolgt, diskriminiert und gesellschaftlich marginalisiert wird.

Die 90er Jahre in Deutschland sind geprägt von Szenen rassistischer Gewalt. In Hoyerswerda, Rostock-Lichtenhagen, Mölln und Solingen tobt der rechte Mob und macht Jagd auf Ausländer, Flüchtlinge und Asylsuchende. 1993 ist das Jahr, in dem nicht nur das Massaker in Sivas seine Spuren hinterlässt, sondern auch der Brandanschlag von Solingen. Ein Haus geht in Flammen auf. Es sterben zwei junge Frauen und drei Kinder. Die Mörder sind Rechtsextremisten. Fünf Menschen sterben, weil sie *Türken* sind. Eine andere Erklärung bekomme ich nicht, als ich nachfrage, um mehr zu erfahren.

Die Erinnerung an meine Kindheit besteht aus Gedankenfetzen an Solingen, an Sivas, an Häuser, die brennen, mit Menschen, die noch in ihnen sind. Es hat lange gedauert, bis mich die Bilder von auflodernden Flammen nicht mehr aus dem Schlaf reißen, weil sie mir Angst machten. Sivas und Solingen sind eingebrannt in die Erinnerung meiner Kindheit.

2011: Rechter Terror in Deutschland
Als ich von der Aufdeckung des NSU erfahre, sitze ich in Köln-Ehrenfeld in einem Café und genieße meinen Cappuccino, während ich ein Buch meines Lieblingsautors Sabahattin Ali lese. Mein Smartphone klingelt. Ich gehe ran, und ohne dass ein Wort über meine Lippen kommt, lasse ich den Wortschwall über mich ergehen. Die Existenz des NSU trifft mich mit einer gewaltigen Wucht, und ich erinnere mich sehr gut daran, mich an die Vorstellung geklammert

zu haben, dass vielleicht alles ein Missverständnis, ein Irrtum ist. War es nicht der Verfassungsschutz selbst, der jahrelang erklärtermaßen die Existenz von rechten Terrorgruppen ausschloss und sich sicher war, die rechte Szene mit V-Männern im Griff zu haben? Der deutsche Staatsapparat, die deutsche Justiz und die Sicherheitsbehörden waren doch Institutionen, so glaube ich, in die man ein immenses Vertrauen haben sollte. Jahrelang hieß es aus Sicherheitskreisen, dass man keine Erkenntnisse über rechtsterroristische Strukturen in Deutschland habe, und man gab immer wieder Entwarnung. Die Realität war jedoch eine andere: Der Verfassungsschutz hatte kläglich versagt. »Dieser Vorgang ist objektiv betrachtet eine Niederlage für die Sicherheitsbehörden«, räumte Heinz Fromm, der damalige Präsident des Bundesamtes für Verfassungsschutz (BfV), am 21. November 2011 ein.

Hatte man wirklich keine Erkenntnisse über rechtsextreme Strukturen in Deutschland? Oder war man auf dem rechten Auge blind? Die Studie *Rechtsextremismus 21 – Gefahr eines bewaffneten Kampfes deutscher Rechtsextremisten – Entwicklung von 1997 bis Mitte 2004* des BfV selbst widerspricht der immer wieder vorgetragenen Behauptung der Ahnungslosigkeit der Verfassungsschutzbehörden über rechtsterroristische Strukturen in Deutschland. So ist z. B. auf der vorletzten Seite des Dokumentes zu lesen: »Derzeit sind in Deutschland keine rechtsterroristischen Organisationen und Strukturen erkennbar.« Weiter wird in dem Dokument aufgeführt: »Ungeachtet der Tatsache, dass es den Bombenbauern von Jena jahrelang gelungen war, sich ihrer Verhaftung zu entziehen, gab es keine wirkungsvolle Unterstützerszene, um einen nachhaltigen Kampf aus dem Untergrund heraus führen zu können.« – Sollen diese Zeilen etwa als Beweis für die geballte Inkompetenz oder die Ignoranz der Sicherheitsbehörden herhalten? Oder aber: Wie tief sind bundesdeutsche Behörden in die Mordserie des NSU involviert? Seit der Aufdeckung des NSU wurden Akten vernichtet und wichtige Informationen unter Verschluss gehalten. Der Staat hat seine Unschuld verloren, insbesondere in den Augen derer, die sich nach jahrelanger Opfer-Täter-Umkehr Aufklärung erhofften. Eher das Gegenteil ist der Fall: Der Staat lädt immer mehr Schuld auf sich, und es vollzieht sich eine spürbare Nicht-Aufklärung quer durch alle Institutionen und Instanzen. Doch worin besteht der eigentliche Skandal? Worüber sollten wir uns empören? Dass eine rechte Terrorgruppe 13 Jahre lang vor den Augen des Verfassungsschutzes in den Untergrund ziehen und morden konnte? Oder besteht der eigentliche Skandal in dem Verdacht, dass der Verfassungsschutz fest im braunen Sumpf des NSU-Netzwerkes verankert ist und aktiv die Aufklärung verhindert? Vielleicht aber ist es auch die Enttäuschung darüber, dass sich trotz brisanter Erkenntnisse am Verlauf des Geschehens nichts Grundsätzliches ändert.

2016: Fünf Jahre NSU. Von Aufklärung keine Spur!
Acht Monate nachdem Angela Merkel den Hinterbliebenen der NSU-Opfer maximale und lückenlose Aufklärung verspricht, meldet sich das Bundesinnenministerium zu Wort und gibt bekannt, dass keine Informationen an die Öffentlichkeit gelangen dürfen, die ein Regierungshandeln unterminieren. Und mit nur einem Satz wird das Meer an Hoffnungen von Angehörigen vernichtet, irgendwann doch noch erfahren zu dürfen, warum ihr Ehemann, Sohn, Bruder oder Vater vom NSU ermordet wurde. Vom Anspruch einer lückenlosen Aufklärung, wie sie einst versprochen wurde, ist bis jetzt wenig zu spüren. Schredderaktionen, verschwundene und vom Hochwasser weggespülte Akten, Zeugenausfälle, Pannen und Gedächtnislücken scheinen die einzige Konstante im gesamten NSU-Komplex zu sein.

Seit dem 4. November 2011 wissen wir von der Existenz des NSU. Seit Mai 2013 läuft der Prozess gegen die Hauptangeklagte Beate Zschäpe vor dem OLG in München. Doch wo stehen wir nach fünf Jahren? Was haben wir erreicht? Dass innerhalb des NSU-Geflechtes auch nach Abschluss des Gerichtsverfahrens sowie zahlreicher parlamentarischer Untersuchungsausschüsse weiterhin Fragen unbeantwortet sein werden, war meine größte Befürchtung, und dies scheint sich zu bewahrheiten. Seit fünf Jahren bemühen wir uns um eine lückenlose Aufklärung. Doch auch nach fünf Jahren sind wir nicht imstande, auf simple Fragen Antworten zu geben. Im Gegenteil: Mit jedem Detail, das an die Öffentlichkeit kommt, hadern und verzweifeln wir und verlieren uns im Chaos aus Widersprüchlichkeiten und Halbwissen über den NSU.

Der NSU-Prozess ist, wenn man so will, ein Spiegelbild, eine Reflexion unserer Gesellschaft, in der die Stimmen von MigrantInnen kaum vorkommen, und eine kritische Auseinandersetzung mit Rassismus und Diskriminierung nicht stattfindet. Was sollen wir uns vom Prozess denn überhaupt noch erhoffen? Warum wird der Prozess fortgeführt, wenn gesellschaftlicher Rassismus, institutionelle Diskriminierung und der Rassismus der TäterInnen nicht Bestandteil der Anklage sind?

Wer von Rassismus nicht sprechen will, der schweigt über das Grundsätzliche! Eine der grundsätzlichen Erkenntnisse aus dem NSU-Prozess lautet doch: *Unsere Gesellschaft hat ein Problem mit Rassismus.*

> In Gedenken an die Opfer rechtsextremer Gewalt:
> Enver Şimşek | Abdurrahim Özüdoğru | Süleyman Taşköprü | Habil Kılıç | Mehmet Turgut | İsmail Yaşar | Theodoros Boulgarides | Mehmet Kubaşık | Halit Yozgat

Neun Leben. Ausgelöscht durch den NSU. Alle Morde, die dem NSU zugeordnet werden, wurden 13 Jahre lang den Opfern und ihren Hinterbliebenen angelastet. Man ermordete diese neun Menschen nicht grundlos, sondern aufgrund ihrer Herkunft, ihrer äußerlichen Erscheinung oder einfach nur, weil sie einen anderen Namen trugen. In den Augen des NSU waren diese Menschen »minderwertiges Leben«.

Der NSU ist eingebrannt in meine Erinnerung, wurde ein Teil meiner Biografie und er mahnt mich dazu, nicht zu vergessen, dass Rassismus in Deutschland kein historisches Phänomen, sondern reale Gegenwart ist. Weder der NSU noch der Rechtsterrorismus in Deutschland sind vom Himmel gefallen, sondern sind eingebettet in eine Kontinuität jahrzehntelanger Verleugnung und Ignoranz rassistischer und rechtsextremer Realitäten in Deutschland. Der NSU ist nur die Spitze des Eisberges.

***

Hacı-Halil Uslucan

Unser Mitgefühl gilt den Hinterbliebenen*

Es ist mir eine Ehre, hier heute vor ihnen sprechen zu dürfen. Gleichwohl ich mir einen besseren, erfreulicheren Anlass gewünscht hätte. Wir sind heute hier, um der brutalen neonazistischen Morde an Enver Şimşek, Abdurrahim Özüdoğru, Süleyman Taşköprü, Habil Kılıç, Mehmet Turgut, İsmail Yaşar, Theodoros Boulgarides, Mehmet Kubaşık, Halit Yozgat und Michèle Kiesewetter zu gedenken. Sie haben ihr Leben gelassen, weil sie in ein barbarisches Menschenbild, von dem wir glaubten, es historisch endgültig überwunden zu haben, nicht passten. Wir verurteilen diese Morde auf das Schärfste. Eine lückenlose Aufklärung und Bestrafung der Beteiligten und ihrer Helfershelfer und Drahtzieher, aber auch moralische Empörung und Verachtung sowie ganz konkrete politische Veränderungen sind das Mindeste, was angesichts dieser Brutalität von der Zivilgesellschaft und Politik zu erwarten ist, damit solchen bestialischen Gruppen ihr Handlungsspielraum entzogen wird.

Die neonazistischen Mörder kennzeichnet eine Unfähigkeit zu fühlen, Empathie zu zeigen; das Leben der Hinterbliebenen ist hingegen gezeichnet von der Unfähigkeit, nicht zu fühlen, von der Unfähigkeit, den Schmerz zu ignorieren.

Unser Mitgefühl ist bei den Hinterbliebenen. Ihnen gebührt unsere volle Solidarität, auch wenn dadurch das Grauen nicht rückgängig gemacht und ihr Leiden nicht ganz gemildert werden kann. Allen Angehörigen gilt unser herzliches Beileid; den Türkeistämmigen sage ich: *Başınız sağ olsun.*

Der Schmerz der Hinterbliebenen ist unermesslich; und keine Sprache, keine Ansprache ist fähig, dies angemessen zu artikulieren, geschweige denn zu lindern.

---

*   Bei diesem Beitrag handelt es sich um eine Gedenkrede vom 13. Dezember 2011 vor dem Bayerischen Landtag, der für diesen Sammelband um ein Nachwort aktualisiert wurde.

Für die leidenden Hinterbliebenen schrumpft die Welt; sie zieht sich zusammen auf einen Punkt. Die Gedanken kreisen nur um die eine Frage: Warum nur? Auch wenn wir alle wissen, dass hierbei überhaupt keine Gründe zählen.

Denn vergessen wir nicht: Die stärkste Ressource eines Menschen in seinem Leben ist ein anderer Mensch; ein geliebter Mensch. Diese Morde haben ihren Hinterbliebenen einen geliebten Menschen genommen und sie in der Welt ein Stück weit allein gelassen.

Dieser neonazistische Terror ist nicht nur ein fremdenfeindlicher Angriff, sondern er ist auch ein Anschlag auf die Demokratie; ein Anschlag auf eine plurale Gesellschaft. Er torpediert die Möglichkeit, anders zu sein und doch zusammen leben zu können.

Wenn wir über Migrant_innen reden, so reden wir fast zwangsläufig über die Probleme, die sie der Mehrheitsgesellschaft machen. Viel zu wenig sehen wir die Probleme, die diese Menschen selber in ihrer Lebensgestaltung haben und viel zu wenig erkennen wir auch die Potenziale, die mit einer Migration sowohl für den Einzelnen als auch für die Gesellschaft, in die er kommt, einhergehen.

In der unsäglichen Integrationsdebatte des letzten Jahres wurden Stimmen laut, die behaupteten, Migrant_innen seien an ihrer Misere selbst schuld und sie sollten doch nicht allzu wehleidig sein und sich immer beklagen. Ihnen wurde vorgeworfen, sie würden sich in der Opferrolle gefallen. Wenn wir dabei den oft gehässigen Unterton einmal ausblenden, so können wir schon festhalten: In der Tat sind Migrant_innen sehr dünnhäutig geworden; und das hat seine Gründe: Es müssen nicht immer größere einschneidende Gewaltvorfälle und Diskriminierungen sein, die sie verletzen; oft sind es auch die kleinen Widrigkeiten des Alltags: Ein Naserümpfen, ein abwertender Blick, eine schroffe, befehlende, belehrende und infantilisierende Ansprache, die sie psychisch verwundbar machen. Das wissen wir aus der Stresstheorie.

Warum sage ich das? Eine Studie des Zentrums für Türkeistudien und Integrationsforschung (ZfTI) aus dem letzten Jahr zeigt: rund 81 % der befragten Türkeistämmigen hat im Jahre 2010 eine Diskriminierungserfahrung erlebt.

Vorurteile und Diskriminierungen verletzen den Einzelnen psychisch, sie verletzen ihn physisch und sie beeinträchtigen seine intellektuellen Potenziale: Die Wirkungen reichen jedoch noch weiter: So führen Diskriminierungen bei Menschen mit Zuwanderungsgeschichte zu Rückzugstendenzen und erschweren ihre gesellschaftliche Integration und Teilhabe. Sie spüren, dass sie nicht willkommen sind und schließen sich dann – und das ist völlig nachvollziehbar – anderen herkunftskulturellen Gruppen an. Denn wie kann ich Teil einer Gemeinschaft sein wollen, die mich nicht in ihrer Mitte haben will?

Jenseits dessen haben Diskriminierungen auch direkte volkswirtschaftliche Kosten; sie schaden dem Image einer Region, sie schaden aber auch dem Ansehen Deutschlands in der Welt. Und, das möchte ich unterstreichen, sie sind mit unserer Auffassung von Menschenrechten und Demokratie nicht vereinbar.

Nicht zuletzt richten sie auch Schaden am Geist des Vorurteilsträgers an, auch wenn diese Folgen nicht sofort ersichtlich sind. Denn sie versperren ihm die Möglichkeit, neue Erfahrungen zu machen und andere Aspekte des Lebens kennenzulernen. Sie engen den persönlichen Weltausschnitt ein, sie fördern Gewohnheiten und Routinisierung und blockieren dadurch ein kreatives Umgehen mit der Lebenswelt.

Deshalb kommt einer wirkungsvollen Bekämpfung sozialer Diskriminierung von Minderheiten eine eminente Bedeutung zu. Erfahrungen von Ungleichheit und Ungleichwertigkeit, die Rede von angeblicher Inkompatibilität bestimmter Kulturkreise mit unseren Lebensentwürfen, die Rede von der Nützlichkeit oder Nutzlosigkeit von Migrant_innen, von der »Rückständigkeit« ihrer Kultur, von den angeblichen »Parallelgesellschaften« verfestigen die Differenzen und verkürzen das Individuum auf seine kulturelle Herkunft.

Hierbei kommt typischen Repräsentant_innen der Mehrheitsgesellschaft und der Migrantengruppen, wie etwa Politiker_innen, Künstler_innen, Wissenschaftler_innen, Menschen des öffentlichen Lebens, eine hohe Bedeutung zu: Denn Gruppennormen werden vielfach von ihnen artikuliert; und zwar sowohl die Normen der Eigengruppe als auch die Annahmen über die Normen der Fremdgruppe.

Deshalb müssen wir uns immer wieder der Aufforderung stellen, eine differenzierte Wahrnehmung des jeweils anderen vorzunehmen, um Vorurteilen und Vereinfachungen entgegenzuwirken. Wir müssen den Versuchungen und Verlockungen des Populismus und der Pauschalisierungen widerstehen.

Nicht zu unterschätzen ist hier der Beitrag der Massenmedien: Wie und in welchem emotionalen Klima erfolgt die Berichterstattung über bestimmte Gruppen? Schlagzeilen, die diese neonazistischen Verbrechen als »Döner-Morde« bezeichnen, sind mehr als nur höchst unsensibel, sie sind menschenverachtend. Denn nicht ›Döner‹, sondern Menschen sind getötet worden. Das muss dann auch ganz deutlich gesagt werden. Sprache ist nicht unverdächtig, sie ist keine neutrale Abbildung der Welt. Nein, die Sprache leitet unsere Erkenntnis und festigt unsere Weltwahrnehmung. Sprache konstruiert den Gegenstand, über den gesprochen wird. Jegliche sprachliche Verniedlichung und Bagatellisierung von Morden ist zu verurteilen. Deshalb sollten wir wachsam sein gegenüber Tendenzen, die Menschen anderer Hautfarbe, anderer Herkunft und anderer Religion abwerten, sie in ›nützliche‹ und ›weniger nützliche‹ Menschen klassifizieren. Denn ideologische Abwertungen »des Anderen« gehen häufig realen Übergriffen, Tätlichkeiten und Morden voran.

Trotz dieser brutalen und beschämenden Ereignisse werden wir uns vom Neonazi-Terror nicht abschrecken lassen und an der Vorstellung, in Deutschland anders sein zu können und trotzdem dazuzugehören, festhalten. Das sollte trotz der Tragik und des Leides auch zukünftig unser gesellschaftliches Leitbild sein.

Ich möchte Ihnen am Ende eine kurze Geschichte vorstellen:
»Ein alter Rabbi fragte einst seine Schüler, wie man die Stunde bestimmt, in der die Nacht endet und der Tag beginnt. Ist es, wenn man von weitem einen Hund von einem Schaf unterscheiden kann, fragte einer der Schüler. Nein, sagte der Rabbi. Ist es, wenn man von weitem einen Dattel- von einem Feigenbaum unterscheiden kann, fragte ein anderer. Nein, sagte der Rabbi. Aber wann ist es denn, fragten die Schüler. Es ist dann, wenn du in das Gesicht

irgendeines Menschen blicken kannst und deine Schwester oder deinen Bruder siehst. Bis dahin ist die Nacht noch bei uns.« (Tugendhat, 1992, S. 64 f.).

Angst darf uns nicht leiten, denn Angst mindert nicht nur unser Lebensglück, unser Wohlbefinden, sondern Angst verengt auch unsere geistigen Potenziale. Unter Bedingungen der Angst leidet die Urteilsfähigkeit des Menschen. Was wir brauchen, ist ein entschlossenes politisches und zivilgesellschaftliches Handeln gegen menschenverachtende, rassistische Gruppen und Ideologien und ein klares Signal, dass der Rechtsstaat jedem Bürger und jeder Bürgerin den erforderlichen Schutz und die notwendige Unterstützung gewährt. Wir brauchen ein »inklusives Wir«, das Einheimische und Zugewanderte gleichermaßen umfasst und ein Verständnis von Zugehörigkeit, das nicht allein auf die Vergangenheit, auf historische Wurzeln gründet, sondern nach vorne gerichtet ist und die künftige gemeinsame Gestaltung der Gesellschaft in den Blick nimmt.

Nachwort zur Trauergedenkrede

Wir sehen heute, auch nach 5 Jahren, wie schleppend die Aufklärung vorangeht und wie viel es aufzuarbeiten gibt und was alles bislang übersehen worden ist. Das scheint ein Hinweis darauf zu sein, wie tiefsitzend und fest verwurzelt die Machenschaften, Netzwerke und Helfershelfer der rechten Terrorgruppe sind.

Heute stellt sich nach 5 Jahren die Frage, ob wir Zeugen der Entstehung einer neuen potenziellen Opfergruppe werden. Angesichts der zum Teil sehr gehässig geführten Diskussionen über die Flüchtlingszuwanderung, mit Aussagen wie etwa der, dass man zur Abwehr ihrer illegalen Einreise auf sie auch schießen könne, könnten gewaltbereite Nazis dies als Aufforderung verstehen und quasi als »Landesverteidigung« die Schwächsten der Gesellschaft, die kaum eine Lobby haben, angreifen. Hierzu trägt ein Diskurs bei, der junge Flüchtlinge vorrangig mit Gewalt und sexuellen Übergriffen in Verbindung bringt und Abwehrreflexe erzeugt. Die Verbreitung solcher Vorstellungen könnte – als »Wortgewalt« – dann die »Tatgewalt« vorbereiten. Dass es diesen Zusammenhang gibt, hat Klaus J. Bade (2013) in seinem Werk *Kritik und Gewalt. Sarrazin-Debatte, »Islamkritik« und Terror in der Einwanderungsgesellschaft* sehr eindrücklich gezeigt. Dort wird bspw. rekonstruiert, wie die sogenannte »Sarrazin-Debatte«, also die Wortgewalt, mit dem von Anders Breivik in Norwegen verübten Massenmord, also der Tatgewalt, in Verbindung steht; und mit Blick auf Deutschland, welche fatale und das Zusammenleben von Einwanderern und der Mehrheitsgesellschaft vergiftende Rolle dabei die sogenannte Islamkritik spielt. Deshalb ist, um künftig ähnlichen Prozessen vorzubeugen, bei der »Wortgewalt« der neuen rechten Gruppierungen genau hinzuhören, die auf neue diskursive Abwertungen von Einwanderern, und hier insbesondere von Flüchtlingen, abzielen.

Insbesondere nach den Erfahrungen des Nationalsozialismus hat Deutschland im Laufe der vergangenen 60 Jahre eine gewaltige demokratische Transformation seiner Institutionen durchlaufen. Das ist zunächst als eine große Leistung auch zu würdigen; insbesondere die Stärkung der Individualrechte gegenüber dem Staatsapparat. Aber dennoch zeigt sich angesichts der NSU-Skandale, dass gerade staatsnahe Institutionen, wie etwa die Polizei und der Verfassungsschutz, ein Einfallstor für rassistische Verzerrungen des Blickes sein können. Das Gefühl, die historische Last des Nationalsozialismus, in dem staatstragende Institutionen die Vernichtung ganzer Bevölkerungsgruppen vorangetrieben haben, endlich abgeworfen zu haben, macht möglicherweise die Organisationen blind dafür, dass Formen des Rassismus sich gegenwärtig in anderen Begrifflichkeiten und Semantiken einnisten.

Folge dieser verzerrten und Zuwanderer vordergründig als Täter und nicht als Opfer betrachtenden Haltung sind ein gewaltiger Vertrauensverlust der (insbesondere türkeistämmigen) Zuwanderer in staatliche Ordnungs- und Kontrollorgane. Dies ist umso bedenklicher, weil das Vertrauen von Zuwanderern in den deutschen Staat sonst eigentlich ziemlich hoch ausfällt, da ein Großteil von ihnen aus Ländern mit einer deutlich höheren Korruptheit staatlicher Institutionen stammt.

Das unterstreicht noch einmal, wie wichtig das 2013 gefällte Urteil des Konstanzer Oberverwaltungsgerichts zum Verbot des »racial profiling« bei der Polizei ist (zur größeren Häufigkeit von »anlasslosen Kontrollen« von Menschen mit dunkler Hautfarbe); hier muss unbedingt die Leitungsebene von der Notwendigkeit der radikalen Umgestaltung, Aus- und Fortbildung zu Diversity-Kompetenzen ihrer Institutionen, überzeugt sein.

Angesichts dieser Versagens-Erfahrung bei der Aufdeckung der NSU-Mordserie muss nicht nur das vorhandene Personal, sondern bereits bei der Rekrutierung künftiger Polizisten und Verfassungsschützer deutlich deren »Demokratienähe«, möglicherweise durch externe Organisationen/Gutachter/Berater überprüft werden, damit sie nicht durch die systemimmanenten blinden Flecken einer Organisation hindurchschlüpfen und ihr »Unwesen« in Uniform betreiben können.

Denn Organisationen verfügen häufig über einen sehr eingeschränkten Begriff von Diskriminierung; sie fokussieren nur auf die unmittelbare Diskriminierung, und zwar, wenn eine Person direkt wegen eines Merkmals, so etwa Herkunft oder Hautfarbe, diskriminiert wird. Die mittelbare Diskriminierung jedoch, die sich darin auswirkt, dass die Anwendung und Befolgung von prima facie neutralen Vorschriften und Regeln/Kriterien zu einer überzufälligen häufigeren Benachteiligung bestimmter Gruppen führen, haben sie kaum im Blick. Auch deshalb bedarf es einer grundlegenden Umorientierung sowie Aus- und Fortbildung, um der Vielfalt der Diskriminierungsprozesse gewahr zu werden.

***

Özge Pınar Sarp

Trauer und Wut, aber mehr noch die Entschlossenheit: Wir bleiben hier!

Meine allererste Begegnung

Istanbul, April 2013, kurz vor dem Prozessbeginn gegen die rechte Terrorzelle Nationalsozialistischer Untergrund (NSU):

Elif Kubaşık, die Witwe von Mehmet Kubaşık, der am 4. April 2006 in Dortmund ermordet wurde, ihr Anwalt Carsten Ilius sowie der Journalist und Buchautor Maik Baumgärtner* fliegen in die Türkei, um die Öffentlichkeit auf die schrecklichen Ereignisse aufmerksam zu machen und das Interesse an dem bald beginnenden Strafverfahren zu wecken. Ich traf sie im Flughafen von Istanbul. Das war meine allererste Begegnung mit Frau Kubaşık. Ich wusste nicht, wie ich mich verhalten sollte: Mein Beileid zum Ausdruck bringen? Welches Wort könnte da ausreichen? Oder sollte ich darüber gar nicht reden? Vielleicht erst einmal schweigen und über praktische Dinge, etwa über Ankara oder das Hotel reden? Oder sollte ich abwarten, bis sie mich zum Fragen auffordert?

Ich begleitete sie alle drei und wir flogen zusammen zur Veranstaltung nach Ankara, wo ich früher studiert hatte. Gerade vor zweieinhalb Jahren hatte ich Ankara verlassen, um in Berlin zu promovieren. Jetzt war ich wieder in meiner Uni-Stadt, aber diesmal war alles anders.

Zuerst berichteten Rechtsanwalt Ilius und ich den versammelten Studierenden der Universität Ankara vom weit verbreiteten Rassismus in Deutschland.

Am selben Abend fand die Veranstaltung unter dem Titel »Neonazistische Morde und Tiefer Staat in Deutschland« an der dortigen Mülkiyeliler Birliği statt.** Der Politikwissenschaftler Tanıl Bora moderierte und machte darauf aufmerksam, dass es Verbindungen zwischen rechtsextremen Gruppen und staatlichen Stellen sowohl in Deutschland als auch in der Türkei gäbe. Sowohl der Mord an dem armenisch-türkischen Journalisten Hrant Dink in der Türkei wie auch die Verbrechen des NSU machen deutlich, dass es Verstrickungen des türkischen bzw. des deutschen Staates mit diesen Morden gegeben haben muss. Hätten ein Rechtsstaat, ein Inland-Geheimdienst (Verfassungsschutz) mit seinen Beamten und Vertrauens-Leuten im direkten Umfeld des NSU nicht diese Mord- und Anschlagsse-

---

*   Maik Baumgärtner / Marcus Böttcher (Hg.): Das Zwickauer Terror-Trio. Ereignisse, Szene, Hintergründe, Berlin 2012. – Drehbuchautor mit Andreas Maus vom Dokumentarfilm »Der Kuaför aus der Keupstraße«.

**   http://cerideimulkiye.com/?p=30929.

rie verhindern oder stoppen können?! Enver Şimşek, Abdurrahim Özüdoğru, Süleyman Taşköprü, Habil Kılıç, Mehmet Turgut, İsmail Yaşar, Theodoros Boulgarides, Mehmet Kubaşık, Halit Yozgat, Michèle Kiesewetter. Sie könnten mit ihren Familien und ihren Freunden noch leben.

Trotz der belastenden Erkenntnis, dass Mehmet Kubaşık noch leben könnte, wagte ich es jetzt, Elif Kubaşık Fragen zu stellen. Ich habe gefragt: »Wie geht ihr jetzt damit um? Habt ihr noch ein Gefühl von Sicherheit? Habt ihr euch Gedanken gemacht, Deutschland zu verlassen und in die Türkei zurückzukehren?« Ich wusste, dass die Antworten nicht leicht waren. Wie konnte man damit umgehen, wenn ein Lebensgefährte, ein dreifacher Vater, von Nazis umgebracht wurde? Wie könnte man das Land verlassen, in dem man Jahrzehnte gelebt und sein Leben aufgebaut hat? Und wie könnte man in die Türkei zurückkehren, wo man in den 1990er Jahren als Alevit und Kurde verfolgt und unterdrückt wurde? Frau Kubaşık hat ihre klare Antwort: Sie will endlich Aufklärung, sie fordert, dass alle Beschuldigten verurteilt werden. Sie ist wütend und sie will selbstverständlich weiterhin in Deutschland bleiben. Sie lebt mit ihren drei Kindern immer noch in Dortmund, ganz in der Nähe des Kiosks, in dem ihr Mann erschossen wurde. Dennoch hat sie Angst. Sie hat Angst um ihre Kinder; denn Nazis und Rechte marschieren auf der Straße und rechter Terror und rechte Gewalt kosten Menschenleben. Davor hat sie große Angst. Noch stärker sind die Trauer und Müdigkeit vom Erzählen und Erinnern und wieder Erinnern und Erzählen.

Ihre Erinnerungen, ihre Beschreibungen damals in Ankara haben mich so sehr getroffen, dass ich begann, über mein weiteres Leben in Berlin neu nachzudenken. Wie sollte ich mich zu diesen Bedrohungen stellen? Wie sollte ich mich engagieren? Oder wäre es nicht sicherer, mich zu ducken?

Was haben die Verbrechen des NSU mit dem Geschehen in Solingen und Mölln zu tun?!
Der NSU-Prozess begann am 6. Mai 2013 in München, also einen Monat nach meiner Begegnung mit Elif Kubaşık. Das mediale und

öffentliche Interesse an dem Prozess war sehr groß. Die Opferfamilien und Betroffenen waren mit ihren Anwälten als Nebenkläger vertreten. Im Jahr 2000 war Enver Şimşek ermordet worden. Erst jetzt, dreizehn Jahre später, durfte Semiya Şimşek, seine Tochter, in einem Gerichtssaal für ihren Vater Aufklärung und für ihre verlorenen Jahre Gerechtigkeit fordern; so wie viele andere Familienangehörige, die für ihre verstorbenen Ehemänner, Väter, Brüder, Söhne und Freunde nach München gekommen waren.

Zu diesem Zeitpunkt verfolgte ich die aktuellen Entwicklungen in dem Prozess nicht intensiv. Die deutschsprachige Presse berichtete darüber. Es schien mir so, als ob alle sehr erschrocken waren. Die gängigen Fragen lauteten: Wie kann so etwas in Deutschland passieren, in einem demokratischen Rechtsstaat?

Das war schon 2011 so, also zwei Jahre zuvor: Erst nach dem öffentlichen Bekanntwerden der NSU-Verbrechen bildeten sich vermehrt Initiativen und Bündnisse gegen Rassismus und es fanden Demonstrationen für die Aufklärung der Morde statt. Hat der Rassismus in diesem Land nach der Zeit des deutschen Faschismus keine Spuren hinterlassen? In den vergangenen Jahrzehnten hat es wiederkehrend tödliche Gewalt von Nazis gegeben. In den 1980er und 90er Jahren wurden in diesem Land, in Deutschland, Menschen von Nazis ermordet, totgeschlagen, verbrannt. »Kanacken raus«, »Türken raus«, »Ausländer raus!« wurde gerufen. Häuser, Straßenbahnhaltestellen, Moscheen wurden mit Hakenkreuzen beschmiert. Hass und Ausgrenzung wurden verbreitet. Die Parole lautete: »Deutschland den Deutschen!«. Das Asylrecht wurde verschärft: Zunehmend wurde mit Abschiebung gedroht. Die Pogrome in Rostock und Hoyerswerda waren Höhepunkte in dieser Entwicklung.

Hatte man ursprünglich die Mordserie und Anschläge ab 2000 noch als einen internen türkischen Bandenkrieg interpretiert, in den man sich von deutscher staatlicher Seite erst gar nicht einmischen wollte, so wurden die Verbrechen jetzt als böses Rowdytum abgetan! Dass es sich aber um rassistische Taten handelte, wollte man nicht wahrhaben. Die Täter wurden nicht ernst genommen. Die Taten wurden verharmlost.

IV. DER NSU-KOMPLEX IM BLICKFELD DER BETROFFENEN   183

Am 6. November 2013, dem 52. Verhandlungstag des NSU-Prozesses, fragte Rechtsanwalt Erdal den als Zeugen geladenen leitenden Ermittler der Mordkommission Dortmund, ob die Auswahl und Zahl der Opfer kein Anlass gewesen sei, in der Naziszene zu ermitteln. Der Ermittler: »Das ist wohl richtig.« Rechtsanwalt Erdals Frage, ob ihm die Brandanschläge in Mölln und Solingen bekannt seien, beanstandet der Verteidiger des Angeklagten Wohlleben, Rechtsanwalt Klemke. Erdal ändert seine Frage und will von dem Ermittler wissen, ob ihm bekannt sei, dass in Deutschland Neonazis Anschläge auf Ausländer verüben. Das sei ihm bekannt, man rede hier aber von unterschiedlichen Taten.* Offenkundig hatte die Justiz den eindeutig politischen, rechtsextremen Hintergrund für all diese verbrecherischen Taten ausgeblendet.

Im Gedächtnis der türkeistämmigen Community haben die schrecklichen Ereignisse seit den 1980er Jahren allerdings den Erfahrungshintergrund abgegeben, unter dem dann auch die NSU-Morde verstanden wurden. In den 1980er und 90er Jahren reagierte die Community stark auf rassistische Morde. Man organisierte sich, es gab Demonstrationen. Anfang Januar 1986, kurz nach der Ermordung von Ramazan Avcı in Hamburg, demonstrierten 15.000 Menschen und zeigten ihre Empörung. Innerhalb von kurzer Zeit waren in dieser Stadt zwei türkeistämmige Migranten, Mehmet Kaymakçı und Ramazan Avcı, von »Skinheads« brutal totgeschlagen worden. Der tödliche Rassismus und die fehlende Reaktion in den Medien, in der Gesellschaft und seitens der politisch Verantwortlichen empörte die türkeistämmige Community und brachte sie auf die Straße. Die Demonstranten zeigten in aller Öffentlichkeit ihre Trauer und ihre Wut.

Es war nicht nur ein Protest gegen die Bedrohungen, sondern es wurden auch Forderungen gestellt nach gleichen Rechten, nach Bleiberecht, Wahlrecht und dem Recht auf eine doppelte Staatsbürgerschaft:
»Yerleşme Hakkı İstiyoruz / Wir wollen Bleiberecht«,
»Kahrolsun Irkçı ve Yabancı Düşmanlığı / »Nieder mit Rassismus und Fremdenfeindlichkeit«,

---

*   www.nsu-watch.info/2013/11/protokoll-52-verhandlungstag-6-november-2013.

»Haklıyız, Güçlüyüz / Wir sind im Recht, wir sind stark«,
»Seçim Hakkı İstiyoruz / Wir fordern das Wahlrecht«,
»Ramazan Avcı'yı Anıyoruz / Wir gedenken Ramazan Avcı«,
»Eşit Haklar İstiyoruz / Wir wollen gleiche Rechte«.[*]

Ganz entscheidend war, dass sich die einzelnen Forderungen nicht nur in den Auseinandersetzungen in der türkeistämmigen Community herausbildeten, sondern dass jetzt auch eine solidarische politische Zusammenarbeit zwischen deutschen und türkeistämmigen Antifaschist_innen entstand mit allen ihren Chancen und Entwicklungsmöglichkeiten.

Aber: Sehr bald war diese entschlossene Zusammenarbeit wieder eingeschlafen. Erst anlässlich der NSU-Verbrechen lebten diese gemeinsamen antifaschistischen und antirassistischen Initiativen wieder auf. Der Rechtsanwalt Ünal Zeran hatte 1986 als 14-Jähriger an den Hamburger Demonstrationen teilgenommen. Jetzt war er Mitbegründer der Initiative zum Gedenken an Ramazan Avcı. In einem Interview antwortet er auf die Frage »Was hat die Ermordung von Ramazan Avcı 1985 für euch bedeutet?« das Folgende: »Ganz konkret sah ich eine Bedrohung und ich weiß, dass alle sich gegenseitig davor warnten, an bestimmte Orte zu gehen oder öffentliche Verkehrsmittel zu nutzen. (...) Die Ermordung von Ramazan Avcı war aus meiner Sicht ein Wendepunkt in der Migrationsgeschichte. (...) Deutschland wurde bis dahin stets als ein sicherer Ort wahrgenommen, wo Menschenrechte und staatlicher Schutz gewährt wurden.«[**] Jetzt entstand auch wieder eine Zusammenarbeit mit den migrantischen Communitys.

Meine Prozessbeobachtung

In Berlin existiert seit mehr als 25 Jahren das Antifaschistische Pressearchiv (apabiz). Anlässlich des NSU-Prozesses wurde unter Betei-

---

[*] Hamburg damals: Angriff auf Ramazan Avci, Hamburg Journal, www.ndr.de, 22.11.2015.

[**] »Die Ermordung von Ramazan Avci war ein Wendepunkt in der Migrationsgeschichte«. Interview mit Perihan Zeran und Ünal Zeran von der »Initiative zum Gedenken an Ramazan Avcı«, in: ZAG Nr. 58/2011. www.zag-berlin.de.

ligung dieses Archivs ein bundesweites Bündnis unter dem Motto »NSU-Watch: Aufklären und Einmischen« geschlossen. Unter anderem galt es, die Informationen zum NSU-Prozess zu dokumentieren und der türkischsprachigen Community zugänglich zu machen. Letztere Aufgabe sollte ich übernehmen. Auch sollte ich die migrantische Perspektive in die deutsche antirassistische Arbeit einbringen, so nahm ich es wahr. Zu diesem Zeitpunkt hatte auch ich begonnen, mich intensiv mit den NSU-Verbrechen und ihren Folgen für die Betroffenen sowie die betroffene Community zu beschäftigen.

Es erstaunte mich, dass ich die erste Migrantin im Archiv war und auch, dass ich als einzige diese Stimme repräsentieren sollte.

In den vergangenen drei Jahren habe ich nicht nur sehr viele Protokolle* des NSU-Prozesses gelesen, sondern auch unzählige Meldungen aus dem Prozess sowie zu dem Geschehen außerhalb des Gerichtssaals auf Türkisch in die sozialen Medien gebracht. Ich traf in vielen Städten antirassistische Gruppen und Initiativen. Bemerkenswert war: Auch hier gab es ganz wenige türkeistämmige Aktive. Ich war nicht die einzige, aber eine der wenigen Migrant_innen in der antirassistischen Arbeit. Es überraschte mich nicht mehr, aber ich war frustriert.

Inzwischen dauert dieser Prozess schon 290 Verhandlungstage. Eine möglichst umfassende Aufklärung hat es nicht gegeben. Während dieses endlosen Prozesses waren fast täglich neue Akten aufgetaucht; die Medien veröffentlichten immer mehr Details, die im Normalfall in einem demokratischen Rechtsstaat die Menschen erschüttern und eine Gegenreaktion der Gesellschaft bewirken sollten.

Akten sind geschreddert worden. Akten wurden zurückgehalten. Zeugen sind gestorben. Aus einem großen Terror- und Unterstützungsnetz sind gerade mal fünf mutmaßliche Terroristen oder Unterstützer angeklagt worden. Und nur zwei von ihnen sind in Untersuchungshaft. Hunderte von Zeugen wurden verhört: Einer schweigt, einer verweigert die Aussage, einer erinnert sich nicht mehr, einer sagt die

---

* Mitarbeiter_innen von NSU-Watch sind an jedem Prozesstag in München vor Ort und protokollieren detailliert alles, was im Gerichtssaal passiert und verhandelt wird. www.nsu-watch.info.

Unwahrheit. Beweisanträge, von den Anwälten der Opferfamilien gestellt, werden abgelehnt, weil angeblich nicht schlüssig. Unklar bleibt, welche Rolle der Verfassungsschutz gespielt hat.

Der bereits 2013 veröffentlichte Abschlussbericht des 1. Untersuchungsausschusses des Bundestages zum NSU-Verbrechen sagt, es habe »keine Anhaltspunkte einer Zusammenarbeit zwischen Behörden und NSU« gegeben und es sei »nicht absichtlich weggeschaut« worden. Auf der anderen Seite erkennt der Bericht an, dass die Morde hätten verhindert werden können! Es ist selbstverständlich eine schmerzhafte Erkenntnis vor allem für die Angehörigen der Mordopfer, dass sich die zuständigen staatlichen Institutionen bedeckt halten, dass sie angeblich in keiner Weise verantwortlich sind. Das bedeutet aber auch, dass damit für uns alle die Gefahr rassistischer und neonazistischer Gewalt weiter besteht. Es kann wieder passieren!*

Heute beschäftigen sich viele Menschen kontinuierlich mit den NSU-Verbrechen. Sie verfolgen aufmerksam den NSU-Prozess. Es ist viel die Rede von den Lehren aus dem Versagen, von dem Versagen des Staates, der Politik, der Medien. Aber es fehlt ein gesamtgesellschaftlicher Aufschrei in der Debatte um Rassismus. Das Eingestehen des Versagens allein kann die Schmerzen der Hinterbliebenen und Betroffenen der Bombenanschläge nicht abmildern. Wie sollen die tiefen Wunden geheilt werden?

Von staatlicher Seite kommen Entschuldigungen. Entschuldigung wegen der Morde. Entschuldigung wegen der Verdächtigungen. Entschuldigung wegen des Versagens. Entschuldigung wegen der mehrfachen Traumatisierung.

Danke für eure Entschuldigung, für unsere Rehabilitierung. Uns wurde aber die schonungslose Aufklärung versprochen. Wir wollen eine Aufklärung, die diesen Namen verdient. Und wir wollen Gerechtigkeit. Wie bekämpft ihr Rassismus und verhindert mögliche weitere Morde? Bis heute wird hierzu geschwiegen.

Kein Thema. Bin ich hier zu Hause?

---

* Rede von NSU-Watch vor dem Innenausschuss des Berliner Abgeordnetenhaus, Sept. 2014, www.nsu-watch.info.

»Bin ich zu Hause in Deutschland?«*

Wenn ich mich mit türkeistämmigen Migranten unterhalte und nach ihren Gedanken zum NSU-Verbrechen frage, bin ich häufig mit einer Darstellung konfrontiert, die sich auf die Gewalt Anfang der 1990er Jahre bezieht: »Wir haben Solingen und Mölln erlebt; wir haben brennende Häuser und Flüchtlingsheime gesehen; wir haben viel Rassismus erlebt, auf der Straße, am Arbeitsplatz; ebenso unsere Kinder in den Schulen.« Der Brandanschlag von Solingen symbolisiert den größten Schmerz und bleibt im kollektiven Gedächtnis der türkeistämmigen Migranten. Jeder denkt an Solingen, wenn es in unseren Häusern wieder einmal brennt. Wenn seither bei Bränden in von Migranten und Flüchtlingen bewohnten Häusern die Ermittler bei der Untersuchung von Brandursachen ein rassistisches Tatmotiv nicht erkennen können und die Fälle unaufgeklärt bleiben, beunruhigt das die Community aufgrund dieser schmerzhaften Vergangenheit. Diese Morde, einschließlich derer des NSU, sollten einschüchtern, Angst verbreiten und letztendlich aus Deutschland vertreiben.

2012 gab es in Berlin eine zentrale Gedenkveranstaltung. Hier sprach Semiya Şimşek, deren Vater im September 2000 heimtückisch ermordet worden war:

»In diesem Land geboren, aufgewachsen und fest verwurzelt, hatte ich mir über Integration noch nie Gedanken gemacht. Heute stehe ich hier, trauere nicht nur um meinen Vater, ich quäle mich jetzt auch mit der Frage, bin ich in Deutschland zu Hause? Ja klar, bin ich das.«**

Klar, das Gefühl von »zu Hause« wird verschieden wahrgenommen. Deshalb reagiert man auch unterschiedlich, wenn dieses sichere Gefühl plötzlich nicht mehr selbstverständlich ist. Hinterbliebene, die ihre Angehörigen durch Rassismus verloren haben, gehen damit unterschiedlich um. Manche verlassen ihr Zuhause, wechseln den

---

* Semiya Şimşek stellte diese Frage bei der Gedenkveranstaltung für die Hinterbliebenen der Opfer des NSU in Berlin 2012, Reden der Hinterbliebenen im Wortlaut: »Jeder muss sich frei entfalten können«, www.sueddeutsche.de, 23.2.2012.

** Ebd.

Wohnort und finden ein neues Zuhause, wie Semiya Şimşek. Sie ist inzwischen in die Türkei zurückgekehrt, denn dort, so sagt sie, sei sie zumindest willkommen. In Deutschland konnte sie sich nicht mehr wieder einleben. Immer wieder hoffte sie auf eine Aufklärung durch die Justiz. Sie wartete und es geschah nichts. Stattdessen brennen Flüchtlingsheime, die rechte AfD wirkt bedrohlich.*

Andere sind zwar geblieben, aber sie haben sich völlig zurückgezogen. So Leyla Kellecioğlu. Sie verlor ihre Mutter Fatma, ihren Vater Osman und ihren Bruder Mehmet Can sowie ihren Nachbarn Jürgen Hübener bei einem rassistischen Brandanschlag in Schwandorf 1988. »Ich habe keine Angst. Ich habe das Schlimmste schon erlebt«, beschreibt sie ihr Gefühl, als der zu zwölfeinhalb Jahren Haft verurteilte Nazi-Täter entlassen wurde. Ihre Wunden seien verheilt, sagt sie, sie hätte das geschafft. Sie wohnt nicht mehr in dem früheren Haus, aber sie lebt immer noch in derselben Stadt und sagt: »Wir sind glücklich hier.«**

Wieder andere, so etwa Gülistan Avcı, waren nicht imstande, am Ort des Verbrechens auch nur vorbeizukommen. Frau Avcı fühlte sich sehr allein gelassen und zwang sich mehr als zwei Jahrzehnte lang zu weiträumigen Umwegen. Erst als 27 Jahre nach dem Mord an ihrem Mann der Platz vor dem S-Bahnhof Landwehr nach Ramazan Avcı umbenannt wurde, konnte sie an dieser Stelle trauern und gedenken.***

Gamze Kubaşık sagte 2012 in einem Interview auf die Frage, wie sie jetzt mit dem Eingeständnis, dass ihr Vater von Faschisten ermordet worden ist, umgehen könne: »Wir wussten nicht warum. Jetzt wissen wir warum, und das tut natürlich noch mehr weh.«**** So beschreibt sie, wie es ihr mit einer solchen »Wahrheit« geht. Bis heute grübelt

---

* »In der Türkei sind wir wenigstens willkommen«, Interview mit Semiya Şimşek, www.welt.de, 4.4.2016.

** 25 Jahre Schwandorf – Hört der Hass nie auf?, www.migazin.de, 17.12.2013.

*** »Es hat mich krank gemacht«, Interview mit Gülistan Avcı, www.taz.de, 19.12.2012.

**** Acht Türken, ein Grieche und eine Polizistin – Die Opfer der Rechtsterroristen, www.youtube.com, veröffentlicht am 11.9.2012.

IV. DER NSU-KOMPLEX IM BLICKFELD DER BETROFFENEN

sie und fragt sich, warum genau ihr Vater sterben musste. Der Verlauf des NSU-Prozesses lässt ihr kaum noch Hoffnung, eine Wahrheit, die diesen Namen verdient, zu erfahren. Auch das tut weh.

Aber es gibt bei den Hinterbliebenen auch Hoffnungen in ihrem Leben in Deutschland. Solche Hoffnungen hat heute Mustafa Turgut, der jüngere Bruder des am 25. Februar 2004 in Rostock vom NSU ermordeten Mehmet Turgut:

»Für meinen Bruder Mehmet war Deutschland das Land der Hoffnung. Heute kann ich ihn verstehen. Jetzt würde ich gern den Traum, den Mehmet hatte, erfüllen und meine Eltern unterstützen. Das ist wie ein Vermächtnis. Nach vielen Anstrengungen habe ich nun endlich auch für die Zeit meines Aufenthaltes hier in Deutschland eine Arbeitserlaubnis bekommen und bin nicht mehr auf die Unterstützung von anderen angewiesen. Ich arbeite in einem Imbiss – ganz so wie Memo. (...) Jeden Abend, wenn ich den Kopf auf mein Kissen lege, bete ich für Memo. Aber wenn ich heute in die Zukunft schaue, glaube ich, dass ich meine Wünsche erfüllen kann, vielleicht in zwei oder drei Jahren. Ja, ich sehe eine sonnige Zukunft vor mir.«*

Heute frage ich mich selbst, wie es mir mit dieser Wirklichkeit und den Zukunftsaussichten geht; wenn ich die Erfahrungen der Hinterbliebenen der Attentate bedenke. Ich fühle mich ihren unterschiedlichen Umgangsweisen mit dem Zuhause in Deutschland nahe. Ich trage sie auch in mir. Bis heute sage ich mir: »Ich will mit meinem Kind hier bleiben.«

*

Von den unzähligen Opfern rechter und rassistischer Gewalt in Deutschland, deren Namen wir kennen (allein 184 Opfer seit 1990), sind viele auch aus der türkeistämmigen Community. In Gedenken an alle Menschen, die seit den 1980er Jahren rassistischer und rechter Gewalt zum Opfer gefallen sind:

---

* Barbara John (Hrsg.): Unsere Wunden kann die Zeit nicht heilen. Was der NSU-Terror für die Opfer und Angehörigen bedeutet, Freiburg im Breisgau, 2014, S. 81.

Seydi Battal Koparan, 45 Jahre, 31. Dezember 1981, Ludwigsburg
Tevfik Gürel, 26 Jahre, Juni 1982, Hamburg
Mehmet Kaymakçı, 29 Jahre, 24. Juli 1985, Hamburg
Ramazan Avcı, 26 Jahre, 24. Dezember 1985, Hamburg
Osman Can, 50 Jahre, 17. Dezember 1988, Schwandorf. Brandanschlag
Fatma Can, 44 Jahre, 17. Dezember 1988, Schwandorf. Brandanschlag
Mehmet Can, 12 Jahre, 17. Dezember 1988, Schwandorf. Brandanschlag
Ufuk Şahin, 24 Jahre, 12. Mai 1989, Berlin
Nihad Yusufoğlu, 17 Jahre, 28. Dezember 1990, Hachenburg
Mete Ekşi, 19 Jahre, 27. Oktober 1991, Berlin
Bahide Arslan, 51 Jahre, 23. November 1992, Mölln. Brandanschlag
Ayşe Yılmaz, 14 Jahre, 23. November 1992, Mölln. Brandanschlag
Yeliz Arslan, 10 Jahre, 23. November 1992, Mölln. Brandanschlag
Şahin Çalışır, 20 Jahre, 27. Dezember 1992, Nordrhein-Westfalen
Mustafa Demiral, 56 Jahre, 9. März 1993, Mülheim an der Ruhr
Abdi Atalan, 41 Jahre, 17. Juni 1993, Dülmen
Gürsün İnce, 27 Jahre, 29. Mai 1993, Solingen. Brandanschlag
Hatice Genç, 18 Jahre, 29. Mai 1993, Solingen. Brandanschlag
Hülya Genç, 9 Jahre, 29. Mai 1993, Solingen. Brandanschlag
Saime Genç, 4 Jahre, 29. Mai 1993, Solingen. Brandanschlag
Gülüstan Öztürk, 12 Jahre, 29. Mai 1993, Solingen. Brandanschlag
Ali Bayram, 50 Jahre, 18. Februar 1994, Darmstadt
Ahmet Şarlak, 19 Jahre, 9. August 2002, Sulzbach

Zu den Opfern des NSU-Terrors: siehe Vorwort dieses Buches.

Quellen

»Acht Türken, ein Grieche und eine Polizistin – Die Opfer der Rechtsterroristen«, Ein Film von Matthias Deiß / Eva Müller / Anne Kathrin Thüringer, ARD 1/rbb, 2012.

Metin Gür / Alaverdi Turhan: Die Solingen Akte / Solingen Dosyası, Düsseldorf 1996.

Hamburg damals: Angriff auf Ramazan Avci, Hamburg Journal, 22.11.2015 www.ndr.de/fernsehen/sendungen/hamburg_journal.

Barbara John (Hrsg.): Unsere Wunden kann die Zeit nicht heilen. Was der NSU-Terror für die Opfer und Angehörigen bedeutet, Freiburg im Breisgau, 2014.

Semiya Şimşek (mit Peter Schwarz): Schmerzliche Heimat. Deutschland und der Mord an meinem Vater, Reinbek 2013.

»Von Mauerfall bis Nagelbombe. Der NSU-Anschlag auf die Kölner Keupstraße im Kontext der Pogrome und Anschläge der neunziger Jahre«, Dostluk Sinemasi (Hrsg.), Berlin 2014.

***

Tayfun Keltek

Auswirkungen der NSU-Mordserie auf den Integrationsprozess türkeistämmiger Migranten in Deutschland

Als die Mordserie des Nationalsozialistischen Untergrunds (NSU) am 4. November 2011 durch den angeblichen Selbstmord von Uwe Böhnhardt und Uwe Mundlos aufgedeckt wurde, war ich wie viele andere fassungslos und schockiert. Bis auf die getötete Polizistin Michèle Kiesewetter 2007 in Heilbronn hatten alle Mordopfer einen Migrationshintergrund. Acht der zehn Mordopfer waren Migranten türkischer Herkunft, ein weiteres, griechischstämmiges Opfer wurde von den Tätern für einen Türken gehalten. Als Bürger mit türkischem Migrationshintergrund fühlte ich mich also persönlich betroffen und verstand sofort, dass die Mord- und Bombenanschläge auch mir gegolten haben. Viele meiner türkeistämmigen Freunde dachten genauso. Nie hätten wir es für möglich gehalten, dass in Deutschland ein rechtsterroristisches Netzwerk jahrelang unerkannt Morde an Migranten verüben kann. Das verunsicherte uns zutiefst und konfrontierte uns mit der Frage, ob wir in diesem Land sicher leben können.

2011 lebte ich seit 39 Jahren in Deutschland. Zu diesem Zeitpunkt hatte es in der Bundesrepublik bereits viele traurige Vorfälle in Zusammenhang mit rechter Gewalt gegeben, die ich als politischer Vertreter der Migrantinnen und Migranten mit großer Sorge beobachtete. Ich sehe die Taten des NSU daher nicht losgelöst von anderen rechtsextremen Strukturen, die es in Deutschland seit Jahrzehnten gibt. Vor allem möchte ich die Bedeutung der politischen und gesellschaftlichen Situation im noch jungen vereinigten Deutschland Anfang der 1990er Jahre für die späteren Anschläge betonen. Auch im Abschlussbericht des zweiten Untersuchungsausschusses des Bundestages vom 22. August 2013 werden die Ereignisse um das Terrornetzwerk in einen Zusammenhang mit der rassistischen Gewalt in den 1990er Jahren gestellt.* Ich bin davon überzeugt, dass wir nicht verstehen können, wie der NSU entstehen konnte und warum die Sicherheitsbehörden die Täter nicht gestoppt haben, wenn wir die größeren gesellschaftlichen und politischen Rahmenbedingungen hierfür außer Acht lassen.

Kurze Zeit nach der deutsch-deutschen Wiedervereinigung fand sich die Bundesrepublik in einer öffentlichen Auseinandersetzung über die deutsche Identität und Fragen der Zugehörigkeit zu Deutschland wieder. Vor dem Hintergrund steigender Zahlen von Asylbewerbern, die seit Ende der 1980er Jahre im Zuge gewalttätiger Konflikte in vielen Teilen der Erde und wenig später ausgelöst durch den Bürgerkrieg in Jugoslawien nach Deutschland zogen, entwickelte sich schnell eine umfassende Debatte ums Asylrecht. Die Einwanderung von Asylbewerbern und anderen Migranten wurde von einflussreichen Medien skandalisiert und in der Politik vor allem als Problem diskutiert.** Insbesondere die Unions-Parteien strebten eine Grundgesetzänderung an, die das Grundrecht auf Asyl einschränken sollte. Aus dem sogenannten »Asylantenproblem« wurde bald ein »Ausländerproblem« – die unmissverständliche Botschaft »Das Boot ist voll« wurde von zahlreichen Medien aufgegriffen und im September 1991 beispielsweise auf der Titelseite des Wochenmagazins *Der Spiegel* unter der Überschrift »Flüchtlinge – Aussiedler – Asylanten. Ansturm der Armen« visualisiert.***

---

* Vgl. Beschlussempfehlung und Bericht des 2. Untersuchungsausschusses nach Artikel 44 des Grundgesetzes (2013). Drucksache 17/14600, 22.8.2013, S. 844 ff.

** Vgl. Karakayalı, Juliane (2014): Der NSU-Komplex. In: DISS-Journal 28/2014, S. 2, www.diss-duisburg.de (Zugriff: 20.5.2016).

*** Der Spiegel, Nr. 37, 45. Jg., 9.9.1991.

IV. DER NSU-KOMPLEX IM BLICKFELD DER BETROFFENEN 193

Die politische Diskussion ging mit einer Welle rassistischer Gewalt in deutschen Städten einher. Es kam zu Ausschreitungen und Angriffen auf Flüchtlingsheime und Unterkünfte von Ausländerinnen und Ausländern. Unter anderem in Hoyerswerda und Rostock-Lichtenhagen erreichten die rechtsextremen Übergriffe pogromartige Züge; zahlreiche Menschen mit Migrationshintergrund erlitten schwerste Verletzungen oder wurden sogar getötet.* Einige Politiker nutzten die Stimmung in der Bevölkerung als Argument für eine Grundgesetzänderung. Die Rechtsextremisten hingegen inszenierten sich mit ihren Taten als angebliche Vollstrecker des Volkswillens und sahen sich durch die politische Debatte um das Asylrecht legitimiert. Am 26. Mai 1993 beschloss der Deutsche Bundestag den sogenannten Asylkompromiss, der das Recht auf Asyl in Deutschland massiv einschränkte. Doch die Einschnitte im Asylrecht wirkten dem grassierenden Rassismus nicht entgegen. Im Gegenteil: Wenige Tage später, am 29. Mai 1993, legten Rechtsextremisten Feuer im Wohnhaus von Familie Genç in Solingen und töteten fünf türkeistämmige Frauen und Mädchen.** Dieses unfassbare Ereignis hat mich damals besonders mitgenommen; es war der Gipfel der Gewalt nach hunderten von rechtsextremen Anschlägen in der Bundesrepublik Deutschland. In dieser Zeit dachte ich ernsthaft über eine Rückkehr in die Türkei nach.

Eine angemessene Reaktion der Politik, der Medien und auch der Strafverfolgung auf die rassistischen Ausschreitungen blieb aus. Es wäre zu erwarten gewesen, sich unmissverständlich auf die Seite der Opfer zu stellen, ihnen den Rücken zu stärken und deutlich zu signalisieren, dass Migrantinnen und Migranten ihren gleichberechtigten Platz in der Mitte der Gesellschaft haben. Rassismus hätte eine klare

---

*   Vgl. Beschlussempfehlung und Bericht des 2. Untersuchungsausschusses, S. 844.; vgl. Schellenberg, Britta (2014): Rassismus, extrem rechte Morde und Terrorismus in Deutschland am Beispiel der Mordserie des »Nationalsozialistischen Untergrunds« (NSU). In: Expertisen für Demokratie. Friedrich-Ebert-Stiftung (Hsg.), 3/2014, S. 7.

**   Vgl. Bundeszentrale für politische Bildung (2013): Vor zwanzig Jahren: Einschränkung des Asylrechts 1993. www.bpb.de (Zugriff: 7.6.2016).

Absage erteilt werden müssen. Doch es erfolgte kein Bekenntnis zur Einwanderungsgesellschaft, stattdessen wurde von der Bundesregierung noch jahrelang bestritten, dass Deutschland ein Einwanderungsland sei. Nach wie vor wurde auf die »Rückkehr« der Migranten in ihr Herkunftsland und die Vorstellung einer homogenen Bevölkerung gesetzt. In einer absurden Verkehrung von Opfern und Tätern wurden Einwanderer selbst vielfach als Grund für die Ausschreitungen dargestellt.

Auf wichtige politische Signale, die von Migrantenvertretungen gefordert wurden, hofften wir vergebens. Solche Signale hätten die Anpassung des Wahlrechts und des Staatsangehörigkeitsrechts an die Lebensrealität in Deutschland sein müssen, also die Einführung des Kommunalwahlrechts für Drittstaatsangehörige und die generelle Hinnahme von Mehrstaatigkeit. Selbstverständlich gab es auch ermutigende Reaktionen. So hat beispielsweise nach dem Brandanschlag in Solingen die Kölner Bürgerbewegung »Arsch Huh« vielen Menschen Mut gemacht. Ihr großes Konzert mit ca. 200.000 Teilnehmern in Köln mit dem Aufruf »Liebe Ausländer, lasst uns mit den Rassisten nicht alleine« habe ich als Zeichen großer Solidarität erlebt. Dem folgten viele Runde Tische gegen Ausländerfeindlichkeit, die mit ihren Aktivitäten versuchten, Einfluss auf das Geschehen im Land zu nehmen. Nichtsdestotrotz beförderte das überwiegend einwanderungsfeindliche politische und gesellschaftliche Klima in den 1990er Jahren die Festigung und Radikalisierung rechtsextremer Gruppierungen, die sich immer seltener in Parteien oder Vereinen und zunehmend in informellen Strukturen organisierten.[*]

Wenige Jahre nach dem Abflauen der rassistischen Ausschreitungen, die sich oftmals unter dem Applaus von Anwohnern und Sympathisanten ereigneten, bildete sich das Terrornetzwerk des NSU. Uwe Böhnhardt, Uwe Mundlos und Beate Zschäpe hatten sich in den frühen 1990er Jahren radikalisiert und waren in rechtsextremen Gruppen, unter anderem dem »Thüringer Heimatschutz« (THS) organisiert. Bereits als Jugendliche waren sie polizeibekannte Neo-

---

[*] Vgl. Schellenberg, S. 7.

IV. DER NSU-KOMPLEX IM BLICKFELD DER BETROFFENEN

nazis, die sich wegen diverser krimineller Aktivitäten verantworten mussten. Urteile gegen das spätere Trio fielen jedoch in der Regel milde aus und zahlreiche Verfahren gegen rechtsextreme Vereinigungen wurden eingestellt.* In seinem Abschlussbericht stellt der zweite NSU-Untersuchungsausschuss des Bundestages fest: »Der Ausschuss ist zu der Überzeugung gekommen, dass die Strafverfolgungsorgane in Thüringen […] die Radikalisierung innerhalb des ›THS‹ und der mit ihm verbundenen Kameradschaften nicht ausreichend ernst genommen, die in diesem Zusammenhang verübten Straftaten nicht mit dem notwendigen Nachdruck verfolgt und geltendes Recht nicht konsequent angewendet haben. Dies hat sicherlich dazu beigetragen, dass das Trio und seine Unterstützer aus Thüringen davon ausgehen konnten, auch mit schwersten Gewalttaten straffrei davon zu kommen.«**

Dieses frühe offensichtliche Versagen der Sicherheitsbehörden und der Gerichte bei der Verfolgung rechtsextremer Straftaten war nur der Beginn einer regelrechten Flut von Behinderungen, Fehlentscheidungen und behördlichen Pannen, bei der Aufklärung der Morde und der Fahndung nach den Terroristen. Im Abschlussbericht des Thüringer Untersuchungsausschusses vom 16.7.2014 wird gar der »Verdacht gezielter Sabotage« geäußert.*** Zu Recht wird den Ermittlungsbehörden immer wieder vorgeworfen, sie seien ›auf dem rechten Auge blind‹. Deshalb muss die Konsequenz aus dem vollständigen Versagen der Sicherheitsbehörden die ernsthafte Auseinandersetzung mit *Institutionellem Rassismus* in den behördlichen Strukturen und die Einleitung entsprechender Maßnahmen sein.

Bei keinem der Anschläge zogen die Sicherheitsbehörden die offensichtlichen rassistischen Motive der Täter in Erwägung, obwohl es von Angehörigen der Opfer und weiteren Betroffenen Befürchtun-

---

* Vgl. Beschlussempfehlung und Bericht des 2. Untersuchungsausschusses, S. 845 f.
** Ebd., S. 846.
*** Bericht des Untersuchungsausschusses 5/1 »Rechtsterrorismus und Behördenhandeln« (2014). Drucksache 5/8080, 16.7.2014, S. 1582.

gen in diese Richtung gab. Stattdessen wurde im sozialen Umfeld der Opfer gefahndet, welches sich den herabwürdigenden Verdächtigungen der Polizei ausgesetzt sah. So wurde Angehörigen oftmals vorgeworfen, durch kriminelle Geschäfte selbst in die Morde verwickelt zu sein. Im Fall des Mordes an Mehmet Kubaşık in Dortmund 2006 verdächtigte die Polizei beispielsweise das Opfer und seine Familie, in Drogengeschäfte verwickelt zu sein und Verbindungen zur Mafia zu haben. Elif und Gamze Kubaşık, Ehefrau und Tochter des Opfers, berichteten im nordrhein-westfälischen NSU-Untersuchungsausschuss eindringlich von den Folgen der Verdächtigungen, die sich in der ganzen Straße und im sozialen Umfeld der Familie verbreitet haben.[*]

Verschlimmert wurde die für die Angehörigen der Opfer ohnehin schreckliche Situation durch die Berichterstattung zahlreicher Medien, die die Spekulationen der Polizei aufgriffen und das Vorurteil des kriminellen Ausländers verstärkten. Auch die diskriminierende Bezeichnung der Morde als »Döner-Morde« selbst nach der Aufdeckung des NSU offenbart die stereotypen und vorurteilsbeladenen Denkmuster im deutschen Journalismus.[**]

Anhand des oben beschriebenen Beispiels der Familie Kubaşık zeigen sich die verheerenden Folgen, die die Mordserie auf die Angehörigen der Opfer des NSU hatten. Neben dem Verlust des Menschen wurden die Familien durch die katastrophale Polizeiarbeit und die einseitige Berichterstattung zusätzlich traumatisiert und stigmatisiert. Aber auch unter den Opfern der Bombenanschläge, Anwohnern und auch bei vielen Türkeistämmigen, die von den Anschlägen nicht direkt betroffen waren, lösten diese Angst, Verunsicherung und Misstrauen aus. Nicht vergessen werden darf, dass sich zu diesem Zeitpunkt die Gewaltexzesse Anfang der 1990er Jahre bereits tief in das Gedächtnis der Bevölkerung mit Migrationshintergrund eingebrannt hatten. Nachdem im November 2011 das Terrornetzwerk öffentlich

---

[*] Vernehmung von Elif und Ganze Kubaşık im Parlamentarischen Untersuchungsausschuss III des Landtags Nordrhein-Westfalen am 13.1.2016.

[**] Vgl. Schellenberg, S. 8.

bekannt und der rechtsextreme Hintergrund der Anschläge ersichtlich wurden, war das Vertrauen der Menschen mit Migrationshintergrund in den deutschen Rechtsstaat erneut nachhaltig erschüttert.

Diese subjektive Wahrnehmung wird durch die Ergebnisse einer Studie des Zentrums für Migrations- und Politikforschung der Hacettepe Universität in Ankara in Zusammenarbeit mit dem Berliner Meinungsforschungsinstitut SEK-POL/Data4U bestätigt. Die Studie hat im Dezember 2011 die Auswirkungen der NSU-Mordserie auf türkeistämmige Migranten in Deutschland untersucht. Den Ergebnissen zufolge haben sie das »Vertrauen in den deutschen Staat in großem Maße verloren«[*], während sich das Misstrauen dem Staat gegenüber erheblich gesteigert hat. Auch glauben viele nicht daran, dass deutsche Politiker an einer echten Aufklärung der rechtsextremen Taten interessiert sind. Bemerkenswert ist hingegen, dass die meisten Befragten die Mordserie allein dem Terrornetzwerk zuschreiben und nicht die Gesamtgesellschaft in der Verantwortung sehen. In der Auswertung der Ergebnisse wird daher auf die »große Gelassenheit und Reife«[**] der türkeistämmigen Bevölkerung in Deutschland verwiesen. Die meisten Befragten nehmen die Mordserie auch nicht zum Anlass aus Deutschland auszuwandern. Dennoch bleiben ca. 19%, die aus diesem Grund über eine Rückkehr in die Türkei nachdenken.[***]

Es steht außer Frage, dass die NSU-Morde den Integrationsprozess der türkeistämmigen Menschen in Deutschland negativ beeinflusst haben. Türkeistämmige haben viel stärker als die Mehrheitsbevölkerung wahrgenommen, dass nicht bestimmte Einzelpersonen Ziel

---

[*] Murat Erdoğan u. a. (2012): Pressemitteilung: »Rassistische Neonazi-Morde in Deutschland: Eine Studie zur Gefühlslage und Meinungen der türkischen Migranten.« Hugo – Zentrum für Migrations- und Politikforschung der Hacettepe Universität und SEK-POL/Data4U – Institut für Markt- und Meinungsforschung in ethnischen Zielgruppen in Deutschland (Hg.). Berlin/Ankara, 11.1.2012.

[**] Ebd.

[***] Vgl. Folien zur Pressemitteilung: »Rassistische Neonazi-Morde in Deutschland: Eine Studie zur Gefühlslage und Meinungen der türkischen Migranten.« www.hugo.hacettepe.edu.tr/folien_zur_pressemitteilung.pdf (Zugriff: 25.5.2016).

der Anschläge waren, sondern dass die Angriffe der gesamten Gruppe der Türkeistämmigen und letztendlich allen Migrantinnen und Migranten gegolten haben. Das Unvermögen oder der Unwillen der Behörden, die Menschen zu schützen, führte häufig zu einem Gefühl der Zweitklassigkeit. Erschreckend ist, dass laut der oben aufgeführten Studie »über zwei Drittel (67%) der türkischen Migranten [...] weitere rassistisch motivierte Morde in Deutschland [erwarten] und fast 40% haben konkret Angst davor, dass sie selbst oder Freunde und Bekannte Opfer des Neo-Nazi-Terrors werden könnten.«* Ali Kemal Gün, Psychotherapeut und ein Freund von mir, sagte in einem Interview mit *Spiegel Online* am 15.4.2013, dass Türkeistämmige sich aufgrund ihres Herkunftslandes ebenfalls als mögliches Ziel von rechtextremen Anschlägen sahen. »Das macht die betreffenden Menschen unsicher und versetzt sie in Angst und schafft Misstrauen. Dies kann unter Umständen zu emotionaler Stumpfheit, Reizbarkeit und Gleichgültigkeit gegenüber der Mehrheitsgesellschaft führen.«**

Es ist bedauerlich, dass seitens der Politik und der Medien überwiegend nicht erkannt wird, dass die Auswirkungen des NSU-Terrors das Zusammenleben von Menschen mit und ohne Migrationshintergrund beeinträchtigen. Deshalb ist es jetzt umso wichtiger, das verloren gegangene Vertrauen in den deutschen Staat wiederherzustellen. Bislang konnte der Staat nicht der Eindruck vermitteln, dass tatsächlich Interesse besteht, die Straftaten um das Terror-Netzwerk umfassend aufzuklären. So ist unbegreiflich, warum nach dem Aufdecken des NSU wichtige Akten vom Verfassungsschutz vernichtet wurden oder warum beispielsweise der hessische Ministerpräsident Volker Bouffier die Ermittlungsarbeit bei der Befragung eines Verfassungsschutzmitarbeiters behinderte. Nicht nachzuvollziehen ist auch die Konzentration der Ermittlungen auf ein Terror-»Trio«, obwohl offensichtlich ist, dass die durchgeführten Anschläge auf ein

---

*   Edoğan, a. a. O.

** Maik Baumgärtner im Interview mit Ali Kemal Gün (2013): Psychische Folgen von NSU-Verbrechen – »Zeichen eines kollektiven Traumas«. In: Spiegel Online, 15.4.2013 www.spiegel.de (Zugriff: 20.5.2016).

breites Unterstützernetzwerk schließen lassen. Nach wie vor bleiben viele Fragen offen. Warum sterben immer wieder wichtige Zeugen auf mysteriöse Weise und warum werden andere Zeugen nicht zur Vernehmung vom Oberlandesgericht München vorgeladen, wie der frühere V-Mann des Verfassungsschutzes Ralf Marschner? Wird tatsächlich alles getan, um die nach der Aufdeckung des NSU untergetauchten gewaltbereiten Neonazis zu finden? Zutiefst beunruhigend ist die Tatsache, dass über Verwicklungen staatlicher Strukturen in die Mordserie bislang keine Klarheit herrscht. Auch für die Parlamentarier im Deutschen Bundestag und in den Landtagen besteht noch eine Menge Klärungsbedarf. Mittlerweile hat im November 2015 beispielsweise der zweite Untersuchungsausschuss im Bundestag seine Arbeit aufgenommen.

Eine schonungslose Aufklärung der NSU-Mordserie und Aufarbeitung des staatlichen Versagens ist für die Menschen mit Migrationshintergrund von größter Bedeutung. Infolge zahlreicher Integrationsdebatten in den 2000er Jahren hat das Zugehörigkeitsgefühl der Migrantinnen und Migranten zu Deutschland ohnehin gelitten. Wiederholt wurde ihnen vorgeworfen, in sogenannten Parallelgesellschaften zu leben und sich nicht integrieren zu wollen. Eine große Rolle spielt dabei, dass sich spätestens seit dem 11. September 2001 Migrantinnen und Migranten muslimischen Glaubens (und solche, die dafür gehalten werden) zunehmend Ressentiments ausgesetzt sehen. Es kann davon ausgegangen werden, dass das Feindbild Islam dazu beigetragen hat, dass von den NSU-Anschlägen vor allem die überwiegend muslimischen Türkeistämmigen betroffen waren.

Selbstverständlich hat es auch positive Entwicklungen gegeben. Während früher bestritten wurde, dass Deutschland ein Einwanderungsland ist, wird heute die Bedeutung von Einwanderung für unsere Wirtschaft und den demografischen Wandel betont. Es gibt eine Vielzahl von Antirassismusprogrammen und Aufklärungsarbeit an Schulen und in Jugendeinrichtungen. Auch die Welle der Solidarität mit Flüchtlingen und das große Engagement unzähliger Ehrenamtlicher, das seit Sommer 2015 ungebrochen ist, zeigt, dass das gesellschaftliche Selbstverständnis heute ein anderes ist als vor 20 Jahren.

Und dennoch: Untersuchungen wie die der Friedrich Ebert Stiftung machen deutlich, dass rassistische Einstellungen bis weit in die Mitte der Gesellschaft zu finden sind.* Die Erfolge rechter Parteien bei den jüngeren Kommunal- und Landtagswahlen, der Zulauf zur islamfeindlichen und rechtspopulistischen Pegida-Bewegung und die schockierende Zahl rechter Straftaten belegen deutlich, dass Deutschland nach wie vor ein gravierendes Problem mit Rassismus und rechter Gewalt hat. Aus der Kriminalstatistik für das Jahr 2015 geht hervor, dass die Zahl rechter Gewaltdelikte 2015 um 44,3 % gestiegen ist. Bundesinnenminister Thomas de Maizière erklärte bei der Vorstellung der Kriminalitätsstatistik, dass insbesondere »[d]er starke Anstieg der politisch motivierten Kriminalität [...] eine bedrohliche gesellschaftliche Entwicklung auf[zeigt]«.** Die Zahl der Angriffe auf Asylunterkünfte haben sich demnach im Vergleich zum Vorjahr verfünffacht: »Angriffe auf Asyl- und Flüchtlingsunterkünfte sind von 199 im Jahr 2014 auf 1.031 Straftaten im Jahr 2015 angestiegen, davon waren neun von zehn rechtsmotiviert. Im Vergleich zu den politisch motivierten Straftaten insgesamt ist bei Straftaten gegen Asylunterkünfte ein höherer Anteil schwerer Straftaten zu beobachten: Der Meldedienst verzeichnet für 2015 vier versuchte Tötungsdelikte, 60 Körperverletzungsdelikte, 94 Brandstiftungsdelikte und 8 Sprengstoffdelikte.«***

Diese Tatsachen sind zutiefst beunruhigend und bedürfen klarer Reaktionen. Politik, Medien und Sicherheitsbehörden müssen sich ihrer Verantwortung bewusst sein und äußerst sensibel mit der Situation umgehen. Dabei gilt es, sich eindeutig auf die Seite der Opfer rechter Angriffe zu stellen und Rechtspopulisten nicht zu verharm-

---

* Vgl. Friedrich Ebert Stiftung (2006): Vom Rand zur Mitte – Rechtsextreme Einstellungen und ihre Einflussfaktoren in Deutschland; ebd. (2008): Bewegung in der Mitte – Rechtsextreme Einstellungen in Deutschland 2008; ebd. (2010): Die Mitte in der Krise – Rechtsextreme Einstellungen in Deutschland 2010; ebd. (2012): Die Mitte im Umbruch – Rechtsextreme Einstellungen in Deutschland 2012; ebd. (2014): Fragile Mitte – Feindselige Zustände.

** Bundesministerium des Innern (2016): Polizeiliche Kriminalstatistik und Politisch Motivierte Kriminalität. Pressemitteilung vom 23.5.2016, www.bmi.bund.de (Zugriff: 7.6.2016).

*** Ebd.

losen. Aber auch die gesamte Gesellschaft ist aufgerufen, sich dem Rechtsextremismus entgegenzustellen, denn dieser greift nicht nur Migrantinnen und Migranten an, sondern die vielfältige, demokratisch verfasste Gesellschaft im Allgemeinen.

Als Vorsitzender des Landesintegrationsrates NRW setze ich mich seit vielen Jahren für ein friedliches und gleichberechtigtes Zusammenleben ein. Wie oben bereits erwähnt, wären wichtige Schritte in Richtung gleichberechtigte Teilhabe Änderungen im Staatsangehörigkeits- und im Wahlrecht. Es gehört zur Anerkennung der Lebensrealität von Millionen von Menschen mit Migrationshintergrund in Deutschland, die doppelte Staatsangehörigkeit generell zuzulassen. Ebenso muss die Weigerung, sogenannte Drittstaatsangehörige an den Kommunalwahlen teilnehmen zu lassen, endlich aufgegeben werden.

Die rechtlichen Änderungen müssen durch einen Paradigmenwechsel in der Integrationspolitik flankiert werden. Dieser würde die Abkehr von der vorherrschenden defizitorientierten Sichtweise auf Migrantinnen und Migranten bedeuten und eine Hinwendung zu einer Potenzialorientierung. Dazu gehört, dass die Herkunftsidentität und die mitgebrachten Werte, Traditionen und Sprachen der Menschen mit Migrationshintergrund als Potenziale wertgeschätzt, anerkannt und in unseren Bildungseinrichtungen gefördert werden. Wenn die interkulturelle Schule eine selbstverständliche Einrichtung ist, wenn Herkunftssprachen geschätzt und gefördert werden und mitgebrachte Kompetenzen willkommene zusätzliche Fähigkeiten darstellen, ist schon viel für die Bekämpfung von Rassismus getan. Ein erstes wichtiges Zeichen des Respekts und der Wertschätzung wäre die Errichtung eines Mahnmals für die Opfer rassistischer Gewalt, wie der Landesintegrationsrat NRW im Juni 2014 gefordert hat. Auf Antrag der CDU-Fraktion im nordrhein-westfälischen Landtag wurde damals die Einsetzung eines NSU-Untersuchungsausschusses beschlossen. Die Arbeit des Untersuchungsausschusses ist heute noch nicht abgeschlossen. Auf die Errichtung eines Mahnmals warten die Migrantinnen und Migranten in NRW bislang vergebens.

***

Miltiadis Oulios

Theodoros? War da was?

Über das Schweigen zum NSU unter griechischen Einwanderern in Deutschland

> Και συ τι νόμιζες;
> Πες μου αν σκέφτηκες καθόλου
> ή μήπως έψαχνες και πάλι για άλλους
> πιο ξένους κι άπο σένανε
>
> Und was hast Du gedacht,
> sag mir, ob Du überhaupt nachgedacht hast,
> oder hast wieder nach Leuten gesucht,
> die noch fremder sind als Du?
>
> *(»Elechos«, free yourself, 1999)*

»Der Gauland hat doch Recht: (Καλά του λεει) Sieht der etwa aus wie ein Deutscher? (Είναι αυτός Γερμανός τώρα)« Auf dem TV-Bildschirm in einem griechischen Café in Düsseldorf läuft eine Nachrichtensendung, als einer der Besucher diesen Satz von sich gibt – gemünzt auf den deutschen Fußballnationalspieler Jérôme Boateng. Ein Freund von mir, auch Grieche, saß in demselben Café und berichtete davon kopfschüttelnd. »Malaka, wie peinlich«, grinste er, »manchmal sind wir echt die Schlimmsten.« Selber Kanake zu sein, schützt einen nicht davor, selbst rassistisch zu werden oder einfach nur engstirnig und unreflektiert.

Die Szene, die ich beschreibe, ist vielleicht ein Extremfall, aber sie ist beispielhaft. Unter den Griechen in Deutschland gibt es Leute, die selbst – bewusst oder unbewusst – rassistische Stereotype reproduzieren, aber auch solche, die damit nichts zu tun haben oder sich bewusst gegen Rassismus engagieren. Was aber, wenn der Rassismus jemanden von »uns« betrifft? Für die einen wie für die anderen gilt: als Deutsch-Griechen haben wir in Sachen NSU-Terror mehrheitlich geschwiegen und damit versagt. Einzelne Engagierte bestätigen als Ausnahmen die Regel.

IV. DER NSU-KOMPLEX IM BLICKFELD DER BETROFFENEN

Eines der Mordopfer des NSU war Grieche. Theodoros Voulgaridis, um einmal die griechische Aussprache zu verschriftlichen. Er war einer von vielen griechischen Einwanderern in München. Ich habe auch Verwandte in der Stadt. Er hat Fußball gespielt, pontisch getanzt und einen Schlüsselladen eröffnet, in dem er 2005 erschossen wurde. Rassistische Täter standen aber wie bei den anderen NSU-Morden nicht im Fokus der polizeilichen Ermittlungen. Im Gegenteil, die bayerische Polizei ließ sich von Stereotypen leiten, die selbst als rassistisch bezeichnet werden müssen. Ihre Ermittlungen stigmatisierten die Hinterbliebenen. »Die Familie wurde öffentlich diffamiert, diskreditiert, verleumdet und in ein kriminelles Licht gerückt«, so deren Anwalt Yavuz Selim Narin, »Frau Boulgarides verlor ihre Anstellung, ihre Töchter wurden in der Schule angefeindet.« Gavriil, dem Bruder des Opfers, erging es ähnlich, er sah sich gezwungen, mit der Mutter nach Griechenland auszuwandern.

Doch in der griechischen Community in Deutschland war Voulgaridis' Ermordung, der NSU-Komplex inklusive des staatlichen Rassismus, der dabei zu Tage trat, nach der Aufdeckung kein Thema, über das sich viele Leute unterhalten hätten. Mehr noch: auch die griechischen Verbände und Vereine in Deutschland haben dazu in der Öffentlichkeit eher geschwiegen. Das ist meine Wahrnehmung. Beweise für das Gegenteil nehme ich gerne nachträglich zur Kenntnis.

Die Deutsch-Hellenische Wirtschaftsvereinigung (DHW), die die Interessen griechischstämmiger Unternehmer und Gewerbetreibender in Griechenland vertritt, hatte zum Beispiel keinerlei Stellungnahme veröffentlicht. Das überlasse sie dem Verband der Griechischen Gemeinden in Deutschland. Dieser Bundesverband Griechischer Gemeinden (OEK), der immerhin Mitglied der Bundesintegrationskonferenz ist und wegen der intransparenten Verwendung von Fördergeldern in der Kritik steht, berichtete auf seiner Webseite in kurzen Artikeln auf Griechisch über das Thema.

Diese Verbände nahmen zwar an Veranstaltungen teil wie dem integrationspolitischen Dialog im Zeichen der NSU-Morde im Kanzleramt. »Darüber hinaus hatten wir seinerzeit Gespräche geführt sowohl mit der damaligen Beauftragten der Bundesregierung, Frau Prof.

Maria Böhmer, als auch mit der Ombudsfrau für die Hinterbliebenen der Opfer der NSU-Morde Frau Barbara John«, erklärt der OEK-Vorsitzende Kostantinos Dimitriou: »Dabei verfolgten wir unter anderem das Ziel, den Hinterbliebenen des Opfers Voulgaridis beizustehen und vor allem seiner Witwe und seinen Kindern seitens der Bundesregierung jegliche Unterstützung zukommen zu lassen.«

Eine energische, kritische Positionierung in der deutschen Öffentlichkeit blieb jedoch aus. Der Verein der Pontier und die griechisch-orthodoxe Kirche in München, deren Priester Pater Malamoussis von Anfang an der Familie beigestanden hat, haben eine öffentliche Gedenkveranstaltung organisiert. Yvonne Voulgaridis, die Witwe von Theodoros, hielt anlässlich der antifaschistischen Demonstration zum Auftakt des NSU-Prozesses in München eine Rede, in der sie die lückenlose Aufklärung forderte: »Als man die Opfer verdächtigte, in kriminelle Strukturen verwickelt zu sein, erfüllte uns dies mit absoluter Fassungslosigkeit, Zweifeln und Schamgefühlen. (…) Diese Morde und Anschläge sind nicht mehr nur eine Frage von Rechtsextremismus, sondern auch der Rechtsstaatlichkeit.«

Wie also ist die Reaktion der griechischen Einwanderer in Deutschland angesichts der Tatsache zu bewerten, dass eines der zehn NSU-Opfer Grieche war? Opfer der Aufsehen erregendsten Neonazi-Mordserie in Deutschland, in die der Verfassungsschutz verstrickt war und in der die soziale und wirtschaftliche Existenz der Familie des Opfers infolge der Arbeit der bayerischen Polizei zerstört wurde. Die Mutter, der Bruder, die Witwe, die Kinder, Freunde und Bekannte wurden aufs Ausgiebigste in Richtung Drogenmafia und Prostitution befragt, die Rufschädigung wirkte bis ins Dorf nach Griechenland hinein, während Hinweisen nach rechtsextremen Tätern nicht nachgegangen wurde. Die Antwort muss eigentlich so ausfallen, das *unsere* Reaktion als Deutsch-Griechen darauf uns nicht zufrieden stellen kann.

Der Sozialwissenschaftler Damir Softic ist in seiner Untersuchung darüber, welche Bedeutung Ethnizität in der Repräsentation von Migranten hat, zu dem Schluss gekommen, dass »je stärker Migranten in den Sozialstaat integriert sind, desto unwahrscheinlicher ist es, dass sie sich für ethnopolitische Protestbewegungen mobilisieren lassen«. Solange also der Lohn oder Hartz IV jeden Monat sicher aufs Konto fließen, kann der NSU-Skandal *uns* nicht zum Protest mobilisieren? Softic arbeitet heraus, dass häufig »Intellektuelle, Hochgebildete« die Rolle der Repräsentanten übernehmen und dafür wiederum berufliche Betätigungsfelder finden. Damit wäre dann wohl jemand wie ich gemeint.

Ich habe in meiner mittlerweile abgesetzten Sendung »Radiopolis« im WDR-Programm *Funkhaus Europa* im Juni 2014 eine ganze Stunde dem Fall Theodoros Voulgaridis gewidmet – nicht ohne ein schlechtes Gewissen, dass es auch bei mir fast drei Jahre nach Aufdeckung des NSU gedauert hat, Voulgaridis eine ganze Schwerpunktsendung zu widmen.

Dort habe ich dann auch den bayerischen Innenminister Joachim Herrmann interviewt und mit dem Vorwurf des institutionellen Rassismus konfrontiert. Dabei zeigte sich, dass auch drei Jahre nach der Aufdeckung des NSU bei Innenminister Herrmann keinerlei Einsicht oder Unrechtsbewusstsein in dieser Frage existierte. Er wiederholte die verharmlosende Floskel von den »Ermittlungspannen«, die er zutiefst bedaure, denn es sei »nicht zu verstehen, dass man nicht früher zur Erkenntnis gekommen ist, dass das ganz andere Hintergründe hat.«

Wer sich mit Rassismus auseinandersetzt, und dazu gibt es heutzutage umfangreiche Literatur, der kann durchaus verstehen, wie man »nicht früher zu der Erkenntnis« kam, dass es sich um eine rassistische Mordserie handelte. Die Verharmlosung von rassistischer Gewalt hat in der Bundesrepublik ebenso eine Tradition wie die Praxis, die Hinweise von Anwohnern und Angehörigen bei den NSU-Morden nicht ernst zu nehmen und ausschließlich, eigene und gesellschaftliche Stereotype bestätigend, in Richtung kriminelles Ausländermilieu zu ermitteln. Wer das nicht verstehen will, zeigt nur, dass er sich mit dem eigenen institutionellen Rassismus nicht auseinandersetzen möchte.

Dies trat auch bei meinem Interview mit Innenminister Herrmann zu Tage. Dieser erklärte zwar, dass er sich bei der Familie Voulgaridis entschuldigt und für ihre materielle Entschädigung gesorgt habe. Aber auf meine Frage, was sich denn seitdem geändert habe, leugnete er schlicht die angesprochenen Probleme.

»Was tun Sie heute als Innenminister, damit Rassismus auch bei der Polizei in Bayern zurückgedrängt wird«, wollte ich wissen. Herrmann machte es sich in seiner Antwort einfach: »Es gibt bei der bayerischen Polizei keinen Rassismus.« Ob denn Beamte mittlerweile geschult würden, um ihre eigenen Vorurteile zu reflektieren, hakte ich konkret nach. Herrmann wich aus und beteuerte ganz allgemein: »Es gibt bei uns eine gute Ausbildung.«

Wenn sich also die höchsten politischen Repräsentanten nicht von selbst dazu durchringen können, ein Problem einzugestehen, wenn sie nicht öffentlich transparent machen wollen, welche praktischen Konsequenzen gezogen werden, etwa, indem Polizeibeamte auch für eigene Vorurteile sensibilisiert werden, damit so etwas eben nicht wieder passiert, wer soll sie sonst dazu bewegen können als die kritische Öffentlichkeit und hier eben auch die betroffenen Einwanderer-Communitys, die die Politik mit eben diesen Forderungen öffentlich konfrontieren?

»Lange Zeit herrschte auch unter Griechen in Deutschland die Meinung vor, dass diese Mordserie nichts mit Rechtsradikalen zu tun hat«, erklärt jedoch der Journalist Giorgos Pappas, der als Deutschland-Korrespondent griechischer Medien den NSU-Prozess begleitet. »Aber die Frage ist berechtigt, warum das Interesse bei den Griechen auch nach der Aufdeckung so niedrig ist. Auch das Medieninteresse in Griechenland war bis zum Beginn des NSU-Prozesses gering und ist nach dem Prozessauftakt wieder abgeflaut.«

Mein Erklärungsversuch weist in folgende Richtung: das Problem lautet Integration.

These 1: Auch die meisten griechischen Einwanderer in Deutschland haben durchaus Erfahrungen mit Rassismus gemacht – so individuell unterschiedlich diese auch ausfallen. Aber viele haben sich zugleich eingerichtet in die Erzählung, dass sie zu den »guten Ausländern« gehören. Häufig übernehmen sie das zweifelhafte Kompliment der Mehrheitsgesellschaft, dass die »Griechen« eine »unauffällige Minderheit« in Deutschland sind.

Dieses Selbstbild mag legitimerweise dazu dienen, sich aus dem Schussfeld der öffentlichen Debatten um Einwanderung in Deutschland zu bringen. Es führt aber gleichzeitig dazu, dass im Sinne einer falsch verstandenen Zurückhaltung eine kritische Position aufgegeben wird, die Einwanderer einnehmen können und müssten, um Missstände wie sie zum Beispiel beim NSU-Komplex zu Tage treten, zu kritisieren und Veränderungen einzufordern.

These 2: Viele Griechen in Deutschland sind offenbar so gut integriert, dass sie bei unangenehmen Themen wie Rassismus sich ebenso gerne wegducken wie große Teile der deutschen Mehrheitsgesellschaft. Vor allem wenn es darum geht, nicht mit »den Türken« in einen Topf geschmissen zu werden.

***

Yavuz Selim Narin

Eine düstere Parallelwelt

Im Mai 2011, d.h. ein halbes Jahr vor der Selbstenttarnung des NSU, erteilten mir die Hinterbliebenen des in München ermordeten Theodorus Boulgarides ein Mandat. Sie wollten endlich Antworten. Warum wurde der Familienvater am helllichten Tag in seinem Ladenlokal mit drei Schüssen ins Gesicht hingerichtet. Warum hatte die sonst doch so erfolgreiche Polizei, die bei Morden eine Aufklärungsquote von nahezu 100 Prozent vorzuweisen hatte, immer noch keine Täter ermittelt?

Für Behörden und Medien lag die Ursache damals auf der Hand: Der für die Aufklärung der Mordserie zuständige bayerische Chefermittler Wolfgang Geier beklagte gegenüber dem *Spiegel*, durch die Ermittlungen sei erst klar geworden, »wie wenig die Polizei eigentlich über ausländische Bevölkerungsteile und ihre Mentalität in unserem Lande weiß«.[*] Der *Süddeutschen Zeitung* erzählte Geier, wenn man an die Hinterbliebenen herantrete, stoße man auf eine »Mauer des

---

* Der Spiegel, 15.4.2006.

Schweigens«. Dies belege, dass die Türken »nicht in dieser Gesellschaft angekommen« seien.*

Der Spiegel spekulierte damals noch, die Spur der »Döner-Morde« führe »in eine düstere Parallelwelt, in der eine mächtige Allianz zwischen rechtsnationalen Türken, dem türkischen Geheimdienst und Gangstern den Ton angebe«.** Die Autoren beriefen sich auf »Erkenntnisse« von Ermittlern und stützten diese mit angeblichen Aussagen »mehrerer Informanten«, die »gegenüber dem *Spiegel* glaubwürdig« geschildert hätten, wie sie »selbst Teil des kriminellen Netzwerks« geworden seien. Mitglieder des Netzwerks hätten »immer mit Wissen und Unterstützung der türkischen Behörden« in der Unterwelt gelebt, die Morde hätten wohl mit Drogenhandel oder Geldwäsche zu tun. »Informanten« hätten dem Nachrichtenmagazin außerdem berichtet, es sei um Glücksspiel- oder Schutzgeld gegangen, auch sei der türkische »Tiefe Staat« irgendwie beteiligt gewesen. Dass dieser auch in Deutschland agiere, folgerten die Autoren aus dem Umstand, dass »hier [...] immerhin etwa zweieinhalb Millionen türkische Zuwanderer« lebten. Alle von der Polizei untersuchten »Spuren« führten allerdings »ins Nichts«. Die deutschen Sicherheitsbehörden hätten über die »Verbindungen von Ultranationalisten, Mafiosi und womöglich gar Teilen des Geheimdienstes kaum Erkenntnisse«. Die Ermittler seien »dem Täterkreis immerhin so nahe gekommen«, dass die Mordserie nach der Erschießung des Internetcafé-Betreibers Halit Yozgat am 6. April 2006 gestoppt worden sei. Ähnlich berichtete auch *Die Welt* unter Berufung auf »Ermittlerkreise«, die Opfer seien im Auftrag einer Bande ermordet worden, die »aus den Bergen Anatoliens« heraus operiere.*** Die Bande verdiene ihr Geld mit Drogengeschäften und dem Verschieben von gestohlenen Autos.

Ganz offiziell formulierte der Fallanalytiker Udo Haßmann vom LKA Baden-Württemberg die These, die ermordeten Männer hätten

---

*   Süddeutsche Zeitung, 30.5.2006.
**   Conny Neumann/Andreas Ulrich, »Düstere Parallelwelt«, Der Spiegel, 21.2.2011.
***   Die Welt, 15.6.2005.

Beziehungen zu einer konspirativen Tätergruppierung unterhalten, die von einem »rigiden Ehrenkodex bzw. Wertesystem« geprägt sei. Man habe »9 türkischsprachige Opfer«,* so dass die Tätergruppierung wohl »über die türkische Sprache den Bezug zu den Opfern hergestellt« habe. Daraus schlossen die Beamten, die Täter müssten selbst einen türkischen Hintergrund haben. Die Opfer der Mordserie hätten gegen den rigiden Ehrenkodex einer »archaischen Norm- und Wertestruktur« verstoßen, ohne dies selbst bemerkt zu haben. Als Konsequenz habe man innerhalb der Gruppe »Todesurteile« fällen müssen. Der rigide Ehrenkodex lasse außerdem nur den Schluss zu, die Gruppierung sei »im ost- bzw. südosteuropäischen Raum (nicht europäisch westlicher Hintergrund)« anzusiedeln.**

Nach der Selbstenttarnung des NSU im November 2011, dem Auffinden der Tatwaffen, der Versendung des sogenannten Bekennervideos und der Sicherstellung tausender Asservate hatten meine Mandantinnen nun die begründete Hoffnung, endlich Antworten zu erhalten.

Der Generalbundesanwalt, der spätestens seit 2005 zuständig gewesen wäre, hatte die Ermittlungen endlich an sich gezogen. Mehrere Untersuchungsausschüsse in Bund und Ländern versuchen seither, Licht ins Dunkel zu bringen.

So wurde bekannt, dass die Täter für die Sicherheitsbehörden keine Unbekannten waren. Ganze Aktenberge tauchten plötzlich zu Uwe Mundlos, Uwe Böhnhardt, Beate Zschäpe und zu deren Umfeld auf. Das NSU-Trio hatte in Jena gemeinsam mit Kameraden aus der Neonaziszene mehrere rechtsextremistisch motivierte Straftaten begangen und sich konspirativ in einer von Beate Zschäpe angemieteten Garage getroffen. Als dort bei einer Durchsuchung im Januar 1998 eine Bombenwerkstatt ausgehoben wurde, konnten die Terroristen unter den Augen von Polizei und Nachrichtendiensten in den sog. »Untergrund« abtauchen. Dieser befand sich aber nicht etwa in den Bergen

---

*   Theodoros Boulgarides war nicht Türke, sondern orthodoxer Grieche, auch sprach er kein Wort Türkisch.

** LKA Baden-Württemberg, Operative Fallanalyse vom 30.1.2007.

Anatoliens, sondern im nur wenige Kilometer entfernten sächsischen Zwickau. Auch hatten die deutschen Sicherheitsbehörden sehr wohl Erkenntnisse über die »Norm- und Wertestruktur« der Täter. In der Garage hatte man stapelweise Propagandamaterial gefunden. Darin wurde nicht nur zum terroristischen Kampf aus dem Untergrund angeleitet. Ein selbstverfasstes Gedicht, »Ali Drecksau, wir hassen Dich!«, rief offen zum Mord an Türken auf.

Die sogenannten Pannen bei der Fahndung nach den untergetauchten Bombenbauern auch nur ansatzweise darzulegen, würde den Rahmen dieses Beitrags sprengen. Der Untersuchungsausschuss des Thüringer Landtags spricht in seinem lesenswerten Abschlussbericht von gezielter »Sabotage« der Ermittlungen, die Vorsitzende Dorothea Marx wählte 2016 gar den Ausdruck »betreutes Morden«.

Während die Sicherheitsbehörden einst ihr mangelndes Wissen über Machenschaften einer vermeintlichen türkischen Parallelgesellschaft beklagten, verfügten sie offenbar über reichliche Erkenntnisse zu »einheimischen« Strukturen. Anders lässt sich kaum erklären, dass bereits am 11.11.2011 beim Bundesamt für Verfassungsschutz in Köln damit begonnen wurde, systematisch Akten zu Personen aus dem Umfeld der Terroristen zu vernichten.

Die Akten handelten unter anderem von einer Geheimdienstoperation namens »Operation Rennsteig«. Dutzende Neonazis aus dem »Thüringer Heimatschutz«, der bereits vom V-Mann Tino Brandt geführt wurde, konnten damals als Informanten angeworben werden. Unter den Zielpersonen fanden sich auch Uwe Mundlos und Uwe Böhnhardt sowie Ralf Wohlleben. Ein weiterer V-Mann, Marcel Degner, sammelte bei Neonazikonzerten Spendengelder für die Untergetauchten. Thomas Starke, ein Führungskader der Neonaziorganisation »Blood & Honour« half ihnen beim »untertauchen« und versorgte sie mit Sprengstoff, Dokumenten und Geld. Ralf Marschner, ein mehrfach vorbestrafter Neonazi und Spitzel des Bundesamts für Verfassungsschutz, brachte Mundlos und Zschäpe in seinen Firmen unter. Offenbar wurden sogar bei den Morden eingesetzte Fahrzeuge über die Baufirma des V-Manns angemietet. Die Mordwaffen erlangten die Terroristen von Mitgliedern einer kriminellen Bande, die sich überwiegend aus Neonazis rekrutierte und deren Anführer ebenfalls als V-Leute für das LKA in Thüringen tätig waren. Zuvor hatte man über den V-Mann Piatto bereits erfahren, dass das Trio sich Waffen beschaffe und weitere (!) Überfälle plane. Ein weiterer V-Mann mit dem Decknamen »Corelli« war 2014 unter nicht geklärten Umständen verstorben und konnte nicht mehr vernommen werden, nachdem bekannt geworden war, dass er dem Bundesamt spätestens 2005 eine CD mit der Aufschrift NSU überbracht hatte. Corelli hatte der Behörde bereits in der Vergangenheit zu Uwe Mundlos berichtet und stand nach neuesten Erkenntnissen in Kontakt zu zahlreichen Unterstützern des Trios. Auch war er Mitglied in einer Gruppierung des Ku-Klux-Klan, der zahlreiche Polizisten, unter ihnen auch der Gruppenführer der 2007 ermordeten Michèlle Kiesewetter, angehörten. Das Trio war im Untergrund nach heutigen Erkenntnissen von mindestens 25 V-Leuten der Sicherheitsbehörden umstellt und wurde von diesen teilweise aktiv unterstützt. Gleichzeitig wurden und werden laufend Beweismittel oder Akten vernichtet, Zeugen nicht oder nur unzureichend vernommen, die Öffentlichkeit und die parlamentarischen Untersuchungsausschüsse werden gezielt in die Irre geführt.

Der mit den Ermittlungen befasste Oberstaatsanwalt Dr. Walter Kimmel beteuerte vor dem Untersuchungsausschuss des Deutschen Bundestags, man habe alles »Menschenmögliche« unternommen. Die Ermittler hätten 25 bis 30 Millionen Telefondaten ausgewertet, über 13 Millionen Debit- und Kreditkartendaten untersucht und ca. 11.000 Personen überprüft. Die Wohnungen der Hinterbliebenen waren öffentlichkeitswirksam mit Drogenspürhunden durchsucht worden, Fingerabdrücke und DNA-Proben von Kindern, Eltern, Ehepartnern, Freunden, Nachbarn und Bekannten hatte man erhoben. Stunden- oder tagelang hatte man die Familienangehörigen vernommen und mit falschen Vorhalten konfrontiert, beschimpft, verdächtigt und gedemütigt. Für die Betroffenen war das Ergebnis der Verlust des Ansehens, der wirtschaftlichen Existenzgrundlage, der seelischen Gesundheit und des bis dahin vorhandenen Vertrauens in die deutschen Sicherheitsbehörden. Tatsächlich hatten sich die Ermittlung fast ausschließlich gegen Türken oder andere Migranten gerichtet. Spuren und Hinweise, die zu Neonazis führten, wurden nachhaltig ignoriert. Am 9.6.2004 etwa waren Mundlos und Böhnhardt bei der Begehung des Nagelbombenanschlags in der Kölner Keupstraße von Überwachungskameras eines Fernsehsenders gefilmt worden. Die Aufnahmen wurden einer Zeugin vorgespielt, die am 9.6.2005, d.h. exakt am Jahrestag des Kölner Anschlags, Mundlos und Böhnhardt nach dem Mord an İsmail Yaşar am Tatort beobachtet hatte. Sie erkannte die Männer sofort wieder und äußerte, sie sei sich darin »sicher«. Die Aussage wurde bewusst nicht zu Protokoll genommen, da im Leben »keine hundertprozentige Sicherheit« existiere.

Unter der Sachleitung des Dr. Walter Kimmel wurde die Spur mit der Begründung, »man dürfe Äpfel nicht mit Birnen vergleichen«, gezielt eingestampft.

Zeitgleich wurde bei der Staatsanwaltschaft Nürnberg-Fürth über eine neue operative Fallanalyse debattiert, die zutreffend von einem türkenfeindlichen Hintergrund der Morde ausging. Mindestens zwei deutsche Männer, die einst in der rechten Szene aktiv waren und einschlägig mit Sprengstoff- oder Waffendelikten aufgefallen sein müssen, denen die Aktionen der Szene aber nicht weit genug gingen, sollten als Täter gesucht werden. Der richtige Weg hierzu sei eine massive Öffentlichkeitsfahndung nach den Männern, um einerseits Hinweise auf die Mörder zu gewinnen, andererseits aber auch potentielle weitere Opfer zu warnen. Staatsanwalt Dr. Walter Kimmel warnte stattdessen in einem Aktenvermerk, wenn man diese sogenannte »Einzeltätertheorie« von rechten Türkenhassern »allzu laut« kommuniziere, könnte sich eine Zuständigkeit des Generalbundesanwalts ergeben. Nach Rücksprache mit der »Spitze des bayerischen Innenministeriums« habe man daher eine entsprechende »Medienstrategie« vereinbart. Vor dem Untersuchungsausschuss des Deutschen Bundestags nach den Motiven befragt, erklärte Chefermittler Wolfgang Geier, man wollte »keine Hysterie« in der türkischen Bevölkerung auslösen. Eher nahm man in Kauf, dass Neonazis weiter ungestraft Migranten ermorden, als dass man sich mit einer »hysterischen« türkischen Bevölkerung auseinanderzusetzen hatte. Es konnte nicht abschließend geklärt werden, ob die 2006 in Deutschland anstehende Fußballweltmeisterschaft die

Entscheidung beeinflusste. Das Außenministerium der USA hatte anlässlich der WM bereits nicht »weißen« US-Bürgern wegen möglicher rassistischer Gewalttaten von Reisen in die neuen Bundesländer abgeraten. Die Bundesregierung hatte sich darüber empört gezeigt.

2012 erzählte mir ein hochrangiger Verfassungsschutzbeamter im persönlichen Gespräch, man hätte die Täter in drei bis vier Tagen gehabt, wenn man nur gewollt hätte. Als ich ungläubig nachfragte, was er damit meine, antwortete dieser, die Opfer waren halt »nur Türken«. Auf Nachfrage wollte er nicht ins Detail gehen. Sichtlich bedrückt sagte er: »In Deutschland haben wir ein Sprichwort: Der Fisch stinkt vom Kopf her, und der Gestank breitet sich von dort aus in die Glieder!« Damals antwortete ich, dass dieses Sprichwort in ähnlicher Weise auch im Türkischen bekannt sei.

Beim Verfassen dieses Beitrags habe ich nochmals vorsorglich überprüft, was aus dem verantwortlichen Staatsanwalt Dr. Walter Kimmel wurde. Er wurde zum 1.7.2013 als Leitender Oberstaatsanwalt zum Behördenleiter der Staatsanwaltschaft Nürnberg-Fürth ernannt.

***

Murat Çakır
Der NSU-Komplex aus der Perspektive der türkischen Politik[*]

Seit dem Auffliegen der neonazistischen Terrorzelle »NSU« zeigen verantwortliche Politiker in Ankara bei jeder Gelegenheit ihre Betroffenheit über die Morde und ihren Willen, »die NSU-Morde stärker

---

[*] Der Beitrag ist eine überarbeitete Version der Erstveröffentlichung in: Bodo Ramelow (Hrsg.): Schreddern, Spitzeln, Staatsversagen. Wie rechter Terror, Behördenkumpanei und Rassismus aus der Mitte zusammengehen, Hamburg. Mit freundlicher Genehmigung des VSA: Verlags.

unter die Lupe« nehmen zu wollen. Ayhan Sefer Üstün, Abgeordneter der regierenden AKP (Partei für Gerechtigkeit und Aufschwung) und Vorsitzender des Untersuchungsausschusses für Menschenrechte im türkischen Parlament, legte Wert darauf, an dem Prozessauftakt gegen die NSU-Terroristin Beate Zschäpe im Frühjahr 2013 persönlich teilzunehmen und damit »Solidarität mit den Familien der Opfer« zeigen.

Ob die türkische Regierung damit die Familien der Opfer zufrieden stellen kann, ist noch nicht ausgemacht. Zumindest für Semiya Şimşek Demirtaş, Tochter des ersten NSU-Opfers Enver Şimşek, bedarf es mehr. Noch am 15. Februar 2013 meldete die *Deutsche Welle*, dass Şimşek Demirtaş, die inzwischen ihr Geburtsland Deutschland verlassen hat und in die Türkei übersiedelt ist, den türkischen Behörden vorwarf, »sich zu lange mit den beruhigenden Stellungnahmen der deutschen Ermittler zufrieden gegeben« zu haben.[*]

Dieser Vorwurf ist nicht unberechtigt. Zwar nehmen sowohl der Premier Recep Tayyip Erdoğan und sein damaliger Regierungspräsident Ahmet Davutoğlu in Fraktionssitzungen oder vor der türkischen Presse kein Blatt vor den Mund, wenn der »Rassismus in Europa« angeprangert und die Aufklärung der Morde gefordert wird, aber außer diesen innenpolitisch motivierten Aussagen sind konsequente regierungsamtliche Schritte nicht in Sicht. Mehr noch, der Untersuchungsbericht von Üstün und seinem Ausschuss bescheinigt den »Bemühungen der Bundesregierung und ihren Ministerien erfolgreiche Schritte im Kampf gegen den Rechtsextremismus«.[**] Der Ausschuss stellt »mit Freude fest«, dass die Bundesregierung eine Ombudsfrau für die Hinterbliebenen der Opfer ernannt habe und im Bundesinnenministerium »konkrete Schritte für die Bekämpfung des Rechtsextremismus unternommen« werden. Mit keinem Wort aber werden die

---

[*] Türkei nimmt NSU-Morde stärker unter die Lupe, www.dw.de, 15.2.2013.

[**] TBMM İnsan Hakları İnceleme Komisyonu: 2000 – 2006 Yıllarında Almanya'da Neo.nazilerce İşlenen Cinayetler Hakkında İnceleme Raporu (Untersuchungsausschuss für Menschenrecht des Großen Türkischen Nationalparlaments: Untersuchungsbericht über die zwischen 2000 und 2006 von Neonazis begangenen Morde in Deutschland). Siehe: www.tbmm.gov.tr.

Kontakte und die Zusammenarbeit deutscher und türkischer Stellen vor dem Auffliegen des NSU genannt. Der Bericht wurde am 13. Juni 2012 mit den Stimmen der 16 Regierungsabgeordneten und 9 Oppositionsabgeordneten der CHP (Republikanische Volkspartei) und der neofaschistischen MHP (Partei der nationalistischen Bewegung) angenommen. Das einzige negative Votum kam von dem sozialistischen Abgeordneten der damaligen BDP (Partei des Friedens und der Demokratie), Ertuğrul Kürkçü.

Kritische Stimmen in den türkischen Medien sehen darin einen Versuch der Regierung, die berechtigte Kritik der Hinterbliebenen abzuwehren und gleichzeitig die NSU-Morde für innenpolitische Zwecke zu instrumentalisieren. Es sei eine Doppelmoral, einerseits den Deutschen und ihren Behörden jahrelang unterschwellig Rassismus vorzuwerfen, aber gleichzeitig den türkischen Nationalismus zu pflegen. Es mag sein, dass diese Vorwürfe sich nach Verschwörungstheorien anhören, aber die Tatsache, dass türkische Sicherheitsbehörden von Anfang an in die Ermittlungen involviert waren und in Zusammenhang mit den Morden auch von türkischen Stellen falsche Fährten gelegt wurden, wirft viele Fragen auf.

Manipulative Berichterstattung
Bis zu den Morden in Hamburg (Süleyman Turşucu am 27. Juni 2001) und München (Halil Kılıç am 29. August 2001) finden sich in türkischen Medien, außer Kurznachrichten, keinerlei Berichte über die Morde. Auslandsausgaben der regierungsnahen türkischen Zeitungen werden auf die Mordserie erst dann aufmerksam, als Mitte 2005 die sog. »SoKo Bosporus« eingesetzt wird. Die türkische Berichterstattung spricht immer wieder von dem Verdacht der »organisierten Kriminalität«. 2005, 2006 und 2007 kann man dann verfolgen, wie türkische Medien versuchen, nun auch in der Türkei Verbindungen zu der kurdischen PKK herzustellen.

Nach den letzten Morden von 2006 (Mehmet Kubaşık am 4. April 2006 in Dortmund und Halit Yozgat am 6. April 2006 in Kassel) wurde die mediale Jagd auf die PKK endgültig eröffnet. Im türkischen Fernsehen wurden zahlreiche Talkshows und Nachrichtensendungen gezeigt, in denen türkische »Terrorismusexperten« über »Drogengeschäfte der PKK und in diesem Zusammenhang stehende Morde in Deutschland« spekulierten. Die türkischen Tageszeitungen wärmten diese These immer wieder auf: Am 30. April 2006 berichtet die Tageszeitung *Hürriyet*, dass »türkische Sicherheitsbehörden hinter den Morden PKK-Mitglieder vermuten, die unabhängig von der Organisationszentrale Drogengeschäften und Schutzgelderpressung nachgehen«.

Obwohl in den gleichen Medien der Verdacht von türkischen Migrant_innen in Deutschland über einen möglichen rassistischen Hintergrund genannt wurde, gingen türkische Medien lieber Verschwörungstheorien nach: Die liberale Tageszeitung *Radikal* berichtet am 1. November 2006, dass »deutsche und türkische Ermittler bei allen acht Opfern« festgestellt hätten, »dass sie von dem islamistischen YIMPAS-Konzern um ihre Anlagegelder geprellt wurden«. Die »Spur zu Islamisten« würden deutsche wie türkische Ermittler »sehr ernst nehmen«. Erstmals wurde hier von einer gemeinsamen deutsch-türkischen Arbeitsgruppe berichtet.

Auch die regierungsnahe Tageszeitung *Sabah* berichtete am 30. September 2007, dass »die SOKO Bosporus unter der Leitung von Wolfgang Geier und die türkische Ermittlungskommission CESKA unter der Leitung von Mehmet Ali Keskinkılıç zusammenarbeiten«. Beide Kommissionen würden »PKK-Verbindungen untersuchen«. In den folgenden Wochen wurde diese Version von allen bürgerlichen Medien der Türkei verbreitet. So berichteten die Tageszeitungen *Bugün, Hürriyet, Sabah, Star, Yeni Şafak, Zaman* u. a. im Oktober 2007, dass das Generaldirektorat der türkischen Polizei ein »Ergebnisbericht« veröffentlicht habe und dieser Bericht »die getöteten 8 Türken als Drogenverkäufer bezeichnet«. In diesem Bericht, welcher dem SoKo-Chef Geier ausgehändigt worden sei, werde »eine kurdische Familie aus Diyarbakır beschuldigt, die Drogenverkäufer von einem 5-köpfigen Killerkommando exekutieren gelassen zu haben«.* Lange Zeit wur-

---

* Ausnahmslos geben diese Zeitungen als Quelle für diesen Bericht »Ankara« an. Insider in der Türkei wissen, dass bei der Quellenangabe »Ankara« ohne Nennung einer Nachrichtenagentur immer eine staatliche Stelle gemeint ist. Die Hauptstadtbüros der regierungsnahen Zeitungen veröffentlichen immer

de diese These aufrechterhalten, und in Zusammenhang mit anderen Berichten über die kurdische Bewegung wurde die sog. »PKK-Verbindung« als »Tatsache« dargestellt. Als jedoch diese »Tatsache« von deutschen Stellen nicht bestätigt werden konnte, verpufften diese Berichte und waren kein Thema mehr.

Nach dem Auffliegen des »NSU«
Umso überraschter waren dann die Kolumnisten der regierungsnahen Medien, als feststand, dass die Morde von einer neonazistischen Terrorbande begangen wurden. Die Öffentlichkeit in der Türkei war nach dem Bekanntwerden des »NSU« sehr betroffen. Die Tatsache, dass Menschen nur aufgrund ihrer Herkunft ermordet wurden, weckte Erinnerungen an Mölln, Solingen, Hünxe und andere rassistische Gewalttaten. Zehntausende Kommentare unter entsprechenden Nachrichten veranlassten die türkischen Medien, zeitweise die Kommentarfunktion ihrer Internetseiten abzuschalten.

Überwältigt von dem großen öffentlichen Interesse, kritisierten nun Politiker_innen der Regierungspartei offen die Bundesregierung in scharfen Tönen und forderten konkrete Maßnahmen zum Schutz der »Türken in Deutschland«. Die Tatsache, dass der Verfassungsschutz und die Geheimdienste in Deutschland in diesem Zusammenhang beschuldigt und immer mehr fahrlässige Fehler bekannt wurden, nahmen türkische Medien zum Anlass, um den »deutschen Tiefen Staat« anzuprangern. Angeregt durch die sozialistischen Abgeordneten der BDP bildete die Menschenrechtskommission des türkischen Parlaments einen Untersuchungsausschuss. Die Ausschussmitglieder reisten nach Deutschland und führten mit Vertretern der Bundesregierung und dem Bundestags-Untersuchungsausschuss Gespräche.

---

solche Meldungen ohne eine redaktionelle Überarbeitung. Auch dieser Bericht, der in allen genannten Zeitungen und im Internet veröffentlicht wurde, war wortgleich und beinhaltete sogar den gleichen Fehler: Ein »Valfgang Geirer« sei »Vorsitzender des Bundeskriminalamtes«. Daher liegt der Verdacht nahe, dass hinter der Berichterstattung über etwaige »PKK-Verbindungen« staatliche Stellen der Türkei stehen. Siehe auch: www.haber3.com/seri-cinayetler-pkk8217nin-isi--293586h.htm

Obwohl hochrangige Regierungspolitiker, wie der türkische Justizminister Sadullah Ergin, noch im Februar 2013 von »Umtrieben des deutschen Tiefen Staates« sprachen, war in den offiziellen Gesprächen zwischen beiden Regierungen nicht davon die Rede. Im Gegenteil, die türkische Regierung bescheinigte der Bundesregierung ernsthafte Aufarbeitungs- und Aufklärungsschritte. Seit 2012 ist in den gängigen Medien der Türkei eine Berichterstattung zu verfolgen, die nicht anders ist als in Deutschland, wobei die Gewichtung in den Auslandsausgaben von türkischen Tageszeitungen höher ist als in der Türkei. Die Aufmerksamkeit der Öffentlichkeit in der Türkei hat aufgrund der Entwicklungen im eigenen Land etwas abgenommen.

Doch die Fragen, die in den gängigen türkischen Medien nicht gestellt werden, werden heute noch in den alternativen türkischsprachigen Medien gestellt. Insbesondere für linke Medien, aber auch für jene, die von den Selbstorganisationen türkeistämmiger und kurdischer Migrant_innen in Deutschland herausgegeben werden, sind die »NSU«-Morde weiterhin Thema Nummer 1. Alternative türkischsprachige Medien verfolgen mit großem Interesse die Arbeit des Untersuchungsausschusses des Bundestages und kritisieren die »gezielte und bewusste Vertuschung durch staatliche Behörden«.

So kommentiert beispielsweise die türkisch-deutsche Zweiwochenzeitung *Yeni Hayat* (Neues Leben), dass »es außer Zweifel steht, dass es eine staatliche Mitverantwortung an den NSU-Morden und an der politischen Stimmung gibt, die nicht ›nur‹ diese Morde und Anschläge ermöglicht haben«.* Türkeistämmige und kurdische Selbstorganisationen erklären, dass sie den Rassismus in Deutschland nicht als ein Randphänomen sehen, »das sich an einen rechten, ›extremistischen‹ Rand der Gesellschaft verschieben lässt. Er ist in der Mitte der Gesellschaft vorhanden und hat Struktur sowie Methode«.**

Sowohl migrantische Selbstorganisationen als auch die türkischsprachigen alternativen Medien sind der Auffassung, dass die »NSU«-

---

* www.yenihayat.de/category/deutsch.

** Siehe u. a.: www.allmendeberlin.de.

Morde bewiesen haben, dass staatliche Behörden, insbesondere der Verfassungsschutz und die Geheimdienste »nicht auf dem rechten Auge blind« seien, weil sie Neonazis für ihre Zwecke nutzen würden. Daher wäre es notwendig, das Grundgesetz gerade vor diesen Diensten zu schützen. Es gäbe »keine Fehler im System der Dienste«, sondern »das System selbst« sei der Fehler für einen demokratischen Rechtsstaat.

In der Tat: solange die herrschenden Macht- und Eigentumsverhältnisse, auf denen jegliche rassistischen, antisemitischen und wohlstandschauvinistischen Grundhaltungen basieren, nicht hinterfragt, solange die institutionalisierten Diskriminierungs- und Ausgrenzungsmechanismen des staatlichen Handelns nicht zurückgedrängt und der in der gesellschaftlichen Mitte fest verankerte Rassismus, welcher wiederum von rechtspopulistischer Rhetorik neoliberaler Eliten gefördert wird, nicht konsequent angegangen wird, solange wird es auch nicht möglich sein, den fruchtbaren Boden des Rechtsextremismus, Neonazismus und anderer neofaschistischer Umtriebe in der bürgerlichen Gesellschaft auszutrocknen.

Die einzige Lehre, welche aus den »NSU«-Morden gezogen werden kann, ist die, dass der Neonazismus kein Betriebsunfall der bürgerlichen Demokratie ist, sondern ein Verbrechen, das seine Lebensquelle in der Aushöhlung der Demokratie, der Ausgrenzung von Minderheiten und sozialer Ungerechtigkeit findet. Das demokratische Rechts- und Sozialstaatlichkeitsprinzip des Grundgesetzes und die geltende Strafgesetzgebung reichen vollkommen aus, um den Neonazismus zu bekämpfen. Notwendig ist aber dafür der politische Wille. Solange die verantwortliche Politik diesen Willen nicht zeigt, solange wird sie sich den Vorwurf gefallen lassen müssen, nichts, aber absolut nichts gegen die neonazistischen Mörder unternommen zu haben.

Genau das ist die einhellige Meinung der türkischen und kurdischen Migrant_innen in Deutschland, wie sie auf zahlreichen Internetseiten zu finden ist.

***

Tanıl Bora

Moderner »Tiefer Staat«

In Deutschland dauert der NSU-Prozess seit 2013 an. Die Abkürzung NSU steht für Nationalsozialistischer Untergrund. Ein Trio mit einem Unterstützernetzwerk von nahezu 200 Personen. Sieben Jahre lang haben sie zehn Morde begangen, bewaffnete Raubüberfälle ausgeübt, Bombenangriffe organisiert, davon zielte einer auf einen Massenmord ab.

Acht der ermordeten Menschen waren türkeistämmige Migranten und einer griechischer Abstammung, von dem sie ausgingen, er wäre ein Türke. Das letzte Mordopfer war eine Polizistin. Ans Tageslicht kamen all diese Morde, Bombenangriffe und Raubüberfälle durch den angeblichen Selbstmord von zwei Mitgliedern aus dem NSU-Trio und der Festnahme von Beate Zschäpe.

Diese Mordserie wurde in den Medien als »Döner-Morde« öffentlich gemacht und als eine Abrechnung östlicher Art unter Personen türkischer Abstammung dargestellt. Die Polizei hat während dieser ganzen Zeit die kuriosesten Möglichkeiten in Verbindung mit kurdisch-türkischen Mafiageschäften, Ehrenmorden und anderen üblichen »Türken-Angelegenheiten« unter die Lupe genommen. In einigen Fällen hat sie sich nicht vor der Mühe gescheut, bis in die Dörfer der Verstorbenen in der Türkei zu reisen und monatelang nach Spuren der vermeintlichen Blutfehde zu forschen, aber der Verdacht eines rassistischen Hintergrunds war nicht einmal ein Gedanke wert. Es gibt sogar Belege dafür, dass die bundesweiten und regionalen Geheimdienstorganisationen bei der Bildung des NSU-Netzwerks eine aktive Rolle übernommen haben. Des Weiteren gibt es starke Anzeichen dafür, dass sie die Morde des Netzwerks betreuend mitbegleitet haben.

Die NSU-Morde erinnern mich an die Ermordung des armenischen Journalisten Hrant Dink 2007 in Istanbul. Über die Ähnlichkeiten haben wir uns im Rahmen einer Podiumsdiskussion mit Hakan Bakırcıoğlu, einer der Anwälte der Familie Dink, ausführlich unterhalten. Fest steht, dass Deutschland gemeinsam mit der Türkei als NATO-Partner auch nach dem Kalten Krieg die Machenschaften einer unkonventionellen Kriegsführung fortgesetzt hat. In diesem Zusammenhang scheint auch die Verbindung zwischen Faschismus und »Tiefem Staat« zu stehen. Der Begriff »Tiefer Staat« ist im türkischen Kontext ein vielfach verwendeter Begriff, der eine im Verlauf vieler Jahre gewachsenen konspirativen Verflechtung und Vernetzung von Militär, Geheimdiensten, Politik, Justiz, Verwaltung, Rechtsextremismus und organisiertem Verbrechen beschreibt.

Im vergangenem Jahr bin ich einer Einladung der Rosa Luxemburg Stiftung nach Deutschland gefolgt, um als Beobachter am NSU-Prozess und von weiteren Veranstaltungen teilzunehmen. In München haben wir als Delegation an einer Prozessverhandlung teilgenommen. Während der Sitzung wurden auch die Telefongespräche zwischen dem ehemaligen Beamten des hessischen Geheimdienstes, Gerald-Hasso Hess und der Person Temme nachgezeichnet. Die Polizei hatte ermittelt, dass Temme, genau zu dem Zeitpunkt, an dem einer der Morde (in Kassel) ausgeübt wurde, sich am Tatort im Internetcafé aufhielt und sich auch nach dem Mordfall in der Gegend befand. Hierzu wurde eine Erklärung vom Geheimdienst gefordert.

Hess und Temme sprachen darüber, wie sie aus dieser ungünstigen Situation herauskommen können. Der Vorgesetzte Hess sprach seinen Bediensteten fortlaufend mit »Herr Temme« an. Sie siezten sich durchgehend und benutzten Höflichkeitsformen, wie »Erlauben Sie bitte« und ähnliches. In diesem Moment fielen mir die »unhöflichen« Telefongespräche der Personen ein, die in den Mordfall von Hrant Dink verwickelt waren. Vielleicht war das der Hauptunterschied zwischen den beiden Bildern. Der Unterschied zwischen einem ungehemmten, lässigen »Tiefen Staat« und einem seriösen »Tiefen Staat«, der den Respekt nicht außer Acht gelassen hat.

Es erinnerte an die Ermittlungen nach dem Vorfall in Susurluk/Türkei, der in den 1990er Jahren die Öffentlichkeit auf die Verflechtung zwischen Geheimdienst, Mafia, rechtsextremen Organisationen und Staat aufmerksam machte. Nach der Offenlegung dieser Verflechtungen im Zuge der Susurluk-Ermittlungen waren wichtige Kreise bemüht, die bestehende Ordnung in der Türkei aufrechtzuerhalten und folgerten daraus: Jeder Staat würde solche schmutzige Angelegenheiten haben. Wichtig sei, dass man diese mit staatlicher Seriosität ordnungsgemäß angeht; nicht mit idealistischen Mafia-Leuten, sondern mit professioneller Besetzung. Der Susurluk-Bericht, der unter der Regierung von Kutlu Savaş vorbereitet wurde, beinhaltete genau diese Aussage. Ich fürchte, dass ein großer Teil der Menschen von der damaligen Heldenaussage »Diejenigen, die sowohl für den Staat schießen, als auch erschossen werden, sind ehrenhaft« (Aussage der damaligen Ministerpräsidentin Tansu Çiller) nicht viel hielten.

Aber Vorsicht: Dass dieses Leitbild in Deutschland aufrechterhalten bleiben kann, ist mit der Verheimlichung der Beziehungen, die die Staatseinheiten mit den Neonazi-Netzwerken aufgebaut haben und mit dessen beharrlicher Verleugnung verbunden. Aus diesem Grund möchte man den NSU-Prozess im Rahmen eines Sonderfalles halten und aus diesem Grund versuchen fortschrittliche Parteien durch parlamentarische Anfragen zu erreichen, dass dieser Komplex nicht weiter in diesem Rahmen bleibt.

Diejenigen, die sich nach einem seriösen und professionellem »Tiefen Staat« sehnen, erwarten von ihm auch noch wahre Geheimhaltung und Undurchschaubarkeit. Der »Tiefe Staat« der Türkei ist die Höllen-Version des Götterbaums im Paradies: Die Zweige und Früchte in der Erde, die Wurzeln oben. Denken Sie doch über die jüngeren Leistungen des Nationalen Geheimdienstes der Türkei (MİT) nach.

In Deutschland befinden sich auf Bundes- und Landesebene insgesamt 19 Geheimdienstorganisationen. Trotz dieses formellen »Pluralismus« stehen sie in einer gewissen Harmonie zueinander. Außer in den Fällen, die seitens Journalisten und des NSU-Watch mit großer Mühe aufgedeckt wurden. Bei der Aufschlüsselung des dunklen Beziehungsnetzes war das einzige, was dem Gericht konkret vorgelegt werden konnte, die Tatsache, dass die Polizei diesen Temme »bemerkt« hatte.

Genau so etwas erwartete Kutlu Savaş in seinem damaligen Susurluk-Bericht von einem modernen Tiefen Staat. In der Türkei hingegen können auch ohne »Parallelstrukturen« sogenannte »Einheiten« konkurrieren, sich frei bewegen und zu einem unheilvollem »Pluralismus« führen. Die Fruchtbarkeit des Götterbaums... Deutsche Anwälte und Journalisten, die versuchen, der Symbiose zwischen NSU und Staat nachzugehen, denken, dass diese »Gewaltenteilung« in der Türkei, im Hinblick auf Informationslücken zum Vorteil sein kann!

Schwarzer Humor ist eine Verführung, die dem Zynismus eine Öffnung im Türspalt bieten kann. Auch wenn jene Leute, die den Hrant-Dink-Fall in der Türkei und den NSU-Fall in Deutschland zu einer Ehrensache erklären, sich hin und wieder mit schwarzem Humor verschnaufen, lehren sie mit ihrer überwältigenden Mühe, sich vom »Das ist halt so«- oder »Solche Geschäfte laufen halt so«-Zynismus fernzuhalten.

***

Naim Balıkavlayan

Gedanken im Zug

Ich befinde mich im Zug, auf dem Weg von Ulm nach München. Draußen regnet es. Es ist grau, es ist Montag und dafür, dass wir die letzten Tage des Mai zählen, mit etwa 13 Grad viel zu kalt für die Jahreszeit. Auf meiner Reise begleiten mich Sehnsucht und Fernweh und in meinem Kopf fantasiere ich, wie es sein könnte, an diesem Mittwochabend spontan für ein paar Tage wegzufliegen – am liebsten irgendwo ans Mittelmeer.

Ich sitze bei einer Tasse Kaffee im Bordrestaurant des Eurocity-Zuges. Vier Personen, die hinter mir stehen, entgleisen von ihren anfänglichen Sorgen à la »Deutschland schafft sich ab« und verirren sich allmählich mehr und mehr in rassistische Gedanken und der damit verbundenen Wut über Menschen, die nach Deutschland flüchten und die angeblich »integrationsunwillig« seien. Ich bin wütend, spüre aber, dass mir in diesem Moment die nötige Kraft fehlt, um darauf zu reagieren. So beschließe ich, meine Gedanken in andere Richtungen zu lenken und fange an, die nächsten Zeilen zu formulieren.

Ich bin türkeistämmig, ich bin deutsch, ich bin schwul, ja, ich bin muslimisch, bin politisch, bin Sozialarbeiter, bin Bruder, bin Sohn, bin Enkel... Ich bin Partner und ich bin Freund... Ich bin noch viel mehr und vieles bin ich nicht.

Es sind viele Facetten, die mich als Menschen, als Naim ausmachen. Nur scheinbar widersprechen sie sich. In der Antidiskriminierungsarbeit, die ich als Referent leiste, reagieren die Teilnehmenden daher oftmals irritiert und ihrer Vorurteile beraubt. Denn was ich ihnen als komplex und »intersektional« verkaufe, ist meine Lebenswirklichkeit und die von vielen mehr: In unserer Gesellschaft immer wieder mal ungleich behandelt zu werden, diskriminiert zu sein; manchmal aufgrund einer Facette und manchmal aufgrund mehrerer gleichzeitig.

Sehnsucht, Schmerz, Getriebenheit.

Heute weiß ich, dass es diese drei Empfindungen sind, die in meinem Werdegang dazu beitragen, dass ich des Öfteren unruhig bin und das Gefühl habe, an dem Ort, an dem ich mich befinde, »unrichtig« zu sein. Sicherlich kommt es daher auch nicht von ungefähr, dass ich die letzten zehn Jahre ein überwiegend nomadisches Dasein fristete.

Als das NSU-Dunkel mit dem »Pink-Panther-Video« 2011 allmählich ans Tageslicht kam (damals war das ganze Debakel noch lange nicht abzusehen und »Döner-Morde« galten noch nicht als Unwort deutscher Journalist_innen), war ich mit meinem Master-Studium im spanischen Salamanca beschäftigt. Ich erinnere mich noch relativ gut an den emotionalen Impuls, den ich in jenem Moment hatte: »*Ich bin es leid, ein Türke in Deutschland zu sein.*«

Und gerade deshalb schien es besonders angemessen für mich, weder in Deutschland, noch in der Türkei, sondern zu jener Zeit in Spanien zu leben. Ich war stolz auf mich, in ein Land migriert zu sein, das ich mir selbst ausgesucht hatte. Ich war es, der, wenn auch unbewusst, entschied, mich vom ewigen Dilemma des »Bin ich Türke« oder »Bin ich deutsch« abzukehren.

Seitdem sind ein paar Jahre vergangen und es ist viel Wasser die Isar heruntergeflossen. Heute lebe ich in München. Meine Lebensbedingungen und die Tatsache, dass ein besonders wichtiger Teil meiner Familie in Süddeutschland lebt, haben mich letztlich daran gehindert, mein Leben im Ausland zu führen. Dennoch: Der Gedanke ist da.

Seit einigen Jahren nun beschäftige ich mich wissenschaftlich mit unterschiedlichen Formen von Diskriminierung, gebe Seminare zu diesem Thema, motiviere jugendliche Person of Color und Schwarze (Jugendliche, die in Deutschland von Rassismen betroffen sind) zu einer Rassismus-Sensibilisierung und »empowere« sie und engagiere mich ehrenamtlich für die Errichtung einer zentralen Anlaufstelle für von Rassismus betroffene Menschen in Bayern. Mein Dilemma dabei: Einerseits tut mir die Arbeit (emotional) nicht unbedingt gut und andererseits entspricht sie meinem unbedingten Anspruch, kein »Opfer« zu sein. Stattdessen möchte ich meine Mitmenschen positiv prägen und sie für ein respektierendes Miteinander inspirieren. Zuweilen empfinde ich diese Arbeit als einen argen endlosen Kampf, weil ich mich stetig darum bemühe, mir meiner eigenen Vorurteile bewusst zu sein. Gleichzeitig setze ich mich mit den Vorurteilen anderer auseinander und erfahre diese in unterschiedlichen Kontexten an eigener Person. Bisweilen wird es kurios und ich gerate zwischen die Fronten. Zum Beispiel dann, wenn homosexuelle weiße Männer behaupten, wir Muslime seien besonders homophob (ich bevorzuge »homosexuellenfeindlich«).

Anfang April 2016 lernte ich bei einer Tagung zum Antimuslimischen Rassismus, die in München veranstaltet wurde und sich primär an Lehrkräfte richtete, Kemal Bozay kennen. Im Anschluss an die Veranstaltung, als alle Referent_innen (inklusive uns) bei Cola und Bier zusammensaßen, fragte er mich, ob ich mir vorstellen konnte, einen Beitrag für dieses Buch zu verfassen. Ja, ich konnte und ja, ich musste auf eine Art.

Bis zuletzt war mir nicht klar, wie ich meinen Beitrag für dieses Buch gestalten sollte. Sachlich oder emotional? Persönlich oder eher objektiv? Als Naim mit seinen Zweifeln oder als Herr Balıkavlayan, der von seiner Umwelt mittlerweile mehr und mehr als »Experte« wahrgenommen wird?

Ehrlich, es kostet mich Überwindung, diesen Text in dieser Art zu schreiben und meine Gedanken und Gefühle zum Ausdruck zu bringen. Ich tue es dennoch und ich tue es entschieden. Eben weil ich immer mehr begreife, auf welche Weise die Diskriminierungen, die ich, die WIR erfahren, uns in unserem (Da)Sein prägen. Und es scheint mir absurd, über Diskriminierungen, UNSERE Rassismus-Erfahrungen analytisch-objektiv zu schreiben, wenn es doch eigentlich darum geht, danach zu schauen, wie sich die Betroffenen damit fühlen. Wie ich mich damit fühle.

Wenn ich daran denke, auf welche Art und wie wenig intensiv sich die deutsche Öffentlichkeit (ich verstehe mich zweifelsohne als einen Teil derselben), mit dem rechten Terror der NSU auseinandergesetzt hat, dann kommt vehement viel Wut und Enttäuschung in mir auf. Die Wut wird unweigerlich größer, wenn ich daran denke, dass Woche für Woche Anhänger_innen von PEGIDA (Patriotische Europäer gegen die Islamisierung des Abendlandes) auf dem Marienplatz in München stehen und »demonstrieren« und dass bei den nächsten Bundestagswahlen mit der AfD eine Partei in den Bundestag einziehen könnte, die ganz offen und unverhohlen rassistisch ist.

Letztlich weiß ich, dass hinter dieser Wut eigentlich eine Angst steht; meine Angst vor einer ungewissen Zukunft.

Wenn ich all dieses, was ich hier schreibe, in Zusammenhang bringe, versteht sich, woher der Schmerz, meine Sehnsüchte und meine Getriebenheit rühren. Ich verstehe, dass vieles von dem unweigerlich mit der Migrationserfahrung meiner Vorfahren in Verbindung steht; mit dem Gefühl meiner Generation, nirgendwo richtig dazuzugehören; mit dem Gefühl, sich stetig beweisen zu müssen; mit dem ewigen Gedanken, manchmal »zu« sichtbar und manchmal »zu« unsichtbar für meine Mitmenschen zu sein.

Auch wenn das aus den vorherigen Zeilen nicht hervorgehen mag: Eigentlich trage ich viel Lebensfreude in mir. Mein Optimismus weicht allerdings mit diesen Zeilen, die ich formuliere, meinem Realismus: Über »Integration« und die Fantasien, die sich damit verbinden, werden wir noch lange in diesem Land sprechen. Mit »Migrationshintergrund« werden noch lange Zeit Menschen in diesem Land »geandert« und ausgegrenzt und ja, in diesem Land werden wir noch lange aufgrund unserer »Andersartigkeiten« ungleich behandelt und Gewalt erfahren.

Und ich bin froh darum, dass mir neben Sehnsucht, Schmerz und Getriebenheit etwas Weiteres bleibt: Hoffnung.

***

Nuran Joerißen

Einfach so!

Das Quietschen ist kaum zu überhören, als Jan die Gartentür des Schrebergartens von sich wegdrückt. Der Rost, der sich damals schon festgenagt hatte und das Öffnen der Gartentür erschwerte, ist immer noch da. Jan erinnert sich daran, dass es dasselbe Quietschen ist wie vor zwölf Jahren.

Zwölf Jahre, zwölf – es ist eigentlich nur eine Zahl, die Zwölf, wenn sie doch nur für sich stünde und nicht die Jahre hinter sich her zöge. Zwölf, zwölf Jahre.

Als Jan die Gartentür hinter sich zumacht, ertönt wieder ein Quietschen. Diesmal ist es ein anderer Ton, ein anderes Quietschen als das davor.

Im tiefsten seines Inneren wollte er nie wieder hier sein, im tiefsten seines Inneren wollte er alles vergessen. Aber der alte Schrebergarten ist nun einmal da, präsent und aufdringlich wie ein Mahnmal der Schande, ein Ort, der ihn anwidert, weil er alles bezeugen kann.

Während er sich mit langsamen Schritten auf das Gartenhaus zubewegt, denkt er, wie jung er doch zu der Zeit gewesen war, als ihm das Leben einen Strich durch die Rechnung machte. In diesem Schrebergarten musste er erwachsen werden.

Die Melancholie des Herbstes hat sich unlängst auf Bäume und Blätter gelegt, und das frische Grün durch fahles Braun vertrieben.

Von der Schönheit des Gartens ist nichts übriggeblieben außer einer Ruine seiner vormaligen Pracht. Nun wildert hier das Unkraut wie damals Karls Gedanken. Gleich einem Virus überfielen sie ihn oftmals genau hier im Garten und mutierten in seinem Hirn zu einer scheinbar unheilbaren Krankheit. Seither hatte sich niemand mehr um die Pflege des Gartens gekümmert und hier für Ordnung gesorgt.

Ordnung war für Jans Vater Karl sehr wichtig. Ordnung war ein Abbild dafür, dass alles und jeder seinen Platz hatte, auch in der Gesellschaft. »Jeder sollte wissen, was ihm zusteht«, pflegte er zu sagen. In jenen Tagen machte sich Jan keine Gedanken darüber, was sein Vater sagte. Jan liebte seinen Vater, er bewunderte ihn, er war sein großer Held, der im Leben alles richtig machte. Nachdem seine Mutter, als Jan noch ein kleines Kind war, ihn verlassen hatte, war der Vater mehr als zuvor für Jan da.

Vater hatte ihn nicht einfach so sitzen lassen; war nicht einfach so gegangen, ohne etwas zu hinterlassen, ein Wort des Bedauerns, eine Erklärung oder wenigstens einen Brief.

Ordnung, Heimat und Treue waren seinem Vater wichtig. Alles andere war Verrat an der eigenen Identität.

Damals waren solche Sätze für Jan nur aneinander gereihte Worte, über deren Sinn er sich keine Gedanken machte, aber die Prinzipien seines Vaters hatten seinem jungen, mutterlosen Leben Ordnung zurückgegeben. Da war sie wieder, die Ordnung, die Ordnung im eigenen Leben und im Leben der Anderen.

Als Jan vor der Eingangstür des Gartenhauses steht, entfernt er behutsam die Spinnen, die sich dort niedergelassen und diese Stelle zu ihrer eigenen Heimat gemacht haben, bevor er den Raum betritt.

»Es riecht muffig«, ist sein erster Gedanke, als er die abgestandene Luft des Raumes einatmet, die scheinbar nur auf Jans Wiederkehr gewartet hat, um jetzt in seine Lungen einzudringen und sich dort ausbreiten zu können.

Jan setzt sich seitlich auf einen der Holzstühle, der neben einem heruntergekommenen Tisch steht. So saß auch sein Vater oft und behielt von hier aus die Gartentür im Blick, während er sich mit seinem Freund Uwe unterhielt. Anfangs mochte Jan Uwe, bis sich die Ereignisse überschlugen. Jans Verachtung verdichtete sich wie ein dicker werdender Nebel, bis Uwe zuletzt darin erstickte. In der einen oder anderen Situation hatte Jan Anlauf genommen, seinen Vater zu fragen, ob er jemals mit seinen eigenen Gedanken befreundet war, ob er denn jemals seinen eigenen Gedanken nachgegangen war, ob er überhaupt in der Lage war, eigene Gedanken hervorzubringen oder sich immer nur den Meinungen anderer anschließen konnte. Genauso wie es hier geschehen war.

Jan schaut durch die Tür in den Garten und hört, wie die Gartentür noch einmal quietschend aufgeht. Er sieht einen Schatten, der auf ihn zukommt.

»Du, du bist hier?«, ertönt eine eher erstaunt klingende Stimme. Die Herbstsonne, die durch die Haustür leuchtet, blendet Jan, so dass er kaum erkennen kann, wer vor ihm steht.

Jan erhebt sich und im Schatten erkennt er die Nachbarin Ruth, eine Gestalt aus jener Zeit vor dem schrecklichen Wahnsinn.

»Ja, ich bin es, Jan.«
»Was suchst du hier?«
»Ich? Nichts, bin hier, einfach so.«
»Wie, einfach so? Nach allem, was passiert ist, einfach so?«
»Ich kann es nicht erklären. Ich bin wie immer die obere Straße entlang gegangen und dann, dann stand ich auf einmal hier vor unserem Schrebergarten.«

»Nun gut Jan, dann gehe ich mal wieder. Ich wollte nur mal sehen, wer sich hier herumtreibt. War ja lange keiner da.«

Nach einer kurzen Pause: »Das war eine schlimme Sache, mein Junge, eine ganz schlimme Sache mit dir und deinem Vater.

Wie hieß der Freund deines Vaters noch mal? War sein Name nicht Uwe Mundlos? Stand ja auch in den Zeitungen und in den Nachrichten kam es auch.«

Jan sagt nichts!

Ruth verabschiedet sich, geht aus dem Garten und schließt die quietschende Gartentür hinter sich zu, während Jan immer noch an der Türschwelle steht und von den Sonnenstrahlen so geblendet wird, dass Ruths Konturen vor seinen Augen verschwimmen und sie sich in den Strahlen der Sonne aufzulösen scheint.

Jan dreht sich um, geht in den Raum und zündet sich eine Zigarette an, während seine Augen im Raum umherirren, bis er die Nägel an der Wand entdeckt. Er selbst hatte sie auf eine runde Baumscheibe gehämmert und diese dann an die Wand gehängt.

Schon damals wusste er nicht, was ihn dazu angetrieben hatte, und nun steht er wieder vor den Nägeln und stellt sich dieselbe Frage.

Jan versucht die Ereignisse aus seiner Erinnerung hervorzuholen, sich an Dinge zu erinnern, die ihm mehr über die Wahrheit berichten sollen, die seinen Durst nach Sinn stillen. Die Welt, die er dabei umreißt, bleibt flach und wird nicht greifbar. Wie war das damals? Wie hingen die Dinge zusammen in jenen Tagen?

Seinerzeit hatte ihm der Vater einen Tag zuvor verboten durch die Keupstraße zu gehen. Jan verstand nicht, warum er diesmal nicht durch die Keupstraße gehen sollte. Er war jeden Tag nach der Schule durch diese Straße gegangen. Sie war der Ort, an dem sich Jan mit seinen Schulfreunden verabredete, und an dem sie gemeinsam in einem der Schnellimbisse aßen, bevor sie nach Hause gingen. An jenem Tag aber kam das Verbot des Vaters: streng, kompromisslos, nicht verhandelbar. Wie der Befehl eines Generals hallte er in seinen Ohren und forderte Gehorsam.

Jan hatte genickt. Aus Angst. Er kannte diesen Ton, den er seit Langem nicht mehr gehört hatte. Das letzte Mal, als er ihn wahrgenommen hatte, war sein Vater betrunken nach Hause gekommen, wütend. Die Trunkenheit war schuld daran, dass dem Vater so oft die Hand ausrutschte. Einfach so! Wenn Jan seinen Vater nach dem Grund fragte, sagte der: »Die Dinge passieren manchmal einfach so.«

Zum ersten Mal verspürte Jan einen Widerstand in sich. Diesmal wollte er nicht gehorsam sein, wie sein Vater es ihm abverlangte. Diesmal wollte er seinen eigenen Willen durchsetzen. Mit einem Gefühl innerer Stärke widersetzte Jan sich und ging auch an diesem 9. Juni durch die Keupstraße – und dann geschah es.

Es gab einen großen Knall und alles war wie im Nebel: die Schreie, die Unsicherheit, die Angst der Menschen, wie sie umherirrten! In einem der Läden brach Feuer aus. Was war passiert? Jan war zu weit weg, als dass ihm etwas hätte geschehen können. Nach einem kurzen Moment des Zögerns näherte er sich mit immer schneller werdenden Schritten dem Tatort und konnte nicht fassen, was er sah.

Er starrte, aber begriff nichts. Wie gelähmt stand er da. Einfach so! Dann: da! Da lagen sie, die Nägel! Überall, wo sein Blick hinfiel, sah er Nägel! Sie waren überall auf der Straße, auf dem Bürgersteig.

Jetzt erst nahm er die Menschen wahr. Ihre Gesichter waren verzerrt vor Angst und Schmerz. Etwas so Unbegreifliches, Schreckliches war geschehen, dass der Verstand aus dem Körper musste, um emotional überleben zu können.

Einer der Nägel war durch die Wucht der Detonation bis zu Jans Fuß geschleudert worden. Er sah sich den Nagel eine Weile an und begann dann, die Nägel wie ein Besessener von der Straße aufzusammeln und in seinen Rucksack zu stecken, bis er von einem vorbeieilenden Polizisten zur Seite gedrückt wurde. Jan hatte das Gefühl für Raum und Zeit verloren und erlangte es erst wieder, als er auf einmal vor der Gartentür des Schrebergartens stand. Dort deponierte er die Nägel in einem Versteck. Seine Gedanken verloren sich für einige Zeit im luftleeren Raum, er hörte dabei seinem eigenen Herzschlag, seinem Atem zu, bis er den Schrebergarten verließ und nach Hause ging.

Vor dem Haus blieb er wieder einige Sekunden stehen, atmete einige Male tief durch und ging dann erst rein. Jan sah seinen Vater im Wohnzimmer mit seinem Freund Uwe vor dem Fernseher sitzen. Regungslos, erstarrt, vor Neugier die Augen aus dem Kopf herausquellend, saßen sie da und tranken, ohne ein Wort zu sagen.

Jan stand an der Tür, die Zeit blieb wieder für eine Weile stehen. Er wurde von den beiden Männern nicht bemerkt, noch nicht einmal, als Jan mit ihnen sprach. Am nächsten Tag, in der Schule, wurde über das Wer und Warum hemmungslos spekuliert. Nach Schulschluss ging Jan zum Schrebergarten, holte die Nägel aus dem Versteck und fing an, sie zu säubern. Sie sollten keine Überreste von

Haut und Blut mehr haben. Er nahm einen Schwamm, tauchte sie in das Spülwasser und polierte jeden einzelnen Nagel, bis er glänzte, und ging nach Hause, wo sein Vater Karl schon mit dem Abendessen in der Küche auf ihn wartete. Jan nahm einen der Küchenstühle und setze sich seinem Vater gegenüber. Er wollte ihm in die Augen sehen, sehen, was sie sagten. Der Vater brachte keinen Ton hervor und Jan mochte aus ihm unerfindlichen Gründen nicht mit ihm sprechen.

Jeden Tag nach Schulschluss ging Jan in den Schrebergarten und sah sich die Nägel an, die verkrümmt, verbogen und zum Teil kaum noch zu erkennen waren.

Jan nahm sich einen kleinen Hammer und versuchte jeden einzelnen Nagel zu retten, damit sie das Unglück, die Trauer, die Entwürdigung hinter sich lassen konnten, für die sie verantwortlich waren. Mit dem kleinen Hammer schlug er zaghaft auf jeden einzelnen Nagel, damit sie wieder gerade werden, so wie er sich den aufrechten Gang eines Menschen vorstellte. Es dauerte ewig und dennoch vermochte Jan nicht, den Nägeln ihre würdige Form wiederzugeben.

Später nahm er sich eine Baumscheibe und schlug die Nägel in Kreisform angeordnet darin ein.

Nun, nach all den Jahren steht er wieder vor diesen Nägeln und geht ihren Konturen mit den Fingern nach. Die Dellen und Verformungen sind immer noch da. Sie sind nicht verschwunden. Jan fragt sich, welcher Verachtung er in diesem Moment gegenübersteht.

Zwölf Jahre hatte sein Vater Karl als V-Mann ein Spiel gespielt, dessen Regeln er bestimmte, dessen Regeln Karl ein Gefühl der Überlegenheit gaben, wenn er Belangloses an die Beamten weiter gab.

Für Karl war dies keine Entscheidung des Gewissens, keine Frage von Gerechtigkeit oder Moral gewesen, sondern ein blindes Manifest seiner eigenen Ordnung im Leben, die über allem anderen stand.

Langsam dämmerte es Jan, dass in dem Moment, in der Sekunde des Anschlages nicht nur er seinen Vater verloren hatte, sondern auch die deutsche Justiz ihre Unschuld.

***

Tuna Fırat

Der Rechtsstaat, der NSU-Komplex und die ersehnte Empörung

Eigentlich stiftet es immer Verwirrung, manchmal auch Gelächter, wenn ich meinen Mandanten im Beratungsgespräch erkläre, dass Sie im Prozess lügen dürfen »bis sich die Balken biegen«. Sie werden im Strafprozess von mir verteidigt. Der Staat in Person der Staatsanwaltschaft klagt, meist nicht grundlos, an. Der begründete Verdacht auf strafbares Verhalten genügt. Die Zerrüttung des Rechtsfriedens wird nicht hingenommen. Und in der Tat sind es die Angeklagten als einzige Prozessbeteiligte, die zur eigenen Verteidigung lügen dürfen. Sie könnten selbst die absurdesten Geschichten erzählen. Wie etwa, dass »rosa Elefanten« vom Himmel abgestiegen seien und sie zur Tat »genötigt« hätten. Immer aber folgen meine Mandanten nach dieser Beratung meiner Empfehlung und sagen nichts.

Was irritierend klingen mag, beschreibt trotz jeder Zuspitzung die Dynamik unseres Rechtsstaats. Sie erhebt den Staat zum Repräsentanten und Beschützer seiner Bürger und deren Interessen. Soweit erforderlich auch zu deren Ankläger. Der Staat ist wehrhaft, sorgt für Rechtsfrieden, vergisst dabei jedoch nicht, auch die Rechte des Angeklagten zu wahren. Selbst wenn sich Strafrichter bei solch ausschweifenden Fantastereien der Angeklagten meist lautstark empören, um hierdurch die Disziplin des Verfahrens zu wahren: die Rechtstellung der Angeklagten schmälert es keineswegs. Die so skizzierte Wertigkeit eines funktionierenden Rechtsstaats kann man eigentlich gar nicht überbewerten. Sie ist es nämlich, die den Rechtsfrieden wahrt; das Vertrauen des Einzelnen in den Staat, in Recht und Gerechtigkeit begründet und stärkt. Die Manifestation moralischer, universell Geltung beanspruchender Wertevorstellungen.

Als im November 2011 die Selbstenttarnung des Nationalsozialistischen Untergrunds NSU wie ein gewaltiger Riss durch die Wahrnehmung der Bevölkerung ging, war noch nicht abzusehen, dass sich der NSU-Komplex zu einem immer bedrohlicher werdenden Haarriss unseres Staatsgefüges entwickeln sollte. In der Wahrnehmung haarfein deshalb, da er scheinbar ohne bedrohliches Ausmaß wahrgenommen wurde, jedoch nicht kalkulierbare Einwirkungen dazu führen sollten, dass sich aus dem Riss selbst ein explosiv wirkender Hebel für Staat und Gesellschaft entwickeln könnte.

So sehr die vorige Darstellung des Rechtsstaats auch als Ideal erscheinen mag, sie zieht sich auf das Essentielle zurück. Vertrauen. Vertrauen in den Staat und dessen Institutionen. Vertrauen in den Rechtsfrieden, der vom Staat und seinen Institutionen ausgeht. Ausgehen kann, müsste man fairerweise sagen. Denn es bedarf viel Zeit; viel Bewährungszeit für das Staatsgefüge selbst vor allem, damit dieses Vertrauen auch tatsächlich eine solide Basis für ein friedfertiges und gedeihliches Zusammenleben der Zivilgesellschaft erst ermöglichen kann. Verloren ist es schnell. Die Konsequenzen sind bitter und vernichtend.

Denn was zunächst wie ein geschlossener und vor allem durch den Tod der Rechtsterroristen Böhnhardt und Mundlos sowie die Inhaftierung Zschäpes als abgeschlossener Komplex aussah, entwickelte sich rasch zum offenen Buch. In dessen unbeschriebene Seiten sich in nahezu periodischen Abständen Ungereimtheiten, Unstimmigkeiten und offene Fragen hineinschreiben sollten. Eingebrannt in die Wahrnehmung der Zivilgesellschaft. Das bestehende Vertrauen zerrüttend. Und es war der Staat selbst als Protagonist, der diese leeren Seiten mit scheinbar unlösbaren Fragen beschrieb. Zunächst in Form des »Datenvernichters« erscheinend, sodann als stummer und blinder »Beweisvernichter« an diversen Tatorten agierend und letztlich als »Aktenschwärzer« und »Aufklärungsblockierer« im parlamentarischen Untersuchungsausschuss. Wahrlich sind die letztbenannten Eigenschaften eine in Hessen besonders ausgeprägte Eigenart.

Anteilnahme am Leid der Opferfamilien, Erschütterung vor dem, was als undenkbar für unsere Gesellschaft galt und der Glaube an »lückenlose Aufklärung«, wie sie einst durch die Bundeskanzlerin versprochen wurde, weichen nach mehr als fünf Jahren anderen Empfindungen. Während die Abschlussberichte und Empfehlungen sämtlicher anderer Landesuntersuchungsausschüsse seit gefühlten und tatsächlichen Ewigkeiten vorliegen und der Bundestag bereits den zweiten Untersuchungsausschuss initiiert, stagniert es in Hessen.

Offene Fragen, verursacht durch den Staat als Protagonist und der Gänze nach unbeantwortet, schaffen Distanz. Distanz zu ihm, aber auch zum Bild eines funktionierenden Rechtsstaates. Bröckelt dieses Bild, entsteht Distanz zum eigenen Wertekanon. Wenn die universelle Geltung moralischer Wertevorstellungen derart in Zweifel gezogen wird, müsste sie mit Vehemenz verteidigt werden.

Doch wo bleibt die Anklage?

Aus Hessen vermag man sie nur leise zu hören und auch nur, wenn man entschlossen hinhört.

Die Notebooks sind aufgeklappt. Die Kameralinsen der Laptops sind abgeklebt. Alle drei tippen aufmerksam lauschend offenkundig jedes gesprochene Wort mit. Allein der Kleidung nach zu urteilen ist nur ein Vertreter einer größeren Tageszeitung anwesend. Die legere Kleidung der anderen zwei lässt vermuten, dass sie für jemand anderen Bericht erstatten werden. NSU-Watch vielleicht?

Dahinter zehn Reihen mit schätzungsweise je zwölf Sitzplätzen. Ich sitze in der zweiten Reihe, links außen, und notiere mir die aus meiner Sicht interessanten Punkte dieser Ausschusssitzung. Mir tun es etwa acht weitere in meiner Stuhlreihe sitzende Personen gleich. In der dritten Reihe sitzt eine Schülergruppe mit dem Lehrer. Sie verlassen den Saal nach etwa einer Stunde. Die letzten sieben Reihen bleiben leer.

Untersuchungsausschuss 19/2 des Hessischen Landtags. Er wurde konstituiert am 1. Juli 2014. Am 18. April 2016 hält er seine 36. Sitzung ab und vernimmt Zeugen. Noch ist kein Ende in Sicht. Offene Fragen sind immer noch unbeantwortet. Die Abstumpfung der Zivilgesellschaft, die nach Enttarnung des NSU im Jahr 2011 der Verängstigung und der Verunsicherung folgte, schreitet jedoch voran. Genau wie bei den Gerichtsterminen im NSU-Prozess am Oberlandesgericht München, tritt die besorgte Zivilgesellschaft nur selten in Erscheinung. Nur dann, wenn wieder einmal die Medien das Geschehene »hypen« und medial ins Schlaglicht stellen. Ansonsten bleiben die Zuschauerränge des Gerichtssaals genau wie die Sitzreihen im zweiten Obergeschoss des hessischen Landtags allzu oft leer.

Abstumpfung. Der gesamte Komplex um den NSU, um die Mordserie, aber auch um die Frage der Rolle des Verfassungsschutzes ist nicht mehr getrieben vom Aufklärungswillen der Bürger. Es sind vielmehr die Oppositionsfraktionen im Hessischen Landtag, die beharrlich auf Aufklärung pochen mussten und müssen.

Opposition? Ja, auch wenn die Fraktionen eigentlich nur im parlamentarischen Alltag die Opposition stellen sollten, sind sie mit dieser Rolle schmerzlicherweise auch hier betraut. Dieser Umstand, der sowohl dem »schonungslosen Aufklärungswillen« der Bundeskanzlerin als auch dem zivilgesellschaftlich notwendigen Aufklärungsbedürfnis diametral entgegensteht, ist für sich bereits skandalös genug. Die SPD-Fraktion muss gemeinsam mit der Fraktion DIE LINKE im Untersuchungsausschuss um die Richtung der Ermittlungen ringen. Zu Recht stellt sich die Frage, weshalb die Regierungskoalition aus CDU und Grünen ein anderes Interesse bei der Aufklärung überhaupt haben könnte. Jetzt, da es um die Untersuchung einer unsere Demokratie verachtende Mordserie und eine noch gefährlichere, ausgeuferte und in ihrem Ausmaß und ihrer Logistik kaum zu erfassende Ideologie dahinter geht. Doch nonchalant in voraueilendem »Regierungsgehorsam« verweigerten die Fraktionen der Grünen und der FDP gemeinsam mit der CDU-Fraktion im hessischen Landtag schon die Einsetzung des Untersuchungsausschusses. Dessen Einsetzung wurde einzig durch die in der hessischen Verfassung verankerten Oppositionsrechte durchgesetzt.

Wo blieb der Aufschrei? Wo blieb die Anklage gegen Fraktionen und Parteien, die sich allesamt gesellschaftsgestaltend und demokratieverteidigend gebärdeten und just in diesem Moment eine komplett andere Richtung einschlugen?

Was bei den Grünen plötzlich mit der nicht minder irritierenden Antwort der »Regierungsbeteiligung« begründet wurde, entsprach so gar nicht der Sprechart, die sich bei der Selbstenttarnung des NSU im Jahre 2011 vernehmen ließ. Damals noch in der Opposition, warf sie gemeinsam mit der SPD und der Linken den kompromisslosen

Aufklärungswillen als indiskutablen Anker zivilgesellschaftlicher Aufklärung in die Debatte. Davon ist offenbar nicht mal mehr ein laues Lüftchen verblieben, wenn man beobachtet, wie stramm die Grünen Seite an Seite mit der FDP und der CDU im Untersuchungsausschuss gegen die Opposition ringen.

Weshalb die FDP-Fraktion ohne erkennbare Not in die gleiche Richtung agiert, lässt sich allenfalls mit der eigenen Regierungsverantwortung zum Zeitpunkt der Selbstenttarnung des NSU im Jahr 2011 erklären. Doch vielleicht muss man auch einfach die richtigen Fragen stellen.

Betrachtet man all das vom Ergebnis her – denn nichts anderes als Benennung »misslungener« Verantwortlichkeiten soll der Untersuchungsausschuss zu Tage fördern – so kann dieses Verhalten nur der Verzögerung oder aber dem Ausschluss eben solcher Feststellungen dienen.

Denn anders als im Bundestag und in anderen Landesuntersuchungsausschüssen, in denen interfraktionell ein Aufklärungsinteresse und -bestreben vorhanden waren, sind die Umstände in Hessen genau anders herum ausgestaltet. Hier kann eine Regierungsmehrheit im Untersuchungsausschuss sämtliche Begehren formaljuristisch blockieren, hemmen, ins Leere laufen lassen. Nur wozu sollte sie das tun? Welchem Zweck sollte ein solches Verhalten dienlich sein? Ist es etwa doch die Rolle des Ministerpräsidenten Bouffier, des damaligen Innenministers Hessens, dessen Verantwortlichkeiten der Überprüfung und Kontrolle entzogen werden sollen? Oder ist es die tragende Rolle des hessischen Verfassungsschutzes, der nicht nur das führende Personal der anderen, nicht unumstrittenen Landesverfassungsschutzämter rekrutierte und bis heute den im Mordfall Halit Yozgat zeitweise mordverdächtigen V-Mann-Führer Andreas Temme gezielt aus dem Schlaglicht nahm?

Jedenfalls musste die Forderung nach einem Untersuchungsausschuss mit Oppositionsrechten durchgesetzt werden, »notwendige Baumaßnahmen am Landtagsgebäude zur Gewährleistung der Sicherheit« eines solchen Ausschusses behinderten dessen vorzeitige Arbeitsaufnahme genauso wie die allgemeine Abhandlung allgemeiner prozessualer Fragen und Themengebiete. So folgten auf Expertenanhörungen zum Thema »Rechtsextremismus«, »Linksextremismus« diverse Berichte über die Arbeitsweisen der Ermittlungsbehörden. Ja, Sie lesen richtig. Zum Thema NSU wurde ein »Linksextremismus-Referat« auf Drängen der Regierungskoalition und der FDP durchgepaukt. Welch' erhellende Einblicke dies im Kontext rechtsterroristischer Morde und Straftaten liefern sollte, darf man sich fragen.

Nachdem dann auch Staatsanwaltschaften, das Landeskriminalamt und die Polizei grundlegende Informationen über ihre Arbeitsweisen zum Besten gaben, waren fernab der Befassung mit der rechtsterroristischen Mordserie abermals einige Monate vergangen. Und immer noch muss die Opposition in diesem Ausschuss gegen willkürliche Aktenschwärzungen und Blockadehaltungen ankämpfen.

Verlorene, wertvolle Zeit
Nachdem jedoch die Ausstrahlung der NSU-Filmtrilogie in der ARD und die darauffolgende Reportage von Stefan Aust zur Frage der Rolle des Verfassungsschutzes bei der Finanzierung und logistischen Unterstützung des NSU-Trios und dessen Unterstützerumfeld neue offene Fragen ins kollektive Gedächtnis der Zivilgesellschaft gebrannt haben, bleibt zu hoffen, dass der Grad der Empörung Ausmaße annimmt, die auch in Hessen die Verantwortlichen massiv unter Druck setzen wird. Soweit der V-Mann »Primus«, mit Wissen des Verfassungsschutzes, Uwe Mundlos und Beate Zschäpe in seiner Zwickauer Abrissfirma beschäftigt hatte und ihnen damit ein ganz normales Leben ermöglicht hatte, ist die Frage nach dem Untergrunddasein des Trios nahezu aufgelöst. Nicht nur, dass diese sich im bezeichneten Rahmen frei bewegen konnten, sie agierten offenbar relativ unbelastet. Die Mordserie war bereits in vollem Gang und setzte sich unter den Augen des Verfassungsschutzes fort.

Dass der V-Mann »Primus« ein vom Verfassungsschutz bezahlter Neonazi war, sich offenbar mit dessen Mitteln und Hilfe ins Ausland absetzen konnte und seinerseits das Mördertrio logistisch und finanziell unterstützt haben muss, ist erschreckend und widerlich zu-

IV. DER NSU-KOMPLEX IM BLICKFELD DER BETROFFENEN 239

gleich. Dass zwischenzeitlich die Bundesanwaltschaft im Prozess am Oberlandesgericht München keine Notwendigkeit sieht, dem Antrag der Nebenkläger auf Vernehmung des V-Manns zu folgen und »prozessökonomische« Einwände hiergegen eingebracht hat, mutet wie ein bitterböser Scherz an. Es bleibt zu hoffen, dass das Gericht die Aufklärung mit aller Kraft vorantreibt und Blockaden überwindet. Ich wünsche mir nichts mehr als das. Nur dieses Signal stiftet Frieden in mir. Nur dieses Signal kann die Verschiebungen in meiner Wahrnehmung wieder ins Lot bringen.

Wenn bereits der Rechtsstaat, und dazu gehören auch seine Institutionen wie etwa Parlamente, Straf- und Ermittlungsbehörden und auch die Verfassungsschutzämter von Bund und Land, seinen Aufklärungswillen auf halber Strecke zu verlieren scheint, so wird unsere Zivilgesellschaft den Willen und auch das Interesse hieran ohnehin verlieren. Irgendwann verblasst der Themenkomplex, weichen die Erschütterung und der Schrecken vor dem Geschehen dem Alltag und Ernüchterung. Weshalb dies jedoch fatal sein wird, erklärt sich aus dem vertrauensstiftenden Rahmen, den der Rechtsstaat idealerweise gibt. Er ist es, der archaischen Handlungen, extremistischen und mit Gewalt als Mittel agierenden politischen wie gesellschaftlichen Bestrebungen Einhalt gebietet. Dieses Schlaglicht erhellt derzeit jedoch nicht; vielmehr herrscht Schatten und Dunkelheit.

Nicht weit davon entfernt entwickeln sich gedankliche Konstrukte. Der Mensch will Antworten. Die Gesellschaft als Ganzes bekommt sie nicht. Bitter nur, dass nahezu sämtliche Opfer und deren Familien – bis auf zwei Ausnahmen aus der Türkei stammend – solch einer staatlich organisierten Unsicherheit durch Ihre Migration einst entfliehen wollten. Hier in Deutschland, in Europa hat es sie jedoch wieder eingeholt. Unsicherheit kennen Sie bereits. Doch unsere »biodeutsche« Zivilgesellschaft ist in ihrem Vertrauen verletzter als man auf den ersten Blick erkennen könnte. Die ungeklärten Fragen schaffen Lücken, andere Kräfte als der Staat selbst liefern schon jetzt Antworten. Antworten, die zerstörerische Fliehkräfte in unserer Gesellschaft entfesseln und unser Grundverständnis eines demokratischen Staates in seinen Festen erschüttern.

Doch wo bleibt die Anklage?

Wo bleibt der Vorwurf gegen all jene hessischen Parlamentsfraktionen, die sich in Ihrem Bestreben, Verantwortlichkeiten gerade nicht zu benennen, an unserer Demokratie und ihren Werten in weithin sichtbarer Weise vergreifen? Wird hier bereits das Konstrukt der Rechtfertigung gewoben, noch bevor die Anklage steht? Auch das kommt mir als Strafverteidiger bekannt vor. So verhalten sich Täter. Sie versuchen die im Prozess drohende Strafe durch ihr Verteidigungskonstrukt und dem daran orientierten Handeln abzumildern oder sogar zu vermeiden. Aber es bleiben Täter. Strafe hin oder her.

Als politisch denkender Jurist und »Organ« der Rechtspflege wünsche ich mir einen Ruck, Empörung der Zivilgesellschaft über politische und formaljuristische Taschenspielertricks, die allesamt Verantwortlichkeiten verzerren sollen, eine klar umrissene Anklage und eine Sanktion. Bislang blieb der Ruck, die Anklage aus. Die zumindest moralischen Verfehlungen sind jedoch offenkundig.

Es bleibt abzuwarten.

***

Akdem Ünal

»Race doesn't exist. But it does kill people.«

Mein Name ist Akdem Ünal und ich bin 19 Jahre alt. Zurzeit absolviere ich mein Abitur an der Heinrich-Böll-Gesamtschule in Köln. Ich bin in Deutschland geboren und aufgewachsen, hier beheimatet und gehöre zu denjenigen, die man als »Deutscher mit Migrationshintergrund« bezeichnet. Meine Entscheidung bei diesem Buchprojekt mitzumachen, war von Anfang an persönlich motiviert, denn die NSU-Mordserie hat auch mich sehr getroffen und berührt. Nie hätte ich mir im Leben vorstellen können, dass in Deutschland eine rechte Terrororganisation 13 Jahre lang quer durch die Republik, vor den

Augen des Staates, morden, Raubüberfälle begehen und Sprengstoffanschläge verüben könnte. Es ist unglaublich, dass die drei so lange im Untergrund verharren und unbemerkt leben konnten. Wie konnte der Verfassungsschutz das nicht bemerkt haben, bei den vielen Spitzeln, die auf den NSU angesetzt waren? Das wirft bei mir die Frage auf, ob ich in Deutschland noch sicher bin, und ob es vielleicht nicht noch eine weitere Terrororganisation gibt, die unbemerkt im Untergrund lebt, und nur darauf wartet loszulegen.

Ich hätte es nie für möglich gehalten, aber der NSU-Prozess in München geht mir sehr nahe und stimmt mich zeitweilig traurig. Manchmal aber packt mich auch die Wut. Bis zu diesem Zeitpunkt hatte ich mir über meine deutsch-türkische Identität nie Gedanken gemacht. Warum auch? Ich bin ein Teil von Deutschland. Und Deutschland ist ein Teil von mir. Und auf einmal tauchen mordende Neonazis auf, die neun Menschen umbringen, weil sie einen Migrationshintergrund hatten, aus der Türkei oder Griechenland kamen, einen ausländischen Namen trugen und südländisch aussahen. In den Augen der Terroristen und der Neonaziszene in Deutschland gehörten sie nicht hierher, nicht hier nach Deutschland. Der NSU hat auch hier in Köln Anschläge verübt. Was, wenn jemand aus meiner Familie gestorben wäre? Was wäre wenn es meinen Vater getroffen und die Polizei uns verdächtigt hätte, ihn umgebracht zu haben? Über diese Fragen habe ich sehr viel nachgedacht und konnte nicht begreifen, nicht verstehen, wie bundesdeutsche Behörden jahrelang Familien verdächtigen konnten, ihre Liebsten umgebracht zu haben. Selbstverständlich sucht man nach den Tätern in erster Linie im Umfeld des Opfers. Das ist eine Hypothese, mit der die Polizei arbeitet, um die Täter zu finden und den Mordfall aufzuklären. Aber was sind das für Hypothesen, in denen Migrant_innen kriminalisiert und als Täter deklariert werden? Hat das noch etwas mit sachlicher Arbeit zu tun, oder ist die Arbeit und das Denken dann nicht eher von Stereotypen und Klischees dominiert, die nach fast sechzig Jahren Migrationsgeschichte nicht sein dürfen? Mordende Nazis? Absoluter Quatsch! Nazis sind dumm, trinken Alkohol, pöbeln, strecken den Arm zum Hitlergruß und können, wenn sie intelligent genug sind, vielleicht ein Hakenkreuz korrekt an die Wand sprühen. Aber sich bewaffnen, in den Untergrund gehen und morden? Nie im Leben! Türken? Ja, die sind kriminell! Die sind überall: Im Drogengeschäft, im Rotlichtmilieu und in der Türsteherszene. Da ist doch klar, dass es nur Türken sein können, die gemordet haben. Woher kommen diese Vorurteile, woher kommen diese Bilder und Vorstellungen, die in der Mitte der Gesellschaft und in den Köpfen der Menschen existieren? Denkt man auch so über mich? Werde auch ich in diese Ecke gestellt, oder meine Familie, die hier in Deutschland wie jeder andere Bürger lebt und sich an die Gesetze hält? Es sind keine Pannen, keine Skandale, Missverständnisse oder sonstigen Unstimmigkeiten gewesen, sondern es war Rassismus. Nennen wir das Problem beim Namen: Es war institutioneller Rassismus, welcher so häufig in Institutionen und insbesondere bei der Polizei anzutreffen ist. Warum reden wir nicht darüber? Warum schweigen wir?

Ich denke auch sehr viel über unsere derzeitige Situation in Deutschland nach: Letztes Jahr sind viele Menschen aus Kriegsländern zu uns nach Deutschland geflüchtet. Nun stehen wir als Gesellschaft vor der großen Aufgabe, diesen Menschen eine neue Heimat zu geben und sie herzlich zu empfangen. Ich hätte mir gewünscht, dass uns dies erfolgreich gelungen wäre, dass wir als Gesellschaft aus dem NSU, von dem wir ja alle so viel lernen wollten, unsere Lehren ziehen,, und uns solidarisieren würden. Doch ich musste mit ansehen, wie Flüchtlingsunterkünfte brennen, wie der Mob pöbelnd vor Flüchtlingsunterkünften stand, und wie deutsche Städte wie Clausnitz oder Bautzen traurige Bekanntheit erlangten. Wie sollen wir uns diesem Hass entschieden entgegenstellen, wenn wir keine Lehren aus der Vergangenheit ziehen? Wie sollen wir eine Pegida, AfD und die geistigen Brandstifter bekämpfen, wenn wir es zulassen, dass Menschen wie Frauke Petry oder Gauland im Namen des deutschen Volkes Politik machen und ihr rassistisches Gedankengut verbreiten?

Als Schüler kann ich sagen: Insbesondere Schulen als Bildungseinrichtungen sind gefragt, Aufklärungsarbeit zu leisten und Rassismus zum Gegenstand des Unterrichtes zu machen. Diskriminierung und Ausgrenzung finden zuallererst in den Köpfen der Menschen statt. Genau hier müssen Lehrer_innen, müssen Schulen, und müssen auch wir als Gesellschaft ansetzen: Die Grenzen in den Köpfen überwinden und Vorurteile abbauen. Eine solidarische Gesellschaft fängt damit an, dass wir gemeinsam gegen Rassismus und Ausgrenzung vorgehen, und vor allen Dingen uns für die Würde des Menschen einsetzen.

V.
Rechter Terror, NSU-Komplex und Widerstand

Funda Özfırat

»Döner-Morde«?

Eine ethische Reflexion über die triviale Etikettierung der rechtsterroristischen NSU-Morde

> Daß es so etwas gibt wie ein Recht, Rechte zu haben – und dies ist gleichbedeutend damit, in einem Beziehungssystem zu leben, in dem man auf Grund von Handlungen und Meinungen beurteilt wird – wissen wir erst, seitdem Millionen von Menschen aufgetaucht sind, die dieses Recht verloren haben und zufolge der neuen globalen Organisation der Welt nicht imstande sind, es wiederzugewinnen.
> *(Hannah Arendt: Elemente und Ursprünge totaler Herrschaft. Antisemitismus, Imperialismus, Totalitarismus, München 2008, S. 614.)*

Wie aus dem Zitat von Arendt hervorgeht, sind einige Menschen in unserer zunehmend globalisierten Gesellschaft zweifellos ohnmächtig, wenn es darum geht, fundamentale Menschenrechte, wie beispielsweise das Recht auf ein selbstständiges Leben, wiederzugewinnen. Sind wir Menschen nicht alle frei und gleich an Würde und Rechten geboren? So besagt es zumindest der erste Artikel der Allgemeinen Erklärung der Menschenrechte. Ferner soll ich trotz meiner Hautfarbe, die sich trotz ihrer individuellen Art in einem Katalog für Hautfarben vermutlich auf eine »Rasse« fixieren lässt oder aber meiner nationalen Herkunft, die geradewegs an meinem Namen erkennbar sein könnte, einen Anspruch auf die unveräußerlichen Menschenrechte haben. Die Anerkennung und Achtung dieser grundlegenden und unverzichtbaren Rechte ist somit in der Klassifikation »Döner-Morde« zweifelsohne nicht gegeben. »Döner-Morde« – Ich muss schmunzeln. Wahrlich versuche ich mir vorzustellen, wie inhuman, gewissenlos und abgedroschen Subjekte sein können, um ein brutales Quantum von Tötungsverbrechen an Männern mit Migrationshintergrund als »Döner-Morde« zu bezeichnen. Unter den verstorbenen Opfern der NSU-Mordserie waren es vorwiegend türkeistämmige Männer, die als Kleinunternehmer tätig waren. Männer, die teilweise eine kleine Familie zurückgelassen haben. Und aus welchem Grund? Weil sie anders waren. Damals waren es Männer mit Migrationshintergrund, die Opfer rassistischen Gedankenguts geworden sind. Sollen heute junge Männer und auch Frauen, die derzeit gezwungenermaßen in unterschiedliche Teile Europas wie auch vorwiegend nach Deutschland sich begeben müssen, um Asyl zu suchen, als die neuen Opfer von rassistischen Tötungsdelikten anvisiert werden?

Migrations- oder Flüchtlingsbewegungen sind in Deutschland nicht erst in der heutigen Zeit präsent. Nach dem Ersten Weltkrieg begann ein bedeutender Durchbruch in der okzidentalischen Wanderungshistorie. Anfang des 20. Jahrhunderts umkreisen nahezu zehn Millionen Heimatvertriebene Europa. Zu der Zeit kamen viele Arbeitskräfte insbesondere aus Osteuropa nach Deutschland. Aufgrund dieser gewaltigen Besiedlung erlebte das Land seine erste große Immigration. Ergo ist Migration ein fortwährendes Ereignis, wie auch der Migrationsforscher Bade herausstellt: »Migration ist ein Konstituens der Conditio humana wie Geburt, Vermehrung, Krankheit und Tod. Die Geschichte der Wanderungen ist so alt wie die Menschheitsgeschichte; denn der Homo sapiens hat sich als Homo migrans über die Welt ausgebreitet.«* Sind Menschen mit einem deutschen Migrationshintergrund niemals ausgewandert, um beispielsweise ihre Sehnsucht nach einem Ort mit Meer und angenehmen Klima zu erfüllen? In der Tat entscheiden sich immer mehr Deutsche, ihre Heimat zu verlassen, weil Unzufriedenheit sie tagein, tagaus plagt. Viele Bundesbürger wandern aus, weil sie sich einen

---

* K. J. Bade (Hg.): Studien zur historischen Migrationsforschung, Vol. 13. Sozialhistorische Migrationsforschung, Göttingen 2004, S. 27.

besseren Lebensstandard erhoffen und in der Ferne eine aussichtsreichere Karriere anstreben. Sollen deutsche Staatsangehörige, die nach der Migration sogar teilweise nicht zurückkehren, aufgrund ihrer Nationalität anders behandelt werden? Unter Migration ist auch die Übersiedlung in eine andere Region zu verstehen, die oftmals freiwillig getroffen wird. Die Opfer der NSU-Morde haben sich womöglich dafür entschieden, ein neues Leben in Deutschland aufzubauen und ihren Weg weiterzuführen.

Eine Migration oder eine Flucht kommt allerdings nicht von heute auf morgen zustande. Perspektivlosigkeit, Angst, Hungersnot – all dies sind weitgehend Gründe, um ein Land zu verlassen und einen Neuanfang in einem anderen Land zu erstreben. Millionen von Menschen suchen das Weite, weil sie mit Gewalt, bewaffneten Konflikten und Armut konfrontiert sind und sich folglich von diesen unerträglichen Umständen befreien wollen. Demzufolge führen äußere Zwänge dazu, dass Menschen in ihrer Willensfreiheit beeinflusst werden. Auch die Opfer der NSU-Mordserie wurden sehr wahrscheinlich in ihrer individuellen Migrationsgeschichte dazu getrieben, nach Deutschland zu migrieren und das gewohnte Umfeld mitsamt Sprache, Kultur, Religion, Traditionen, Werten, Normen und vielen weiteren prägenden Faktoren in der Heimat zurückzulassen. Dennoch prägen viele Faktoren aus der Heimat die Persönlichkeit eines Individuums stellenweise so sehr, dass sie diesen in Deutschland weiter verhaften bleiben. Nach der Allgemeinen Erklärung der Menschenrechte sind sie auch damit in ihrer würde unumschränkt zu achten.

Unterdessen hat eine rechtspopulistische Bewegung wie PEGIDA in unserer heutigen Zeit extrem viele Anhänger. Aus der Mitte der Gesellschaft, flankiert von großen Medien und Veröffentlichungen wie die Sarrazins (»Deutschland schafft sich ab«) entsteht ein antimuslimischer Rassismus, der ein Nährboden für Bewegungen wie PEGIDA bietet. Als diese aufkam, hatte das Land bereits eine rassistische Mordserie erlebt, die in den Jahren 2001 bis 2006 zum Tode von unschuldigen Männern führte. Verzeihen Sie bitte – sie waren doch nicht unschuldig: Ihre Schuld war es, anders auszusehen und mit dem Handel von Gemüse, Obst und Döner einen gewissen Lebensstandard zu erreichen.

Neben zahlreichen MigrantInnen aus unterschiedlichen Herkunftsländern gibt es auch jene, die aufgrund ihrer Ausweglosigkeit ihr gewohntes Umfeld verlassen. Menschen, die die Flucht ergreifen *müssen*, damit sie *überleben*. Flüchtlinge ergreifen die Flucht, obwohl die Reise oftmals mit dem Tod verbunden sein kann, weil sie auf der Strecke Bedrohungen erleben können, die schließlich ihrem Leben ein Ende setzen können. In der Aufnahmegesellschaft sind Flüchtlinge in ihrer Willensfreiheit eingegrenzt, sodass die Würde des Menschen eine außerordentliche Bedeutung einnimmt. Die »Fremde« birgt in der Lebenswelt der Flüchtlinge eine neue Herausforderung:

Das ›Umtopfen‹ oder die ›Verpflanzung‹ von der eigenen Gesellschaft in eine fremde bedeutet einen dauerhaften psychischen Stress. Routine in der zwischenmenschlichen Kommunikation, dem Einkaufen, Wohnen, Essen, der Hygiene fallen weg. Der Zwang, sich jeden Lebensbereich neu zu erobern, d.h. ausreichend Informationen zu sammeln, sie in Handlungen umzusetzen, und sie so lange zu üben, bis sie Routine sind, geht damit einher. Und dies erzeugt ein Gefühl ständiger Überforderung. Dazu kommt durch den Heimatverlust auch ein Stück Persönlichkeits- oder Identitätsverlust. Im Grunde lebt der Fremde wie ein Kind, er/sie lernt durch Sanktionen in der sozialen Umwelt – das ist schmerzhaft und braucht viel Zeit.*

Die Psychologin Brigitte Lueger-Schuster veranschaulicht sehr treffend die Stresssituation von vielen Flüchtlingen, die auch in unmittelbarem Zusammenhang mit der Würde eines Menschen steht. Wie leitet sich »Würde« sprachlich überhaupt her? Der Begriff (ahd. *wirti*, mdh. *wirde*) stammt von dem Adjektiv *wert* (ahd. wird), welches zu einer indogermanischen Wortfamilie zugehört. Zu derselben Wortfamilie mit der Wurzel uer-t gehört das deutsche Wort *werden*, das wiederum mit dem lateinischen *vetere* verwandt ist (»*drehen*«, »*keh*-

---

* B. Lueger-Schuster: Traumatisierte Kinder und Jugendliche. Wie mit dem Unfassbaren leben lernen? In: E. Forster / I. Bieringer / F. Lamott (Hg.): Migration und Trauma. Beiträge zu einer reflexiven Flüchtlingsarbeit. Pädagogik und Gesellschaft, Bd. 1, Münster 2003, S. 19.

ren«, »wenden« bzw. »sich zu etwas wenden«.* Die Bedeutung der Würde war bereits in der Antike zu beobachten. Aristoteles' Nikomachischer Ethik ist zu entnehmen, dass ein Mann nämlich, dessen Würdigkeit gering ist und der sich auch so einschätzt, zwar bescheiden ist, aber nicht hohen Sinnes. Denn großes Format gehört zur Hochsinnigkeit, genauso wie Schönheit nur an einem hochgewachsenen Körper sichtbar wird – kleine Menschen können nett und in den Proportionen gleichmäßig sein, aber schön sind sie nicht.**

Die »Würdigkeit« eines Flüchtlings ist heute vermutlich genauso gering wie die eines Mannes mit Migrationshintergrund, der Opfer eines rassistisch vollzogenen Tötungsdeliktes wurde, da die Anerkennung durch die Gesellschaft dazu beiträgt. Ferner ist es evident, dass trotz Art. 1 der Allgemeinen Erklärung der Menschenrechte von 1948 – nämlich, um es nochmals zu betonen, dass »alle Individuen autonom und gleichwertig an Wertschätzung und Ansprüchen auf die Welt kommen und sich in Harmonie entgegentreten sollten« –, die Würde auch hierzulande nicht allgemein geachtet wird.

Halit Yozgat starb mit 21 Jahren und war das jüngste Opfer der NSU-Mordserie. Insbesondere Ideale und Träume sind in diesem Alter sehr präsent. Mit zwei Kopfschüssen jedoch können diese völlig unerwartet zerstört werden. Zwei Kopfschüsse, weil eine Gruppierung dich als würdigen Mann nicht achtet und respektiert. Zwei Kopfschüsse, die es dir nicht erlauben, Vater zu werden. Zwei Kopfschüsse, die dich zu einem Part der »Döner-Morde« machen.

Und die deutsche Willkommenskultur, die ja immerhin nach Achtung von Würde klingt? Sie war auch in den 1960er Jahren schon vorhanden: Türkische Staatsbürger waren in der Bundesrepublik sehr willkommen. Sie erschienen so attraktiv, weil sie jene Arbeit leisten mussten, die die eigenen Staatsbürger nicht ausüben wollten. Viele Migranten und Flüchtlinge erleben teilweise Ähnliches seitens der

---

* J. Pokorny: Indogermanisches etymologisches Wörterbuch, München 1959, 1156.

** Aristoteles, Nikomachische Ethik, Übers. und Nachw. von F. Dirlmeier, Buch IV, Stuttgart 1967, S. 288-290.

Gesellschaft, was ihre Würde durch diese Abneigung immens verletzt. Aus diesem Grunde ist ein Hinterfragen von gesinnungsethischen Attitüden eine Voraussetzung für einen notwendigen Appell an die Gesellschaft. Es sollte eine verantwortungsvolle Besinnung im Umgang mit geflüchteten Menschen erstrebt werden: »[...] ›Der Christ tut recht und stellt den Erfolg Gott anheim‹ – *oder* unter der verantwortungsethischen: daß man für die (voraussehbaren) *Folgen* seines Handelns aufzukommen hat [...]«* Die profunde Unterscheidung Max Webers zwischen Gesinnungs- und Verantwortungsethik mag – mit Betonung letzterer – auch heute noch richtungsweisend sein.

Ist Deutschland nun im Jahre 2016 seinen menschenrechtlichen Pflichten nachgekommen? Gerne bezeichnen sich viele deutsche Staatsbürger als tolerant, und die Aneignung von Toleranz ist gemeinhin für die zwischenmenschliche Kommunikation unerlässlich. Aber bereits Goethe hat darauf aufmerksam gemacht, dass Toleranz lediglich eine temporäre Grundhaltung sein sollte, denn »sie muss zur Anerkennung führen, Dulden heißt beleidigen.«** Einen Menschen zu tolerieren, stellt nach Goethe die Voraussetzung für die zwischenmenschliche Beziehung dar. Nichtsdestotrotz kann man der Toleranz eine negative Konnotation zuschreiben, da vor der Tolerierung zunächst eine Ablehnung beispielsweise für eine andere Meinung oder für eine Gruppe von Menschen wie die Opfer der NSU-Morde vorhanden war.

Erleben wir die goldene Zeit, in der Menschen sich von der Toleranz verabschieden und Respekt sowie Anerkennung die Essenz zwischenmenschlicher Beziehungen wird?

***

---

*   M. Weber: Politik als Beruf. In: J. Winckelmann (Hg.), Politische Schriften, Tübingen 19885, S. 552.
** J. W. von Goethe: Maximen und Reflexionen, Nr. 151. In: E. Tranz (Hg.): Goethes Werk, Bd. XII, Hamburg 1960, S. 385.

Lale Akgün

Wem gehört Deutschland?

Ein Plädoyer für republikanisches Denken

Warum hat der NSU gemordet? Die Antwort ist eigentlich ganz einfach. Sie haben »Aus-länder« umgebracht, weil diese sich in Deutschland angesiedelt haben. Die Anhänger des NSU, und wahrlich nicht nur sie, sind der Überzeugung, dass diese Menschen nicht nach Deutschland gehören. Oder anders ausgedrückt: dass Deutschland den Deutschen gehört bzw. weil Deutschland den Deutschen gehört.

So gesehen sind die Täter einen über Leben und Tod entscheidenden Schritt weitergegangen als die vielen Rassisten, die sich tagtäglich mit dieser Meinung hervortun.

Was aber ist deutsch, und wem gehört Deutschland?

Wer sich dem Ideal der »ethnischen Reinheit des deutschen Volkes« verpflichtet fühlt – und so denken die meisten Rassisten – wird Deutschland als eine Volksnation definieren, ein Volk mit einer ethnischen Homogenität. Die alte Blut-und-Boden-Ideologie halt! Daraus wird konsequenterweise auch das Recht abgeleitet, andere Ethnien zu diskriminieren, ja aus dem eigenen völkischen Raum auszumerzen, weil sie ja nicht dazugehören.

Keine der klassischen europäischen Nationen kann ethnisch begründet werden, am wenigsten Deutschland. Schließlich wurde das deutsche Kaiserreich als deutscher Nationalstaat erst 1871 gegründet, und er verstand sich als territorialer Zusammenschluss (Territorialstaat). Übrigens heißt es im Duden-Herkunfts-Wörterbuch zum Stichwort »deutsch«: »Im Gegensatz zu anderen Bezeichnungen dieser Art ist das Wort ›deutsch‹ nicht von einem Volks- oder Stammesnamen abgeleitet …«. Nein, das ist in der Tat nicht der Fall. Der Begriff »deutsch« leitet sich vom althochdeutschen »diutisc« ab, was ursprünglich »zum Volk gehörig« bedeutete.

Deutsch ist also, »wer sich zum Volke zugehörig« fühlt. Was für eine wunderbare Definition für ein Einwanderungsland, das irgendwann beschlossen hat, Menschen aus anderen Teilen der Welt auf seinem Territorium aufzunehmen! Wir sind also alle Deutsche und bilden als Staatsbürger zusammen die deutsche Nation, eine politisch souverän organisierte und geordnete Gemeinschaft. Und jeder Bürger, jede Bürgerin gehört dazu – mit allen Rechten und Pflichten.

In unserem Land lehnt die überwältigende Mehrheit der Menschen rassistisch begründete Gewalt entschieden ab und die Blutspur des NSU sowieso. Aber die Philosophie des »Wehret den Anfängen« hat sich noch nicht etabliert. Wie soll man es bewerten, wenn die meisten zwar nichts gegen Ausländer haben, ABER eben doch feine Unterschiede machen, zwischen »Uns Deutschen« und »Euch Nicht-Deutschen«? Was meinen sie, wenn sie von »kleinen Türkenjungen« sprechen und von »ihrem Italiener« schwärmen? Oder wenn sie junge Menschen, die hier zu Hause sind, fragen, wie es denn *bei ihnen* zu Hause sei? Nie würden diese Menschen eine Verbindung sehen zwischen ihrer – nicht einmal wahrgenommenen – Diskriminierung – und den Morden des NSU. Gewiss – das ist auch ein weiter Weg. Aber wir müssen schmerzhaft feststellen, dass in Deutschland einige diesen Weg gegangen sind. Wenn wir als Gesellschaft nicht wollen, dass weitere ihnen auf diesem mörderischen Weg folgen, sollten wir darüber nachdenken, *wo* der Alltagsrassismus anfängt und *wie* der Rassismus aufhört. Das ist nicht die vielgescholtene politische Correctness, das ist Reflexion über das Wesen des Rassismus.

Rassistische Gewalt fällt nicht vom Himmel, sie hat immer eine Vorgeschichte, und diese Vorgeschichte ist auch immer ein Prozess. Dieser Prozess wird nicht zuletzt vom Grad der gesellschaftlichen Akzeptanz des Rassismus mitbestimmt. Also von der Frage, wie viel Rassismus in dieser Gesellschaft salonfähig ist! Machen wir uns nichts vor, der Rassismus hat Einzug gehalten auf die politische Bühne und wird auch in der Öffentlichkeit immer offener zur Schau getragen.

Die Pegida-Bewegung besteht nicht nur aus frustrierten Bürgern, und was für Ansichten die AfD vertritt, machen ihre Vertreter bei jedem Auftritt deutlich. Besonders im Milieu der prekären Lebensverhältnisse werden Konkurrenzen zu Migrant_innen und Flüchtlingen geschürt. Das verbale Öl ins Feuer des Rassismus lautet: »die Ausländer« – und darunter subsummiert sich alles, was nicht unter ihre Definition von Volksnation fällt – »nehmen euch die Arbeit und das Geld im sozialen System weg. Doch die Arbeit und das Geld steht nicht ihnen, sondern euch zu, denn wir sind in Deutschland, und ihr seid Deutsche.« Solche Thesen erzeugen rassistische Ressentiments, und diese sind die Vorläufer von Bluttaten. Denn von der mentalen Einstellung zum tatsächlichen Verhalten ist es dann nicht mehr weit.

Deutschland ist mit seiner geographischen Lage mitten in Europa schon immer ein Vielvölkerstaat gewesen. Es ist eben dieses Konglomerat aus vielen verschiedenen Ethnien, welches Deutschland in seiner Vergangenheit zum Land der Dichter und Denker gemacht hat. Und es steht auch für die Zukunft eines republikanischen Deutschlands.

Als Einwanderungsland brauchen wir einen Paradigmenwechsel in der Integrationspolitik. Dieser Paradigmenwechsel ist dann verwirklicht, wenn der folgende Satz zum Herzstück der deutschen Integrationspolitik erklärt und von allen Bürgern und Bürgerinnen geteilt wird:

Das Deutsch-Sein beruht nicht auf dem Recht des Blutes, sondern der Überzeugung. Dieses Land gehört allen, die in diesem Land leben und sich zu diesem Land bekennen. Wir sind alle Deutsche und haben alle das gleiche Recht, in diesem Land zu leben!

***

Yılmaz Kahraman

NSU-Morde: Ein kollektives Versagen der Gesellschaft?

Am 5. Jahrestag der Aufdeckung der NSU-Morde steht so manch einer vor zwei wesentlichen Fragen. Handelt es sich um ein kollektives Versagen seitens der Gesellschaft und der zuständigen Ämter, die zur Aufklärung der Fälle hätten effektiver beitragen müssen? Die zweite Frage, die daraus resultiert: Wie konnte es zu solch einer Mordserie kommen?

Das sind die beiden Kernfragen, die im Fokus der öffentlichen Debatte stehen sollten. Stattdessen haben sich aber um das Thema NSU andere Felder aufgemacht, die gezielt von Interessengruppen bedient werden.

Erstens passt die Zuschreibung der NSU-Mordserie zum Terrorbegriff nicht. Es gibt keinen einheitlichen und rechtsverbindlichen Terrorismusbegriff, da die Nationalstaaten unterschiedliche Konzepte hierzu entwickelt haben. Der völkerrechtlich verbindliche Terrorismusbegriff der Vereinten Nationen aus der Resolution 1566 des UN-Sicherheitsrats vom Jahre 2004 sieht wie die meisten Definitionen das primäre Ziel des Terrorismus in der Verbreitung von Angst und Schrecken in der Bevölkerung oder Zwangsausübung auf Regierungen. Mittels der »Propaganda der Tat« sowie der »Propaganda des Wortes« sollen massenmediale Wirkungen erzielt werden, um eine breite Öffentlichkeit zu erreichen und einen langfristigen psychologischen Effekt herbeiführen. Dieses war bei der NSU-Mordserie nicht der Fall. Erst im Nachgang und nach dem Tod von »Böhnhardt und Mundlos« wurde der Umfang der Taten und die Motivationen zunehmend bekannt, gleichwohl die Erkenntnisse noch bis heute nicht abschließend sind. Die Hinweise auf eine Mordserie waren zu diffus, um eine breite Schicht der Bevölkerung oder eine spezifische Bevölkerungsgruppe zu erreichen. Für die Familienmitglieder und Angehörigen, die auf der Suche nach der Wahrheit waren, die teilweise unhaltbare Anschuldigungen gegen die Opfer ertragen mussten, waren die Jahre bitter und schwer. Zu keinem Zeitpunkt war jedoch ein Vergleich zu dem Gefühl gegeben, das Terror verbreitet, wie die Anschläge in Paris und Brüssel beweisen. Selbst zu Unterarten des Terrorismus, in denen Täter sich nicht zu ihren Taten offen bekennen, derer sich diktatorische Regime oder das organisierte Verbrechen bedienen, also etwa dem »Verschwindenlassen« von Menschen, lässt sich kein Vergleich ziehen. Halten wir fest, der Terrorismusbegriff ist nicht geeignet ist, um die Mordserie des NSU zu definieren. Es wäre eine journalistische und investigative Aufgabe zu erforschen: Wie bei einer als »heimlich« zu bezeichnenden Mordserie das Attribut »Terror« Einzug fand und warum die Medien sich dessen bedienten.

Zweitens haben sich politische Interessengruppen um die NSU-Mordserie formiert, um diesen Terrorbegriff und die damit bestehenden Assoziationen für ihre politischen Ziele zu instrumentalisieren. Dabei kann in diesem Artikel nur auf die Rolle türkeistämmiger Kreise eingegangen werden, vorneweg die des Botschafters der Türkischen Republik, Herrn Karslıoğlu, und anderer türkeistämmiger Politiker, die von einer Vertrauenskrise von drei Millionen türkischen Mitbürgern sinnierten. Der Botschafter, der sich als Schutzmacht und legitime Interessenvertretung gerierte.

Von einer Vertrauenskrise ungeahnten Ausmaßes wird auch im Zusammenhang mit der Armenien-Resolution des Bundestages vom 2. Juni 2016 von eben den gleichen türkischen Organisationen gesprochen. Ein Staat und ihre gelenkten Organisationen, die von Blutdefekten oder Verrat am türkischen Volk sprechen, wenn es um die historische Einordnung von Genoziden geht. Die türkeistämmige Community, die ethnisch, religiös und sozial vielfältig ist, wird vereinnahmt. Das ist beschämend und viele wehren sich dagegen. Fast hätte man den Eindruck gewinnen können, sie seien quasi die einzige Instanz in Deutschland, die für Gerechtigkeit sorgen kann. Durch den Besuch beim NSU-Prozess sollte die juristische Aufarbeitung quasi abgesichert werden. Die Stühle der Botschaft blieben im Prozessraum nur am Anfang regelmäßig besetzt.

Man stelle sich einen Staat vor, dem Menschenrechtsverletzungen in Dimensionen vorgeworfen werden, die in Europa ohne Vergleich sind und vom Europäischen Gerichtshof für Menschenrechte sogar mehrfach gerichtlich festgehalten sind, wie die Diskriminierung von 20 Millionen Aleviten in der Türkei. Auf die schlimme Menschenrechtssituation der Kurden und Christen kann an dieser Stelle nur kurz Bezug genommen.

Die Botschaften, die mit den Handlungen und der gebetsmühlenartigen Verwendung des Terrorbegriffs, die mit hunderten von Veranstaltungen zum deutschen Rassismus und dem NSU quasi institutionalisiert wurden, sind deutlich vernehmbar. Die Türkei passt auf die Türken auf und sie sind immer von Feinden umgeben. Die Antirassismusdebatte und Diskriminierungsdebatte ist mit dem Ziel vereinnahmt worden, von Extremismus in den eigenen Milieus abzulenken. Die Rassismusdebatte wird als ein gezieltes Instrument verwendet, um einen umfassenden Ansatz zur Demokratiestärkung in allen Gesellschaftsgruppen zu vermeiden. Probleme machen nur die Deutschen mit ihrem Extremismus. Die NSU-Mordserie wird gezielt in dieser Systematik interpretiert, womit den Opfern sowie den wahren Fragen und Zielstellungen nicht der nötige Raum gegeben wird.

Tragen wir nicht als Gesamtgesellschaft die Verantwortung, untereinander Differenzen auf eine von gegenseitiger Achtung getragene Art und Weise zu kommunizieren? Wie kann Extremismus, in diesem Fall in der Form des Rechtsradikalismus, abgewendet werden? Warum lässt es eine Gesellschaft zu, dass solche Extreme überhaupt aufkommen? Ist es die Ignoranz gegenüber unserem Nächsten? Ist es die Gleichgültigkeit, mit der wir gefährlichen Tendenzen gegenübertreten? Wessen Schuld ist es, wenn Radikalisierungen unter uns aufkeimen? Sind es die, die sich einfach beeinflussen und radikalisieren lassen? Ist die Idee, hinter der sie herlaufen, so beeindruckend und aussagekräftig, dass sie dieser Idee ohne Wenn und Aber folgen? Und wenn sie einmal diesem Extremismus verfallen sind – was ist es, was sie hält?

Diese Fragen ergeben sich, wenn man rational versucht, das primäre Versagen seitens der Behörden und der Gesellschaft zu verstehen. Die Trauer und die Bestürztheit sitzen sehr tief bei den Familien, den Angehörigen der Opfer und dem Teil der Gesellschaft, der sich von diesen skrupellosen Taten distanziert hat.

Die Opfer waren allesamt Migranten und eine Polizistin, die einer Ideologie zum Opfer fielen oder anders gesagt: die für eine Ideologie geopfert wurden.

Ideologien sind nicht gesellschaftskompatibel. Sie zwingen rücksichtslos unbedingte Weltbilder auf, ohne sie kritisch zu hinterfragen.

Solche Tendenzen beobachten wir immer mehr, nicht nur auf deutscher Seite, sondern auch auf der Migrantenseite. Das vermeintliche Nicht-Verstanden-Werden in einer Gesellschaft wird dann auch gern als Anknüpfungspunkt zur Einnistung ideologischer Weltansichten genutzt. Mitglieder der Gesellschaft werden dann damit gelockt, besser verstanden zu werden, es werden ihnen vermeintliche Privilegien zugesprochen, die irreführend sein können und sicherlich keine positive Auswirkungen haben werden. Auch wenn unsere Gesellschaft eine Einwanderungsgesellschaft ist und vielerorts für ihre Integrationsleistungen gelobt wird, scheinen extremistische Tendenzen auch unter Migrantenorganisationen immer mehr aufzukeimen. Dabei sind es gerade Errungenschaften, auf die sich unsere Gesamtgesellschaft verlassen hat, und sie scheinen unverzichtbar, nein – sind es sogar, solange sie nicht auch von solchen Ideologien vereinnahmt werden, wie sie in den NSU-Morden verfolgt und verwirklicht wurden.

Als Deutscher mit Zuwanderungsgeschichte und Angehöriger der alevitischen Religionsgemeinschaft, die sich ihre Anerkennung und Gleichstellung hier in Deutschland hart erarbeiten musste, fühle ich mich einmal mehr verantwortlich, auch auf extremistische Tendenzen innerhalb von Migrantenorganisationen aufmerksam zu machen.

Die Aleviten sind zwar anerkannt, doch stoßen sie immer wieder auf Ablehnung. In der Türkei immer noch unterdrückt und mancherorts verfolgt, in Deutschland von einer ganz bestimmten Gruppierung verachtet. Die Rede ist von den »Grauen Wölfen«, welche das ideologische Äquivalent zu denen darstellen, die diese fürchterlichen Morde kaltblütig und rücksichtslos durchführten. Sie weisen gefährliche Tendenzen auf und gewinnen immer mehr an Zuspruch und an Anhängern. Sie relativieren jegliche Identitätszugehörigkeiten in unserer Gesellschaft und vor allem in der türkischen Gesellschaft in Deutschland. Den Tod Andersdenkender nehmen sie gerne in Kauf. Unterdrückung ist für sie ein Mittel, um ihre Interessen durchzusetzen. Sie legen einen Rechtsradikalismus sondergleichen an den Tag. Deutschland bietet dieser Gruppe die perfekte Entfaltungsmöglichkeiten, indem zugelassen wird, dass es für diese Tendenzen in den hiesigen Organisationen Handlungsfreiheit gibt.

Die Armenien-Resolution des Bundestages hätte dieser und anderen extremistischen Gruppierungen die Chance gegeben, sich auf eine Stellungnahme, die auf Toleranz und Respekt basiert, zu beziehen. Doch stattdessen sind die Masken gefallen und sie haben ihr wahres Gesicht zum Vorschein gebracht. Einige Organisationen sind mit einer dramatischen Aggressivität an die Thematik herangegangen. Deutsche mit Zuwanderungsgeschichte, die von Verrat sprechen, Menschen, die hier Zuhause sein sollten, Menschen, die in den Genuss freier demokratischer Erziehung und Bildung gekommen sind. Sie sind es auf einmal, die die Extreme hochkochen. Ihnen ist die Freiheit nicht versagt geblieben, doch neigen sie dazu, Andersdenkenden der Freiheit zu berauben, wie es auch bedauerlicher- und auch tragischerweise einmal mehr zum 5. Jahrestag der Aufdeckung der NSU-Morde deutlich wird. Die Opfer und die Täter genossen dieselben demokratischen Rechte, doch als gefährliche Tendenzen die Überhand gewannen, wird der einen Seite nach dem Leben getrachtet.

Um solche Wendungen zu unterbinden, bedarf es eines kritischen Umgangs mit religiösem Extremismus auf der einen Seite und Rechtsradikalismus auf der anderen Seite. Und wo diese beiden Komponenten eins werden, als wären sie als »Stand Alone« nicht schon tragisch genug, werden Dimensionen angenommen, deren Auswirkungen intensiver verhindert und unterbunden werden müssen.

***

Fatih Çevikkollu

Die NSU-Nummer...

Der Prozess in München läuft und läuft und läuft, das Einzige, was jetzt schon feststeht, ist, dass das Ergebnis unbefriedigend sein wird.

Egal wie der Prozess in München ausgeht, ich fand Nürnberg deutlich besser.

Da war wenigstens klar, worum es ging, da war der Feind klar, die Opfer waren klar, die Position war ganz klar; wer ist der Täter, wer sind die Opfer, alles glasklar!

Und jetzt? Steht eine Frau vor Gericht, keiner weiß, ob sie es war oder nicht, das zu beweisen, wird sehr schwierig, die Beweislage ist dünn und die Chance, dass sie freigesprochen wird, ist gegeben.

Und dann stehst Du da!

Aber um die eine Frau geht es doch gar nicht.

Die Rolle des Verfassungsschutzes, ich rede hier nicht vom Versagen des Verfassungsschutzes, nein, die Rolle des Verfassungsschutzes ist überhaupt kein Thema in der ganzen Sache, das ist nicht Gegenstand der Verhandlung.

Als der Prozess unter großem Tamtam losging, haben einige anonyme Täter die Türen der Kanzlei der Nebenklage mit Fäkalien eingeschmiert, ein ganz klarer Fall von braunem Terror.

Der Verfassungsschutz hat endlos Akten geschreddert und uns das nachher als »Versehen« verkauft. Wie muss ich mir das vorstellen? »Wissen sie, ich hatte grade die Akten auf dem Arm und ging den Flur entlang und dann weiß ich gar nicht so genau, was da passiert ist, ich bin irgendwie gestolpert und dann sind die ganzen Akten hingefallen und direkt in den Schredder rein!« »Alle acht tausend?«

»Ja, das war nur ein Fallbeispiel!«

Die Wahrheit ist – und das kann man in »Heimatschutz. Der Staat und die Mordserie des NSU« von Stefan Aust und Dirk Laabs nachlesen –, die Wahrheit ist, dass ein Mitarbeiter des Bundesamtes für Verfassungsschutz (BfV) mit dem Decknamen Lothar Lingen einen Tag, nachdem sich Beate Zschäpe in Jena gestellt hat, eine Archivarin im BfV in Köln-Chorweiler angewiesen hat, sechs Akten von V-Leuten zu schreddern.

Die Dame gibt das Gespräch in einem Gedächtnisprotokoll so wieder:

Sie fragt: »Was soll hier vernichtet werden?« Lingen: »Sechs Akten.« »Sind das V-Mann Akten, oder sind das Werbungsakten?« Lingen: »Es sind V-Mann-Akten.« »Die werden doch nicht vernichtet. Wieso sollen die vernichtet werden?« Lingen: »Tun Sie, was ich sage.«

Die Dame lässt sich das schriftlich geben, bekommt eine Mail am 10. November 2011 um 10:25 Uhr und vernichtet dann die Akten. Das Versehen, so scheint es, besteht einzig darin, dass die Öffentlichkeit davon etwas mitbekommt. Neulich gab es wieder eine Meldung über Aktenvernichtung: Hochwasser hätte Akten für den Prozess zerstört, hieß es. Wer ist dieser Hochwasser und wo finden wir ihn?

Oder als der Wohnwagen mit den Leichen darin gefunden wurde. Da ist ein Tatort, der abgeriegelt und kleinteilig untersucht werden muss. Was macht die hiesige Polizei? Sie lässt den Wohnwagen abschleppen! Sie verändert den Tatort! Warum? Auf die Frage, warum der Einsatzleiter einen so außergewöhnlichen Tatort so behandelt hat, gab er jedes Mal eine andere Antwort. Sie hätten so nicht arbeiten können, es wäre viel zu schwer, das Gebiet abzusperren oder es wäre zu viel Presse vor Ort... Aber die beste Aussage war, er wäre sich unsicher gewesen, das »große Besteck« aufzufahren, da ihm das Innenministerium die Kosten hätte übel nehmen können. So wurde der Wohnwagen mit Leichen und allen Beweisen durch die halbe Stadt spazieren gefahren und nicht, wie man meinen sollte, bei der Polizei abgestellt, nein, sondern im Hangar des Abschleppdienstes und dort hat der Wohnwagen zwei Tage gestanden.

Oder die ganzen Zeugen, die im Umfeld dieses Prozesses schon umgekommen sind. Besonders interessant ist der Fall »Corelli«, ein V-Mann, der 2012 aufgeflogen war. Ich dachte immer, V-Leute, das sind bestimmt integre, wache, loyale und vor allen Dingen gut ausgebildete Agenten... James B. in echt, aber nichts dergleichen: V-Männer sind Nazis, vor allem sind es dumme Nazis (hier stellt sich die Frage, ob es intelligente Nazis überhaupt gibt, oder ob das nicht von sich aus schon ein Oxymoron ist).

»Corelli« wird enttarnt und lebte verdeckt und sollte beim NSU-Prozess aussagen und wurde vierzehn Tage vor seinem Gerichtstermin in seiner Wohnung tot aufgefunden – und jetzt kommt der Gag... Todesursache: unentdeckter Diabetes.

Ich stelle mir bildlich den »Paten« Brando vor, wie er asthmatisch vor sich hin atmet, an die Decke schaut, seine Katze krault und sagt: »Eine unentdeckte Diabetes, das ist gut, das werden sie uns nicht glauben, aber sie können uns nichts beweisen.« Umso schöner, dass im Juni 2016 von dem Diabetologen Prof. Werner Scherbaum die offizielle Version in Frage gestellt wurde; es könnte auch Rattengift gewesen sein. Eine neue Untersuchung steht an, es gibt tiefgefrorene Gewebeproben. Auch das Handy von »Corelli« ist nach Jahren wieder aufgetaucht. Wo es lag? Na, im Panzerschrank beim Verfassungsschutz, das muss aber auch ein großer Schrank sein, wenn sie das Handy erst bei der fünften Durchsuchung gefunden haben.

Schau dir doch einfach mal an, was der Verfassungsschutz für ein Laden ist. Das Bundesamt für Verfassungsschutz wurde im Jahre 1950 gegründet. Das war wenige Jahre nach dem Zweiten Weltkrieg, eine Zeit, in der die Deutschen mühsam lernen mussten, dass sie nicht mehr »Deutschland, Deutschland über alles« singen konnten. Das war gar nicht so einfach, als eine deutsche Nationalmannschaft 1954 zum ersten Mal Weltmeister wurde (»Wir sind wieder wer«). Die gesamte Mannschaft hat »Deutschland, Deutschland über alles...« gesungen. Die Rundfunkstationen mussten den Ton abdrehen.

Wen gab es denn 1950, der überhaupt dort mitarbeiten konnte? Zur Gründung des Verfassungsschutzes gab es Trümmerfrauen, Amihuren und Nazis. Und die Nazis waren sehr gut ausgebildet. Also hat man die Nazis genommen, die verstanden wenigstens was von ihrem Handwerk, gelernt ist gelernt, heute würde man das Know-how-Transfer nennen.

Fachkräftemangel war schon immer ein Thema in Deutschland.

Eine erfolgreich abgeschlossene Berufsausbildung als Nazi war damals Gold wert – das hieß damals Jobgarantie in der Bundesrepublik. Für Alt-Nazis gab es auch nach dem Krieg großartige Karrierechancen: Entweder Du wurdest Verfassungsschützer oder Kammerjäger.

Der Verfassungsschutz hat sehr viele Alt-Nazis angeworben und die wiederum ihre Nazi-Freunde. So wurde aus dem Verfassungsschutz eine Resozialisierungseinheit für verdiente Nazis. Energiepolitisch spricht man hier von Wiederaufbereitungsanlage.

Der Verfassungsschutz als eine Nachfolgeorganisation der Gestapo und SS: Das merkst Du vor allem daran, dass Du VerfaSSungSSchutz nicht ohne SS schreiben kannst, schon mal aufgefallen? VerFAUNGchutz. Geht nicht. SS ist das A und O des Verfassungsschutzes.

Nazis im Verfassungsschutz zu installieren und sich dann zu beschweren, der Verfassungsschutz sei auf dem rechten Auge blind, ist wie Marc Dutroux auf Kindergärtner umzuschulen und sich dann zu beschweren, dass er Kinder anfasst. Ja, vielleicht ist der Verfassungsschutz auf dem rechten Auge blind, aber man kann ihnen nicht vorwerfen, das Herz schlage nicht am rechten Fleck!

Der erste von neun Morden wurde in Nürnberg begangen. Enver Şimşek wurde am Stand seines Blumenhandels auf einer Landstraße, mit acht Kugeln aus zwei unterschiedlichen Waffen, erschossen. Es sollten noch mehrere Morde folgen: nach dem sechsten Mord, dem an İsmail Yaşar, auch in Nürnberg, wurde eine SoKo, eine Sonderkommission mit dem Namen Bosporus eingerichtet. Ist ja auch logisch, wenn hier ein Türke auf offener Straße hingerichtet wird, können das ja nur interne Drogen- und Mafiastrukturen sein. Klar, wir haben doch hier keine Geschichte, kein Mölln und Solingen und Rostock, das müssen die Türken unter sich ausmachen, alles andere wäre doch absurd. Warum hieß die SoKo nicht Siegfried oder Wagner oder meinetwegen Endsieg? Nein, sie hieß Bosporus, das beschreibt das Tätermilieu besser. Diese SoKo Bosporus hat, um im Tätermilieu zu »recherchieren«, eine Dönerbude betrieben. Wie muss ich mir das vorstellen? Da steht ein SoKo-Beamter mit angeklebtem schwarzem Schnäuzer am Hochkantschaschlik und fragt jeden Türken, der vorbeikommt, in landestypischer Sprache: »Ey, hast Du tot gemacht? Hast du Messer, guck ma, habe ich auch Messer!« Nicht selten fiel ihm wahrscheinlich dabei sein angeklebter Schnürres auf die Theke. Diese SoKo Bosporus hat ein halbes Jahr lang diese Dönerbude betrieben und in der ganzen Zeit keine einzige Rechnung bezahlt. Weißt Du warum? Na ganz einfach, um nicht aufzufallen.

Die Polizei war an einem gewissen Punkt so am Ende mit ihrem Latein, dass sie Profiler – auf Deutsch Fallanalytiker – hinzugeholt hat. Das sind Menschen, die aus dem Tathergang Rückschlüsse auf den oder die Täter ziehen, also Fachkräfte, die sich mit der Materie auskennen.

Der Fallanalytiker Udo Haßmann schreibt dazu: »Vor dem Hintergrund, dass die Tötung von Menschen in unserem Kulturkreis mit einem hohen Tabu belegt ist, ist abzuleiten, dass der Täter hinsichtlich seines Verhaltenssystems weit außerhalb des hiesigen Normen- und Wertesystems verortet ist.« Wahrscheinlich sei daher auch, dass die Täter »im Ausland aufwuchsen oder immer noch dort leben.« Auf Deutsch heißt das, sowas machen nur Kanacken, wir Deutsche machen so was nicht.

Genau, sie dachten, wir waren das selber.

***

Kutlu Yurtseven

Tradition – oder: Denke ich an die Keupstraße

Denke ich an die Keupstraße, dann denke ich an meine Kindheit. Ich denke an meine Schulzeit, an Fußball und Essen und Freude. Diese Erinnerungen haben sich in meinen Kopf und vor allem in mein Herz eingebrannt, viele Jahre lang. Die Keupstraße war für mich irgendwie ein wichtiger Teil eines Rituals, eine Art Tradition.

Ich bin in Köln-Flittard aufgewachsen, der letzte Stadtteil von Köln nördlich von Mülheim, nördlich von der Keupstraße. Als Kind begleitete mich mein Vater fast jedes Wochenende zu meinen Fußballspielen oder wir schauten uns gemeinsam Fußballspiele seiner Freunde an, und danach ging es auf die Keupstraße zum Essen. Papa ließ mir und meinem Bruder in einem hinteren Raum eines Cafés die Haare schneiden, von Friseuren aus der Türkei, die in Köln nicht ihrem eigentlichen Berufen nachgingen, in Fabriken arbeiteten und an Wochenenden sich was dazu verdienten. Als ich dann auf die Realschule kam, durfte ich jeden Donnerstag mit meinen Freunden über die Keupstraße ziehen und mir was zu essen zu holen. Das ging bis zur 10. Klasse so. Ich erinnere mich an die Stunden im Café, in dem wir gemeinsam mit meinem Vater Fußball schauten, der einzige Grund, warum er ins Café ging und ich ins Café durfte, und je nachdem wie Beşiktaş gespielt hatte, gingen wir gemeinsam Essen. Während meiner

Abiturzeit gingen wir mit Freunden nach der Schule auf die »Keup« oder zur Ramadan-Zeit unser Fasten brechen, irgendwann spielte ich für kurze Zeit dann für eine Fußballmannschaft auf der Keupstraße. Im Jahr 2003 zog ich auf die Holweider Straße in unmittelbarer Nähe zur Keupstraße.

Ich hole ein wenig weit aus, aber diese Straße war immer ein Teil unseres Lebens, einige Arbeitskollegen und Freunde meines Vaters bzw. meiner Eltern, mit denen er bei Ford arbeitete, eröffneten dort ein Restaurant, und es war irgendwie eine Erinnerung für meine Eltern an ihre Heimat und für uns oft ein Gefühl, ja: auch ein Verständnis der Heimat, von der meine Eltern immer voller Sehnsucht sprachen. Die Keupstraße war für uns, wie für viele andere auch: ein Gefühl.

Ein halbes Jahr nach meinem Einzug, am 9. Juni 2004, explodierte die Nagelbombe auf der Keupstraße, und ich kann mich sehr gut erinnern, dass ich in Köln-Deutz an meinem Arbeitsplatz saß, als mich mein Freund anrief und fragte, ob bei mir alles gut sei und wo ich gerade wäre. Auf meine Verwunderung hin forderte er mich auf, ins Internet zu gehen, und sagte: »Auf der Keup ist eine Bombe explodiert!« Dies war ca. eine halbe Stunde nach der Explosion und ich schaute mir die Bilder an und diese mediale Aufnahme sorgte dafür, dass ich sehr rational blieb. Da explodiert eine Bombe 250 Meter von deiner Wohnung und ich schaue mir Videos an, fühle zwar Trauer, aber lasse das Ganze nicht persönlich an mich ran. Ich sehe einige Verletzte, die ich gut kenne, bin geschockt natürlich, aber nicht intensiver getroffen als bei einem Bericht über irgendeinen anderen Anschlag in einer anderen Stadt.

Zu der Zeit gab es eine schwierige Phase zwischen mir und meinen Eltern. Als mich dann meine Mutter anrief und fragte, ob es mir gut geht, und sagte, dass ich sofort nach Hause kommen soll, also zu ihr und zu meinem Vater, da wurde mir die Situation wirklich bewusst und ich rief meine Ehefrau Sibel an und bat sie, die nächsten Stunden nicht aus der Wohnung zu gehen. Ich ging nach Hause und sah die abgesperrte Keupstraße und konnte nicht viel sehen, doch ich erahnte plötzlich, was für ein Glück ich hatte. Denn acht Stunden zuvor ging ich an dieser Stelle zur Arbeit, und das tat ich fast jeden Tag. Es war auch der Friseur, bei dem ich meine Haare schneiden ließ und lasse, und ich wurde von der Angst eingeholt. Angst um die Verletzten. Angst davor, was noch kommen wird und ob man die Täter ermitteln wird.

Als es dann hieß, dass ein rechtsextremer Hintergrund ausgeschlossen werde und dass die Täter dem kriminellen Milieu im Umfeld der Keupstraße zugeordnet würden, da habe ich erst einmal bitter gelacht. Ich habe als Jugendlicher die Pogrome von Rostock-Lichtenhagen und Hoyerswerda, die Brandanschläge in Mölln und Solingen und die zahlreichen ausländerfeindlichen und rassistischen Übergriffe Anfang bis Mitte der 90er Jahre miterlebt und in meiner Musik auch angeprangert. Geschichte wiederholt sich, es gab immer eine Täter-Opfer-Umkehrung und hier sollte wieder das Gleiche geschehen. Ich habe mir gedacht, es gibt doch diese Filmaufnahmen von der Sicherheitskamera von Viva, da sieht man doch ganz klar, dass es sich nicht um migrantische Täter handelt. Zumindest ist es fatal, nur das Umfeld der Keupstraße oder gar die Bewohner und die Geschäftsleute der Keupstraße ins Visier zu nehmen und faktisch zu kriminalisieren. Wir wissen schon, dass bei derartigen Verbrechen auch im nahen Umfeld der Opfer ermittelt wird, aber dass nur kurze Zeit später ein rechtsextremer Hintergrund kategorisch ausgeschlossen wurde und die Ermittlungen entsprechend verliefen, war für mich ein weiterer Beweis dafür, dass es nur Rechtsextreme gewesen sein konnten. Getreu nach dem Motto: »Was nicht sein darf, gibt es nicht!«, blieben eindeutige Hinweise und Beweise gewollt unbearbeitet. Zeugen, die aussagen wollten, da sie die Täter nach dem Anschlag sahen, wurden nicht gehört, und die Ermittlungen waren eine Farce. Die Opfer wurden wie Täter verhört, ihre Vermutungen und Aussagen manipuliert und verfälscht, die Menschen verängstigt und unter Druck gesetzt. Rund zehn Jahre lang wurden die Menschen der Keupstraße kriminalisiert und stigmatisiert, und uns allen war klar: »Sie wissen, wer es war und wollen es uns anhängen!«

So dachte ich auch, nein ich war mir sicher und ich möchte hier auch nicht weiter auf die Ermittlungen und weitere ekelerregende Details rassistischer Hetze seitens der Behörden und Medien eingehen. Vielmehr gilt es zu fragen, wo ich war, was ich getan habe und wie lange meine Empörung und meine direkte Solidarität anhielt. Direkte Solidarität, da ich indirekt jedem gesagt habe, dass es niemand von der Keupstraße sein kann, aber auch nur so lange, wie ich gefragt wurde, und danach, danach ging mein Leben weiter. Ich habe die Brisanz, das seelische Leiden der beschuldigten und stigmatisierten Menschen nicht mehr gesehen und denke mir heute, was doch 300 Meter Abstand zu einem Tatort absorbieren können. Ich würde mich nicht als unpolitischen und inaktiven Menschen bezeichnen, und ich habe als Musiker und Künstler auch weiterhin viel gegen Diskriminierung, Rassismus und für soziale Gerechtigkeit gekämpft, aber die Fakten vor meiner Haustür übersehen. Das lag auch daran, dass die Menschen auf der Straße, zu denen ich den Kontakt pflegte – ich bin unter anderem ja auch weiterhin zu dem Friseur und zum Fußballschauen ins Café gegangen –, nie mit mir darüber sprachen. Heute ist mir klar warum, aber damals schien alles wieder den gewohnten Lauf genommen zu haben. Obwohl es Momente gab, in denen ich die Wut, Enttäuschung und Angst der Menschen zu spüren bekam.

Ende 2005 drehte der SWR eine Dokumentation mit dem Titel »Heimat in der Fremde«, in der meine Familie, meine Band Microphone Mafia und ich ein wichtiger Bestandteil waren. An einem Abend wollten wir mit dem Kamerateam über die Keup und eine kleine Sequenz in dem Café drehen, in dem wir manchmal Tee tranken und Fußball schauten. Natürlich filmte der Kameramann den Gang über die Keupstraße mit und plötzlich begann jemand aus dem Fenster zu schreien, dass wir verschwinden sollen und in kurzer Zeit standen einige Personen um uns, die wir zum Teil kannten, die uns nahelegten zu verschwinden. Nachdem ich kurz erklärt hatte, was wir drehen und was geplant ist, kam dann der Satz, der mich damals wirklich irritierte: »Ok, Kutlu, dreht, was ihr braucht, aber schnell und danach verschwindet diese Kamera von der Straße, wir haben genug von den ganzen Kameras und davon, als Kriminelle und Asoziale dargestellt zu werden, ansonsten schlagen wir das Ding kurz und klein.« Heute kann ich es verstehen.

Das war 2005, und erst mit der sogenannten Selbstenttarnung 2011 wurde mir das Ausmaß der Leiden der Angehörigen der Mordopfer, der Menschen auf der Keupstraße und der Familie in der Probsteigasse bewusst. Mit dem Video des NSU wurde ja auch klar, dass der Anschlag auf einen Kiosk im Jahr 2001 in der Kölner Probsteigasse durch den NSU verübt wurde, und dies war ein weiterer Schock für mich, denn unser Büro und Studio war schräg über dem Kiosk im gleichen Gebäude, und mir erschienen wieder die Bilder vor Augen, wie diese Familie kriminalisiert wurde, wie die Menschen im Haus plötzlich Verdächtigungen aufstellten, die Polizei einseitig und rassistisch ermittelte. Ich verstand besser denn je, warum die Familie flüchtete. Klar, ich war mir damals auch sicher, dass die Familie unschuldig war und dass es keine iranischen Schutzgelderpresser waren, habe darauf auch im Haus und bei einer kurzen Befragung der Polizei insistiert, aber nachdem die Familie dann den Druck nicht mehr aushielt und wegzog, ging das Leben wieder weiter wie gewohnt, zumindest mein Leben und das derer im Haus. Als Teil der Gruppe Dostluk Sineması und der Initiative »Keupstraße ist überall« hatten wir das Glück, dass Betroffene Vertrauen zu uns fassten und uns über das Erlebte berichteten und wir ihnen irgendwie das Gefühl geben konnten, dass wir sie ernst nehmen und sie sich uns anvertrauen können. Je mehr sie erzählten, desto mehr erkannte ich, welchem Terror diese Menschen ausgesetzt waren.

Genau so funktioniert Terror. Man weiß selber, dass man unschuldig ist, wird in den Medien und durch die Ermittlungen zu Schuldigen stigmatisiert und die wahren Täterinnen und Täter bleiben unbehelligt und werden nicht zur Rechenschaft gezogen. Die Täterinnen und Täter fühlen sich in Sicherheit, schrecken nicht davor zurück, weiter zu agieren und das vermittelt den Betroffenen: Es kann uns immer wieder passieren und wir können nichts dagegen tun. Niemand, der uns hört, glaubt oder schützt – mehr noch: wir werden beschuldigt. Diese Angst, Ohnmacht und Hilflosigkeit ist Terror! Leider hat das auch Tradition und die täglichen Nachrichten über neue Skandale zeigen, wie tief dieser Sumpf ist.

Tradition, ja: Tradition war es auch, jedes Jahr in die Türkei zu

V. NSU-KOMPLEX UND WIDERSTAND

fahren, und ich habe als Kind den Militärputsch von 1980 und dessen Folgen miterleben müssen – oder was man als Kind eben im Urlaub davon so miterlebt. Ich weiß aber genau, dass meine Eltern immer, wirklich immer unseren Verwandten mitteilten, was für ein Rechtsstaat Deutschland ist und wie vertrauenswürdig und ehrlich der deutsche Staat sei und Gerechtigkeit ganz groß geschrieben würde. Der NSU-Komplex, die Verstrickung des Verfassungsschutzes mit rechtsextremen Strukturen und die Opfer-Täter-Umkehrungen über Jahrzehnte haben dieses Bild des Vertrauens und der Sicherheit zerstört und viele Menschen der ersten Generation verstört und verängstigt. Mich persönlich hat es weniger überrascht, nein das stimmt nicht ganz, ich war selber schockiert, wie der NSU-Komplex in diesem Ausmaß wirken konnte und wie über Jahre Betroffene seelisch und körperlich durch Medien, Behörden und Nazis (wissen wir, wer unsere Feinde sind?) terrorisiert und gequält wurden. All das, was ich und viele meiner Freundinnen und Freunde in unserer Musik und in unseren politischen Aktivitäten vermutet und hinterfragt haben, wird plötzlich zur Wahrheit und Realität – und die übersteigt sogar unsere Vorstellungen.

Abschließend möchte ich sagen, dass der NSU-Komplex wie ein Damoklesschwert über meinen Gedanken zur Keupstraße hängt. Es zeigt mir, dass wir nicht aufhören dürfen, uns zu erinnern, erinnern an die Mordopfer rechtsextremer Gewalt, erinnern an den strukturellen Rassismus, dem Menschen täglich ausgesetzt sind, uns vor Augen führen, dass die vollkommene Aufklärung, die den Betroffenen und den Familien der Mordopfer versprochen wurde, nicht stattfinden wird und dass der Prozess in München das beste Beispiel dafür ist. Denn auch dies ist eine Art Tradition, die ich versucht habe in meinem Text zum Song »Niemand wird vergessen« mit dem Musiker Refpolk vor Augen zu führen:

Rostock-Lichtenhagen, Hoyerswerda, Mölln, Solingen
Höre noch die Schreie durch die Nacht klingen
Häuser die brennen, Menschen die rennen
Geistige Brandstifter die Nazis lenken

Opfer werden Täter, Faschos verschont
Mauerfall bis Nagelbombe, das hat Tradition
Özüdoğru, Şimşek, Taşköprü, Yozgat
Boulgarides, Kubaşık, Turgut, Burak
Yaşar, Aslan, Yilmaz, Genc
in jeder der Seelen ein Schmerz, der brennt
Probsteigasse, Keupstraße, Terror
VS, Polizei, blanker Horror
Autarkes Gedenken, autarker Protest
Fremde, Freunde in Inis vernetzt
Ab jetzt gemeinsam mit Tat und Wort
Niemand wird vergessen, Oury Jalloh DAS WAR MORD!

Selbstbestimmtes Erinnern und Gedenken ist unabdinglich, aber aufgrund der Tatsache, dass weder die Politik noch die Justiz ihrer Aufgabe und Pflicht zur ehrlichen und vollkommenen Aufklärung nachgekommen ist, müssen wir einen Schritt weitergehen und selbstbestimmt anklagen. Daher ist das geplante Tribunal im Jahr 2017 in Köln elementar! Ein Tribunal als Plattform, bei dem die Betroffenen selbst anklagen und ihre Forderungen öffentlich machen!

***

Eymen Nahali

Es läuft auf jeden Fall ordentlich was schief, in good old germany

Ich denke, wie für viele andere Menschen mit »Migrationshintergrund« in Deutschland auch, war das Wirken des NSU für mich erstmal ein großer Schock. Rassismus war und ist immer in meinem Leben präsent gewesen, auch hab' ich mich viel in meiner frühen Jugend mit Neonazis auseinandergesetzt. Mir war bewusst, dass es Menschen gibt, deren Verachtung für andere Menschen so groß ist, dass sie nicht vor Gewalt zurückschrecken und Menschen auf Grund ihres Aussehens bzw. ihrer Herkunft sogar töten. Als Musiker hat mich der Fall von Alberto Adriano im Jahre 2000 besonders geprägt und beeinflusst, ein aus Mosambik stammender Familienvater, der in Dessau von drei Neonazis zusammengeschlagen wurde und wenige Tage später an seinen schweren Verletzungen verstarb. Als Reaktion auf diese Tragödie haben sich damals verschiedene afrodeutsche Künstler zusammengetan und das Kollektiv »Brothers Keepers« gegründet, um mit ihrer Musik auf die rassistischen Zustände in Deutschland aufmerksam zu machen.

Bis 2011 hatten Rassismus und rassistische Übergriffe für mich persönlich immer in einem Rahmen stattgefunden, mit dem ich mich arrangieren konnte, ich wusste, es gibt bestimmte Regionen in Deutschland, in denen es nicht besonders »gesund« für mich ist, auf die Straße zu gehen, ich war mir auch über die verschiedenen Formen gewalttätiger Übergriffe im Klaren und habe mit den Jahren meinen Umgang damit gefunden. Der Alltagsrassismus, mit dem ich schon mein ganzes Leben hier konfrontiert werde, wurde mit der Zeit »Business as usual«, eine Art Normalität, an die ich mich gewöhnt habe.

Mit dem NSU nahm die Fremdenfeindlichkeit für mich ein ganz anderes Ausmaß an. Rechte Gewalt hatte für mich plötzlich nicht mehr den Charakter von betrunkenen rechten Prolls, die mich als »Kanacken« durch ihr Dorf jagen könnten, es waren auch nicht mehr »National Befreite Zonen«, die es für mich zu vermeiden gilt, sondern da waren Menschen, die es sich zu ihrer Aufgabe gemacht haben, andere Menschen, die aussehen wie ich, gezielt zu ermorden. Mit Schusswaffen und Sprengstoff haben sie die Opfer in deren eigenen Lebenswelten aufgesucht, in ihren Kleingewerben hingerichtet oder Bomben in Vierteln wie Köln-Mülheim gezündet, wo ich selbst oft unterwegs gewesen bin. In solchen Situation helfen keine schnellen Beine oder eine gute Selbstverteidigung, die Menschen waren der totalen Willkür dieser Verbrecher ausgesetzt. Mich hat es schockiert und auch beängstigt, dass unsere Gesellschaft solche Gestalten hervorbringen kann, die zu so etwas in der Lage sind, und ich hab' mich unwohl in meiner Haut gefühlt.

Aber noch schlimmer als die Tatsache, dass da Menschen fast zehn Jahre lang ungestört durchs Land reisen und eine Art rassistischen Amoklauf durchführen konnten, ist für mich für der Umgang und die Verstrickung von staatlichen Behörden mit dieser Form von Terrorismus. Es hat sich für mich relativ schnell die Frage gestellt, warum einzelne Akteure jahrelang im Untergrund in Deutschland nicht nur abtauchen, sondern aus der Illegalität heraus über so einen Zeitraum eine Mordserie sowie verschiedene Bombenanschläge und Raubüberfälle verüben konnten, ohne dass es einschlägige Ermittlungen gab. Der ganze Fall weckte mein Interesse und ich habe mich sehr intensiv mit der Thematik beschäftigt und verfolge die Geschehnisse bis heute.

Mein Vertrauensverhältnis in den deutschen Staat war auf Grund meiner Erfahrung, die ich mit institutioneller Diskriminierung in den unterschiedlichen Behörden gemacht hab' – vor allem mit der Polizei –, immer schon eher etwas kritisch, deswegen bin ich nicht mit einer besonders hohen Erwartungshaltung an die Sache herangegangen. Dass man eine Sonderkommission mit dem Namen »Bosporus« betitelt oder von »Döner-Morden« spricht, grenzt für mich nicht nur latent an Rassismus, sondern ist eine ganz deutliche Form von rassistischer Ausgrenzung und auch eine Verhöhnung der Hinterbliebenen. Aber alles, was sich im Rahmen des NSU-Falles abgespielt hat, kam mir persönlich eher wie ein Auszug aus George Orwells *1984* vor, oder wie die politische Praxis irgendeiner totalitären afrikanischen Bananenrepublik und nicht wie die eines westeuropäischen Staates, der auf demokratischen und freiheitlichen Werte basieren soll. Der Verfassungsschutz schreddert zufälligerweise die für die Aufklärung der Verbrechen notwendigen Dokumente und im Rahmen der Ermittlungen erfährt man, dass ein Beamter des Verfassungsschutz anwesend war, als der 21-jährige Halit Yozgat aus Kassel in seinem Internetcafé mit zwei Schüssen in den Kopf hingerichtet wurde. Ich meine, da war ein Ordnungshüter, ein sogenannter Freund und Helfer, anwesend, als ein Mensch gezielt ermordet wird, und er interveniert nicht? Ein Teil eines Staatsorgans lässt so etwas geschehen – nicht bei einem Putsch in Burkina Faso oder in einem Drogenkrieg in Kolumbien, sondern in der Bundesrepublik Deutschland im 21. Jahrhundert.

Beim militärischen Geheimdienst der Bundeswehr gab es auch Dokumentenschwund zu der Terrororganisation, und an dem Tag, als Beate Zschäpe ihre Unterkunft in Brand gesetzt hatte, um Beweise zu vernichten, nachdem sich schließlich ihre beiden Partner selbst erschossen haben sollen, wurde sie von einer Nummer mehrfach kontaktiert, die auf das sächsische Innenministerium zugelassen war. Ich mein', ich bin kein Freund von Verschwörungstheorien, aber bei dem, was da alles raus kam, wurde mir teilweise einfach nur schlecht, und ich bin für mich zu dem Entschluss gekommen, dass unsere Geheimdienste nicht auf dem rechten Auge blind sind. Denn offensichtlich gibt es Menschen innerhalb dieser Institutionen, die gegenüber Neonazi-Strukturen nicht nur die Augen verschließen, sondern dem NSU beide Hände gereicht haben müssen, anders sind die Aktenvernichtungsaktionen für mich nicht zu erklären und auch nicht, dass die Terroristen im Besitz von legal-illegalen Ausweispapieren waren. Hierbei immer wieder von »Geheimdienstpannen« zu sprechen, wie es seitens der Medien und der Politik getan wurde, ist für mich eine Frechheit. Bei einer Panne bleibt in der Regel ein Pkw liegen, weil er nicht mehr richtig funktioniert. Reifen oder der Keilriemen müssen ausgetauscht werden, eventuell wird der ADAC verständigt, damit der Wagen abgeschleppt und repariert werden kann. Der Verfassungsschutz und auch die polizeilichen Behörden sind im Fall des NSU ihrem eigentlichen Auftrag nicht nachgekommen, was dazu geführt hat, dass zehn Menschen Opfer einer rassistisch motivierten Mordserie geworden sind. Familien haben ihren Vater, Mann, Bruder, Onkel, Sohn oder, wie im Fall der erschossenen Polizeibeamtin, eine Tochter verloren. Diese Menschen sind jetzt tot, man kann sie nicht wie einen Keilriemen austauschen, sie fehlen jetzt ihren Freunden und Familien. Das Ganze ist keine Panne, sondern eine Katastrophe, ein einziges großes Desaster, und es wird meiner Meinung nach auch nicht besser, wenn ein paar Beamte ihren Platz räumen müssen oder Frau Merkel andächtig guckend heiße Luft in eine Kamera pustet. Die

Hinterbliebenen, aber auch wir als Bürger, haben ein Recht auf eine lückenlose Aufklärung der Verbrechen und der Mittäterschaft durch deutsche Beamte.

Ich hab' mich oft in diesem Zusammenhang gefragt: Wer überwacht die Überwacher, wer kontrolliert die Kontrolleure, und bin zu keiner mich zufriedenstellenden Antwort gekommen. Seit der Mordserie habe ich in verschiedenen Antirassismus-Gruppen unter anderem auch zur NSU-Thematik mitgewirkt, Vorträge organisiert, Texte geschrieben sowie Demonstrationen und Gedenkveranstaltungen besucht. Bei dieser Arbeit ist mir nochmal bewusst geworden, wie sehr der deutsche Staat und vor allem sein Geheimdienst sich personell aus übergebliebenen NS-Strukturen aufgebaut haben. Bei meiner Recherche bin ich auf die neofaschistischen Terroranschläge in Italien in der 1980er Jahren durch GLADIO, eine verdeckte NATO-Einheit, gestoßen, deren Akteure durch Teile des Staatsapparates gedeckt wurden. Das Ganze wirkt auf jeden Fall für mich eher wie ein schlechter James-Bond-Film und hat wenig damit zu tun, was man mir versucht hat, im Politikunterricht beizubringen.

Der NSU-Prozess läuft, Beate Zschäpe steht vor Gericht und wieder sterben Menschen und zwar auch prozessrelevante Zeugen. Mittlerweile sind es fünf Tote, ein Zeuge verbrannte sich angeblich selbst in seinem Fahrzeug, eine weitere Zeugin verstarb an Lungenembolie, ein weiterer ebenfalls vermeintlich durch Selbstmord, der nächste verstarb plötzlich an einer vorher nicht bekannten Diabetes im Zeugenschutzprogramm und ein weiterer soll sich auch in seinem Pkw selbst in Brand gesetzt haben. Ab dem zweiten Zeugen bin ich stutzig geworden, ein Schelm, wer was Böses dabei denkt. Es sieht für mich auf jeden Fall nicht nach einer lückenlosen Aufklärung aus. Ich weiß nicht, was schlimmer ist: Nazi-Terroristen, die organisiert Menschen mit Migrationshintergrund hinrichten, oder Staatsschützer, die sie dabei eventuell unterstützt haben?

Es läuft auf jeden Fall ordentlich was schief in *good old germany*.

***

Emine Aslan

Wir sind Zeitzeugen

> »You don't stick a knife in a man's back nine inches and then pull it out six inches and say you're making progress ... No matter how much respect, no matter how much recognition, whites show towards me, as far as I am concerned, as long as it is not shown to everyone of our people in this country, it doesn't exist for me.«
> *(El Hajj Malik El Shabazz aka Malcolm X.)*

Seit meinem 20. Lebensjahr schwebt in diesem Land der Schatten der NSU-Morde über mir. Diese Morde sind ein perfektes Beispiel dafür, wie verschiedene Leben, die eigentlich gar nicht miteinander verbunden sind, über Nacht zu einer »Schicksalsgemeinschaft« werden können, wenn man denn mit diesem schrecklichen Begriff arbeiten will.

Solche Morde entsprechen nämlich weder meinem »Schicksalsverständnis«, noch sind »wir« eine freiwillige Gemeinschaft, sondern wir wurden vielmehr über geteilte Gewalterfahrungen kollektiviert. Zu diesen Gewalterfahrungen gehören im engeren Sinne die NSU-Morde, Solingen, Rostock-Lichtenhagen, Oury Jalloh, Marwa El Sherbini, Christi Schwundeck und Yangjie Li. Diese Fälle haben nicht nur die rassistische Gewalt gemeinsam, sondern auch die im Anschluss erfolgende Gleichgültigkeit bis hin zum *Victim Blaming*. Die Informationspolitik um die Morde, die Beschuldigungen der Angehörigen und der »Ihresgleichen« belastet die deutsche Justiz, Politik, und das Selbstbild einer nicht-rassistischen und demokratischen Gesellschaft. Der öffentliche Umgang mit der Ermordung dieser Menschen – denken wir einmal an die zutiefst rassistische Bezeichnung der »Döner-Morde« – fühlte sich mit jedem weiteren rassistisch motivierten Mord wie eine symbolische Backpfeife für all jene an, die sich selbst als einen so selbstverständlichen Teil dieser Gesellschaft sehen. Anfang zwanzig wurde ich also immer wieder zur Zeitzeugin davon, wie unterschiedlich die Tode von Menschen innerhalb einer Gesellschaft gewichtet werden können.

Im weiteren Sinne zählt zu diesen Gewalterfahrungen aber auch, dass die Bedrohung unserer Leben zu Nebenschauplätzen gemacht wird, während wir gleichzeitig anderen die Angst vor uns nehmen sollen. Mir wird keine Entwarnung gegeben. Kein Zeichen, dass mir mein Misstrauen gegenüber der deutschen Justiz, Polizeiermittlungen und der Regierung nimmt. Ganz im Gegenteil werde ich unter Generalverdacht gestellt und finde mich auf der Anklagebank, während mir meine Kläger noch einige Antworten schulden. Stattdessen wurden wir überrollt von einem Diskurs, in dem Pegida und AfD die Themenschwerpunkte setzen. Rassistische Stimmungsmacher werden dann zu »besorgten Bürgern«, während antirassistisches Engagement als »Opferhaltung« diskreditiert wird. Dabei gehört gerade dieses Engagement zu den Dingen, die wir am meisten benötigen in dieser Gesellschaft. In TV-Sendungen und parteipolitischen Debatten tauchen wir selten als fordernde Stimmen auf, die die Ungerechtigkeiten im Rechtssystem anprangern, und die gehört werden sollten. Selten bekommt die Aufarbeitung rassistischer Gewalt einen ähnlichen Stellenwert wie paternalistische Integrationsforderungen und pauschalisierende Stigmatisierungen muslimischer Communitys.

Wenn eine Partei, die uns zum Feindbild macht, nun beängstigende Wahlerfolge erzielt, sehen wir uns mit der ernüchternden Aussage, eine Demokratie müsse das aushalten, konfrontiert. »Eine AfD zu ertragen und zu ignorieren, ist ein Privileg, das Schwarze und People of Color nicht haben«, so der Politikwissenschaftler Ozan Keskinkılıç.

Gleichzeitig dürfen wir nicht den Fehler begehen, Thilo Sarrazin, AfD und Pegida als Randerscheinungen zu betrachten. Sie gießen zwar immer wieder Öl ins Feuer, die Diskurse jedoch werden in weniger populistischer Manier auch aus der Mitte der Gesellschaft und von Parteien wie der CDU und CSU bedient.

Als marginalisierte und von Rassismus betroffene Menschen in Deutschland können wir es uns nicht leisten, vergesslich zu sein. Wir müssen verstehen, was die Ungereimtheiten der NSU-Morde mit strukturellem Rassismus zu tun haben. Wir müssen verstehen, dass

»Döner-Morde«, »Ausländerkriminalität«, »Ehrenmorde«, »Black on Black Crime« Diskreditierungen unserer Gewalterfahrungen sind, die gleichzeitig eine rassistische Täterschaft bereits im Vorfeld ausschließen, weil das *weiße* Selbstbild einen höheren Schutz genießt als die Anerkennung reeller Bedrohungen und Gefahren für rassifizierte Menschen. Hier greift folgendes Muster: Ausländer, Migranten, Muslime, Kanaken. Das sind diejenigen, die Probleme unter sich selbst haben und »uns« welche machen. In nahezu allen rassistischen Diskursen werden wir dieses Muster vorfinden. Oury Jalloh, der 2005 in einer Zelle auf einem Polizeirevier in Dessau verbrannte, musste sich nach dieser Wahrnehmung selbst angezündet haben, auch wenn die Obduktion und ein Brandgutachten einen ganz anderen Schluss nahelegen. Wenn Migrant_innen ermordet werden, stecken da sicherlich »Bandenkriege« oder andere Kriminalitäten dahinter. Sexismus ist auch nur dann ein Problem, wenn die Täter nicht-*weiße* Männer sind und feministische Anliegen für rassistische Abschieberegelungen instrumentalisiert werden können. Deswegen tauchen Migrant_innen oder People of Color vor allem dann im öffentlichen Interesse auf, wenn es darum geht, sie zu überwachen, kontrollieren, integrieren, erziehen oder eben loszuwerden.

»Hat Deutschland ein Rassismusproblem?« ist ein beliebter Titel für Artikel, Podiumsdiskussionen und Fernsehsendungen. »So schlimm ist es doch auch nicht« ist die Richtung, die dann oft eingeschlagen wird. Ich möchte nicht von »Willkommenskultur« und »erfolgreich integrierten« Migrant_innen reden, während Menschen aufgrund eines Konstruktes wie »nationalen Identitäten« und europäischen Grenzen ihr Leben verlieren. Während eine Polizeiuniform vor der lückenlosen Aufklärung rassistischer Morde schützt, und während immer wieder Asylunterkünfte angegriffen oder geflüchtete Menschen und/oder muslimische Frauen angeschossen werden. Vor diesen Realitäten grenzt es für mich an Perversion und Ignoranz, von Fortschritt zu reden, nur weil türkisch oder muslimisch klingende Namen in der Politik vertreten sind oder weil weitere Integrationskurse gefördert werden.

Je besser wir informiert sind, desto eher werden wir tätig.
Seit meinem zwanzigsten Lebensjahr bin ich Zeugin in diesem Land. Ich kann aber nicht bezeugen, wenn ich nicht informiert bin. Unmöglich kann ich den Skandal in den NSU-Morden verstehen, wenn ich mich den Zusammenhängen und der Arbeit des NSU-Ausschusses verschließe.

Als einzige erkennbare Muslima sitze ich am 11. Mai 2015 im Hessischen Landtag. Die Anhörung des ehemaligen V-Mann-Führers beim Verfassungsschutz Andreas Temme steht an. Meine Gefühle sind gemischt. Die NSU-Morde richteten sich gegen Menschen wie mich. Und nun steht der Vorwurf im Raum, Verfassungsschützer hätten von dem Kasseler Mord gewusst und nichts unternommen.

Die Anhörung konzentriert sich auf ein Telefonat vom 9. Mai 2006. Der ehemalige Geheimdienstbeauftragte Gerald-Hasso Hess und der ehemalige Verfassungsschutzmitarbeiter Temme reden über den NSU-Mord im Internetcafé von Halil Yozgat. Temme befand sich zum Tatzeitpunkt am Tatort, bestritt dies aber. Erst als sich seine Anwesenheit nicht mehr leugnen ließ, räumte er sie ein, behauptete aber, nichts von dem Mord mitbekommen zu haben. Das besagte Telefonat führten Hess und Temme zwei Wochen nach diesem Mord. In dem 30-minütigen Gespräch sagt Hess unter anderem: »Ich sage jedem ja, wenn ihr wisst, dass so was passiert, bitte nicht vorbeifahren.« Hess empfahl Temme zudem: »So nah wie möglich an der Wahrheit bleiben.«

Die Vorwürfe sind erdrückend, die Zitate unbestreitbar. Zu meiner Überraschung geht es aber schnell zur Sache: Ob Hess seine Aussage als unglücklich einschätze; ob er von dem geplanten Mord gewusst habe. Kein Taktieren, kein Herantasten. Schnell wird klar, die Befragung muss auf ein bestimmtes Ergebnis hinauslaufen: Hess' Äußerungen werden von den meisten Ausschussmitgliedern als »ironisch« eingestuft. Dabei ist bekannt, dass das Telefonat zwischen Temme und Hess angespannt beginnt, angespannt bleibt, angespannt endet und keinen Raum für Ironie lässt. Aber ausgerechnet diese Aussage soll ironisch gewesen sein. Und zufällig wurde ausgerechnet diese Aussage als irrelevant eingestuft und nicht protokolliert – von einer Beamtin, die nach eigener Aussage vor dem Ausschuss nur protokolliert und nicht bewertet. Aber selbst dieser Widerspruch stößt den Ausschussmitgliedern nicht auf. Die Befragten liefern viele Steilvorlagen, um Widersprüche strategisch aufzuarbeiten. Daran scheinen die meisten Ausschussmitglieder aber kein Interesse zu haben. Vielmehr drängt sich der Verdacht auf, dass das Interesse an einem entlastenden Ergebnis größer ist als ein ernsthaftes Hinterfragen. Als wären die rassistischen Morde und die Vorwürfe gegen einen ehemaligen Verfassungsschützer nicht schon schlimm genug, ist es umso enttäuschender, nun mit anzusehen, wie jener Ausschuss arbeitet, der bei der Aufklärung der NSU-Morde helfen soll. Ausschlaggebende Hinweise, die zur Aufklärung führen könnten, fallen dann im Interesse des Verfassungsschutzes unter den Tisch.

Am Ende sind sich die CDU und ihr Koalitionspartner, Die Grünen, sicher: Hess' Aussage ist ein »unglücklicher Eisbrecher« und nicht weiter verdächtig. Alles andere würde den amtierenden Ministerpräsidenten Volker Bouffier (CDU) unter Druck setzen. Er war, als der Mord im Internetcafé verübt wurde, Innenminister des Landes und hat unter anderem Zeugenbefragungen verhindert, die zur Aufklärung hätten beitragen können. Immerhin befindet die SPD die Anschuldigungen für noch nicht geklärt. Nur die Linksfraktion, die in diesem Komplex nichts zu befürchten hat, zeigt sich bemüht, den Ungereimtheiten auf die Spur zu gehen.

Das Schlimmste an diesem Tag ist aber: Ich bin die einzige Person im Raum mit einem sichtbaren sogenannten »Migrationshintergrund«. Ich frage mich, weshalb wir bei Anhörungen wie diesen nicht den Raum füllen bis in die hintersten Plätze. Ich frage mich, weshalb nicht draußen vor der Tür Tausende demonstrieren. Wo unser kritisches wachsames Auge bleibt. Wir sind laut, wenn es darum geht, uns von vermeintlich ›muslimischen‹ Gewalttaten zu distanzieren, aber viel zu leise, wenn es darum geht, rassistische Gewalt und staatliche Komplizenschaft, die uns direkt betreffen, anzuprangern und selbstbewusst aufzuarbeiten. Und zwar unabhängig von parteipolitischen Interessen. Etwa in Form von Plattformen kritischer migrantischer, geflüchteter und PoC-Stimmen, die ihre Ressourcen zusammentragen, um realpolitische Forderungen zu stellen.

Im NSU-Komplex tauchen immer mehr Ungereimtheiten auf, die Arbeit des NSU-Ausschusses liefert mehr Fragen als Antworten, Zeug_innen versterben, hunderte Seiten von Einsatzprotokollen aus den Ermittlungsakten werden vermisst. Unsere Empörung – sofern sie denn erfolgt – beschränkt sich jedoch auf das Teilen, also Weiterleiten des einen oder anderen Artikels. Wie viele »Einzelfälle« müssen zufällig ans Tageslicht kommen, ehe sich der Staat ernsthaft mit strukturellem Rassismus auseinandersetzt? Und weshalb erwarten wir, dass sich eine Regierung von alleine zu solch einer Verantwortung bekennt?

Darauf zu hoffen, dass ein strukturelles Problem – in diesem Falle struktureller Rassismus – sich aus der Struktur heraus beseitigen lässt, führt zu einer Gleichgültigkeit, die uns in der Zukunft noch sehr viel größere Probleme bereiten wird.

***

Ali Şirin

Ein Land im Unbehagen – Sehnsucht nach Solidarität

Ein Pamphlet eines deutschen Diktators in kritischer Edition und ein Buch eines SPD-Mitglieds, das sich Sorgen um das Wohl Deutschlands macht, sind literarische Bestseller – was sagt dies über den gesellschaftlichen Zustand eines Landes aus? Ein Land im Unbehagen, ein Land, das sich vor gesellschaftlicher Veränderung fürchtet und das Ende einer nationalen Identität beklagt. Mit jeder kriminellen Tat eines Nicht-Deutschen wird der Untergang des Abendlandes prophezeit, Geflüchtete werden als religiöse Bedrohung und Invasoren wahrgenommen, Flüchtlingsunterkünfte in Brand gesteckt. Die Politik wirkt ratlos – die AfD trumpft mit einfachen Antworten und Ressentiments auf und erzielt Wahlerfolge. Die soziale Ungleichheit verstärkt die Angst um Sozialstatus und Wohlstand.

Wofür steht Deutschland? In was für einer Gesellschaft wollen wir miteinander leben? Wie kann ein Zusammenleben unterschiedlichster Kulturen gelingen? Antworten auf diese und weitere Fragen werden immer wichtiger, weil unsere Gesellschaft heterogener, bunter wird. Unsere Gesellschaft ist pluralistischer geworden und somit hat sie sich unweigerlich verändert bzw. befindet sich stets in Veränderung. Dies zeigt sich nicht nur darin, dass die Essenskultur vielfältiger ist, sondern auch darin, dass sich diese Pluralität auch im Alltag und in der Öffentlichkeit widerspiegelt. Diese Veränderung der Gesellschaft wird von nicht wenigen nicht als Bereicherung gesehen, sondern als Bedrohung ihres gewohnten Umfeldes.

Der Rassismus ist nach wie vor ein Problem in unserer Gesellschaft. Er wird ungern thematisiert oder euphemistisch verharmlost. Dies zeigt sich auch im Umgang mit dem NSU-Komplex. Seit dem Auffliegen des NSU im November 2011 gibt es in den Medien zum Teil eine starke Fokussierung auf drei der bisher bekannten Täter_innen. Der gesellschaftliche Kontext der NSU-Morde wird nicht diskutiert. Als hätte sich das Problem des Rassismus mit dem Auffliegen des NSU von selbst gelöst. Mit Karl Jaspers' Worten: »Die Gleichgültigkeit ist die mildeste Form der Intoleranz«. Sie ist nicht nur in der sogenannten Mehrheitsgesellschaft anzutreffen, sondern auch unter den Menschen unterschiedlichster Herkunft.

Bundeskanzlerin Angela Merkel entschuldigte sich zwar im Februar 2012 in ihrer Rede zum zentralen Gedenken für die Opfer des NSU bei den Hinterbliebenen und versprach die Aufklärung der Morde. Sie warnte vor Gleichgültigkeit gegenüber Intoleranz und Rassismus. Eine wichtige Rede und eine wichtige Botschaft an die Menschen in Deutschland. Was ist aber seither geschehen? Der NSU-Prozess in München verspricht nicht wirklich eine Aufklärung der Morde, keine wirklich kritische Auseinandersetzung mit der Rolle des Verfassungsschutzes und der Polizei – und auch keine Gerechtigkeit für die Familien der Opfer. Eine wirkliche Aufklärung seitens des Staates wäre ein wichtiges Zeichen an die Menschen gewesen.

2006 wurde Mehmet Kubaşık von der rassistischen Terrororganisation Nationalsozialistischer Untergrund in der Dortmunder Nordstadt ermordet. Seitdem ist auch Dortmund als Metropole des Ruhrgebiets vom NSU-Terror betroffen. Jene Stadt, die Lebensmittelpunkt für Menschen unterschiedlicher Nationalitäten und Kulturen ist, aber auch als Hochburg für verschiedene Neonazi-Szenen bekannt ist. Daher ist es kein Zufall, dass auch Dortmund von diesem rechten Terror betroffen ist. Der NSU ist nach bisherigem Kenntnisstand für zehn Morde, zwei Anschläge in Köln und mehrere Banküberfälle verantwortlich.

Seit 2013 organisiert ein Bündnis aus mehreren Vereinen, Bewegungen und Parteien in Dortmund einmal im Jahr den »Tag der Solidarität«, und zwar am 4. April, dem Todestag von Mehmet Kubaşık: im Gedenken an die gesamten Opfer des NSU-Terrors und für eine solidarische, diskriminierungsfreie Gesellschaft. Im April 2016 wurde der »Tag der Solidarität« zum vierten Mal durchgeführt. An der stillen Demonstration und Kundgebung nahmen in Dortmund 500 Menschen teil.

Ins Leben gerufen wurde der »Tag der Solidarität« von dem Verein Bezent e.V., einer Migrantenorganisation, deren Mitglieder hauptsächlich kurdischer und türkischer Herkunft sind. Das Bündnis besteht nun aus mehr als 30 Vereinen, Initiativen und Parteien. Vor und nach dem »Tag der Solidarität« finden stets mehrere Veranstaltungen statt – u.a. Podiumsdiskussionen, Lesungen und Filmabende. Wichtig ist es, ein Zeichen zu setzen.

Mit dem »Tag der Solidarität« betont das Bündnis, dass es sich nicht um ein Trio handelt, sondern der NSU vielmehr als ein weitreichendes Netzwerk verstanden werden muss. Schließlich ist die Frage »Wo bleiben die Konsequenzen?« ein Aufruf zu einem fairen Gerichtsprozess, der tatsächlich aufarbeitet und aufklärt und in dem nicht nur die Tatbeteiligung eines kleinen Kreises verhandelt wird, sondern dieses gesamten Netzwerks. Das Bündnis unterstützt in diesem Sinne die Forderungen der Angehörigen nach umfassender Aufklärung und Gerechtigkeit, allen voran ist das auch der Wunsch der Familie Kubaşık. Es fordert auch eine wirkliche Aufarbeitung der Rolle des Verfassungsschutzes und der Sicherheitsdienste während der NSU-Morde und nach deren Auffliegen.

Dem Bündnis ist wichtig, neben dem Gedenken auch die Begegnung und den Dialog zu fördern, um somit Fragen rund um das Zusammenleben und solche des gesellschaftlichen Miteinanders zu diskutieren sowie Herausforderungen gemeinsam anzunehmen. Das friedliche Nebeneinander zu einem gemeinsamen Miteinander werden zu lassen – ein hehres Ziel, das zurzeit nur in kleinen Schritten erfolgt. 500 Menschen nahmen dieses Jahr an der Demonstration und Kundgebung für Mehmet Kubaşık teil. In einer Stadt mit einer Einwohnerzahl von über 590.000 Menschen ist dies nicht wirklich viel. Ist dies auf Desinteresse, Unwissenheit, fehlende Zeit oder schlechte Mobilisierung zurückzuführen? Es gibt sicherlich viele Antworten auf diese Fragen.

Viele Vereine, Initiativen und auch die Stadt bemühen sich um ein besseres Miteinander und mehr Solidarität – nur wird dies nicht gelingen, wenn die institutionelle Diskriminierung nicht diskutiert und nicht nach Lösungen gesucht wird.

Das Problem des Rechtsradikalismus bleibt in Dortmund und ganz Deutschland nach wie vor aktuell. Die Rechten hetzen und schüren Ängste vor Zuwanderung. Sie erschaffen den Anderen, verallgemeinern, entindividualisieren und bedrohen Menschen, die sich gegen die Intoleranz der Rechten engagieren. Das Problem des Rechtsradikalismus wird nicht als solches gesehen – obwohl im Rat der Stadt Dortmund und in den Bezirksvertretungen Rechte sitzen. Aufgrund eines befürchteten Imageschadens schreckt die Stadt davor zurück anzuerkennen, dass Dortmund zugleich eine Hochburg der autonomen Rechtsextremen ist. Eher gilt die Sicht, dass Rechtsradikalismus ein Problem einiger weniger Menschen ist. Gerne wird erwähnt, dass Dortmund international und weltoffen ist, was ja auch stimmt – aber es hat auch konsequent mit Rechtsradikalen zu kämpfen.

Das Gedenken für Mehmet Kubaşık wird auch in den nächsten Jahren in Dortmund fortgesetzt, weil das Zusammenleben nicht frei von Diskriminierung ist, weil Dialog und Begegnung nicht immer gelingt und Menschen zu oft religiös und kulturell unter sich bleiben.

***

Caner Aver

Wir fordern Aufklärung!

Als die Morde des NSU-Terrortrios im November 2011, also erst fünf Jahre nach dem letzten rassistischen Mord im April 2006, aufgedeckt wurden, war der Schock in Deutschland groß. Die Bilder von brennenden Häusern und Flüchtlingsheimen mit Todesopfern aus Mölln und Solingen oder auch Hoyerswerda waren wieder hochgekocht, und die Diskussion um die Täter und Rassismus in der Gesellschaft scheint heute aktueller und wichtiger denn je. Damit verbunden sind sehr viele Fragen entstanden, die unter Migrant_innen insgesamt zu einer Glaubwürdigkeitskrise gegenüber Institutionen geführt hat.

Brückenbauer, die seit Jahrzehnten unermüdlich für die Integration und das Zusammenwachsen arbeiten, befanden sich nun im Konflikt mit dem System, das doch eigentlich auch die Migrant_innen als Teil der bundesrepublikanischen Gesellschaft beschützen sollte. Skeptiker haben weitere Gründe für ihre Einstellung erhalten und wurden in ihrem Weltbild bestätigt, dass die »Deutschen uns eh nicht wollen«. In diesem Geflecht übernehmen gut ausgebildete Deutsch-Türken als Akteure des gesellschaftlichen Wandels, die ihre sog. Integrationsleistungen optimiert *haben (müssten)*, eine wichtige Funktion. Dazu zählen jene über 8 % der 2,8 Mio. Deutsch-Türken, die über eine Hochschulzugangsreife verfügen, die schätzungsweise über 70.000 Studierenden an deutschen Hochschulen, die 130.000 Hochqualifizierten (Hochschulabsolventen und Fachleute), die knapp 100.000 Unternehmer_innen, ganz zu schweigen von den stillen Helden, die sich jeden Tag in ihrem Milieu für das Gemeinwohl einsetzen. Sie sind zweisprachig, weisen eine geringere Arbeitslosigkeitsquote auf, engagieren sich häufiger erfolgreich politisch und zivilgesellschaftlich oder bieten als Unternehmer anderen Menschen Ausbildungs- und Arbeitsplätze an, womit sie eine wichtige Scharnierfunktion zwischen Mehrheits- und Migrantengesellschaft übernehmen. Sie alle spielen sowohl für die Volkswirtschaft als auch für die kulturelle Vielfalt in Deutschland eine zentrale Rolle. Auch wenn ihnen unterstellt werden kann, nicht zu pauschalisieren und einen differenzierteren Blick zu haben, so sind gerade sie in ihrem Glauben an das System Deutschland erschüttert, das weitgehend nach Recht und Ordnung zu funktionieren schien.

Im Zentrum des Skandals stehen neben dem NSU-Terrortrio und seiner menschenverachtenden Gesinnung die Rolle der staatlichen Sicherheitsapparate und die unglückliche Rolle der Medien, die jahrelang versuchten, die Morde im Migrantenmilieu zu positionieren. Die Bekämpfung des sich über die Jahre ausbreitenden Rechtsradikalismus ist auch nach den rassistisch motivierten Morden immer noch mangelhaft. Erster Höhepunkt nach der 1990 waren zweifelsfrei die Morde in Mölln (1992) und Solingen (1993) mit insgesamt acht Todesopfern. Die braune Wut mündete zu dieser Zeit in eine mörderische Aggressivität, und ein *rassistischer Mob* nahm applaudierend teil – während Migrant_innen an ihren Fernsehbildschirmen das Ganze entfremdet beobachteten und die Angst um ihr Leben und ihre Familien zunahm. Ganz zu schweigen vom fehlenden öffentlichen Aufschrei gegen Rassismus, der über 20 Jahre danach immer noch ausbleibt, obwohl wieder Flüchtlingsheime brennen.

Meine persönliche Erfahrung mit dem NSU-Terror bezieht sich auf zwei wesentliche Erlebnisse. Zum obligatorischen Essen fuhren mein Arbeitskollege und ich am 4. April 2006 um die Mittagszeit aus dem Bürokomplex Richtung Nordmarkt und sahen, wie bei der Mallinckrodtstraße 190 der rechte Fahrstreifen und der Bürgersteig durch die Polizei abgesperrt und darum herum sich eine Menschenmenge ansammelte. Da die Dortmunder Nordstadt aufgrund ihrer sozialen und wirtschaftlichen Struktur damals wie heute mit Kriminalität in Verbindung gebracht wird, sind wir mit einem »Krass, wieder ein Mord im kriminellen Milieu« oder »So weit ist es schon gekommen, dass selbst Kioskbesitzer am helllichten Tag erschossen werden«-Eindruck vorbeigefahren. Die weiteren Entwicklungen dazu konnten wir, wie alle anderen auch, in der deutschen und türkischen Presse verfolgen und wunderten uns damals schon, dass viele der Morde in den letzten Jahren mit derselben Waffe verübt wurden und dies eigentlich nicht auf Mafia- oder kriminelle Strukturen hinwies.

Das zweite Erlebnis sind die aufeinanderfolgenden Schockerlebnisse im Vorfeld der Vorbereitungen von zwei Veranstaltungen mit Experten zum NSU-Terror der TD-Plattform*, die 2015 in Düsseldorf und Berlin stattfanden. Ihre Aussagen haben für viele, wie auch für mich, den Eindruck hinterlassen, dass die Sicherheitsstrukturen nicht versagt, sondern rechte Parallelstrukturen innerhalb der Sicherheitsapparate systemisch die Morde unterstützt, gedeckt und wichtige Zeugen und Beweismittel vernichtet wurden. Eine schützende Hand streckt sich nach wie vor über die Täter aus und vermutlich wird es zu keiner zufriedenstellenden Aufklärung kommen.

Die jahrzehntelange Ignoranz gegenüber der Einwanderungsrealität hatte ihr hässliches Gesicht kurz nach der Wiedervereinigung offenbart, weil Migrant_innen ihr Platz als vollwertige Bürger_innen unseres Landes schlichtweg verwehrt wurde, nachdem sich viele in den 1980er Jahren entschieden haben, in Deutschland zu bleiben. Die Diskussion um die zukünftige Gestaltung einer vielfältigen Gesellschaft blieb aus, weshalb Migrant_innen wie ein Fremdkörper nur geduldet wurden. Heute setzen sich Menschenfreunde dafür ein, diese Defizite auszugleichen, während *besorgte Bürger_innen* in einer *alternativen Partei* Ausgrenzung und völkisches Gedankengut gesellschaftsfähig zu machen versuchen, ihre Anhänger teilweise aus diesen rassistischen Kreisen beziehen. Die aktuelle Debatte um die Flüchtlingskrise dient dabei als Legitimation, Rassismus *endlich* gesellschaftsfähig zu machen, während Flüchtlingsheime wieder in Brand gesetzt und Nachrichten darüber in den Medien nur noch als Randnotiz Platz finden. Das Bundeskriminalamt gibt die Zahl der Anschläge auf Flüchtlingsheime mit über 1.000 für das Jahr 2015 an, 2014 waren es *nur* 199. Man stelle sich vor, welch öffentlicher Aufschrei entstehen würde, wenn Attentäter und Opfer getauscht würden.

Doch zurück zum Thema: Wie kann es überhaupt möglich es sein, dass in einem Rechtsstaat Sicherheitsstrukturen mit einer rassistischen Mordserie in Zusammenhang gebracht werden? Jeder und jede, die sich mit diesem Fall näher beschäftigt hat, wird an *Verschwörung* und

---

* Türkisch-Deutsche Studierenden und Akademiker Plattform e.V.

Tiefer Staat erinnert, die aus Ländern stammen können, in die wir mit unserer *moralischen Überheblichkeit* Demokratie und rechtsstaatliche Prinzipien, bei Bedarf auch mit Waffengewalt, zu exportieren versuchen. Vermutlich werden die tatsächlichen Hintergründe in diesem Fall niemals aufgedeckt und Verantwortliche auch nicht zur Rechenschaft gezogen werden. Der Prozessverlauf offenbart die Machtlosigkeit der Justiz, wenn auf dubiose Weise wichtige Zeugen kurz vor Vorladungstermin ums Leben kommen, plötzlich Akten und Beweismaterialien verschwinden oder die Spurensuche maximal schlampig ausgeführt wird. Fest steht, dass Teile der Sicherheitsstrukturen auf dem rechten Auge blind sind. Dass diesen Umständen in den Medien kaum Platz eingeräumt wurde, ist ein weiterer Skandal und besonders für Kritiker ein Beleg für die Abhängigkeit und Voreingenommenheit der Medien und den institutionellen Rassismus in diesem *unserem* Land. Auch das Schweigen der Hauptangeklagten seit Prozessbeginn reiht sich da ein, ihre einzige schriftliche Erklärung wirkt dabei wie blanker Hohn.

Das kollektive (*bewusste*) Versagen oder, wie behauptet wird, die Verkettung unglücklicher Umstände in den Sicherheitsbehörden wurde durch die öffentlich-mediale Zuschreibung in die Ecke interner Abrechnungen von Migranten noch geschützt, indem dieses Versagen nach wie vor nicht ausreichend hinterfragt wird. Warum wurden die Täter nicht im rechten Spektrum gesucht, obwohl es unzählige Hinweise gab? Dieser krampfhafte Versuch, die Mordfälle im Migrantenmilieu zu platzieren, obwohl es keine belastbaren Hinweise hierzu gab, wurde durch rassistische Begriffe wie *Döner-Morde* oder *Halbmond-Mafia* untermauert. Ist das etwa die Gesinnung des Wortschöpfers oder spiegelt es die Meinung derer wider, die den Fall eigentlich lösen sollen? Die Täter konnten mehrere Jahre unentdeckt im Untergrund leben, die Medien konnten Stereotype über Deutsch-Türken jahrelang bedienen und die Helfer_innen im Verfassungsschutz und der Polizei weiterhin dem Terrortrio den Weg dafür ebnen, weitere Migranten zu töten und im Untergrund zu bleiben. Und all das geschah in einem Staat mit rechtsstaatlichen Prinzipien, demokratischer Grundordnung und hohem moralischen Anspruch; allerdings kommt letzterer offensichtlich nur in ganz besonderen Fällen zum Tragen.

Die Reaktion in der Migrantencommunity auf den gestiegenen bzw. nun sichtbar gewordenen Rassismus fiel unterschiedlich aus und reicht von »Das sind nur einige Rassisten im Staatsapparat« bis hin zum »Glauben an den Tiefen Staat, der die Morde gesteuert und umgesetzt hat«. Einige suchten das Heil in der Abwanderung in die alte Heimat. Ab 2006 hat sich die transnationale Migration in Richtung Türkei positiv entwickelt. Gestiegene Arbeitsmarktoptionen gerade für gut ausgebildete Deutsch-Türken, eine Demokratisierung, die rückblickend nur befristet sein sollte, und die Sehnsucht nach Heimat ohne Rechtfertigungsdruck waren starke Anreize, Deutschland temporär oder dauerhaft zu verlassen.[*] Letzteres resultiert noch aus der gestiegenen Sensibilität für Rassismus und Ausgrenzung, die besonders unter gut Gebildeten und Integrierten ausgeprägt zu sein scheint, da sie stärkere Forderungen an die Gesellschaft in Bezug auf Chancengleichheit und Anerkennung von Bindestrichidentitäten stellen. So gaben auf die Frage nach den Gründen für eine Rückkehr 59 % der Befragten Deutsch-Türken der dritten Generation an, dass sie sich eher dort (in der Türkei) zu Hause fühlen und 22 % sich in Deutschland nicht wohl fühlen.[**] Aber mit der Identitätsfrage beschäftigen sich weiterhin verstärkt diejenigen, die sich für Deutschland als (Wahl-)Heimat entschieden haben und deshalb den gesellschaftlichen Transformationsprozess fordern. Hierzu gehört etwa die Schaffung neuer historischer Narrative über Migration, der politischen und institutionellen Öffnung für Migrant_innen, ein Diskurs über unsere gesellschaftliche Zukunft, die im Kontext der Globalisierung und gesellschaftlicher Realität (20 % Migrant_innen) nur plural und weltoffen sein kann. Auch muss die Einwanderungsrealität in den politischen Alltag integriert werden,

---

[*] Aver, Caner: Migrationstrends hochqualifizierter Türkeistämmiger. In: Tagungsdokumentation Migrationstrends hochqualifizierter Türkeistämmiger. Essen, 2014, S. 26 ff.

[**] Sauer, Martina: Integrationsprozesse, wirtschaftliche Lage und Zufriedenheit türkeistämmiger Zuwanderer in Nordrhein-Westfalen. Ergebnisse der Mehrthemenbefragung 2013. Eine Analyse in Kooperation mit dem Ministerium für Arbeit, Integration und Soziales des Landes Nordrhein-Westfalen. Essen, 2014, S. 98 ff.

indem ein Integrations- und Einwanderungsministerium geschaffen oder Einwanderung und Integration als Staatsziel definiert wird, um Einwanderung und Vielfalt als Normalität zu begreifen. Nur wenn sich in allen Strukturen die gesellschaftliche Vielfalt ohne Ausgrenzung abbildet, werden sich zum einen rassistische Strukturen in den Institutionen rückentwickeln und andererseits Migrant_innen eine stärkere Identität mit ihrer neuen Heimat entwickeln können. Nicht zuletzt gehört die lückenlose Aufklärung der Mordserie dazu, die Bundeskanzlerin Angela Merkel in ihrer bewegenden Rede auf der Gedenkfeier 2012 gefordert hat. Eine Selbstverpflichtung des Deutschen Bundestages hierzu, etwa durch eine Resolution, wäre das Mindeste, was die Politik als Verantwortung aus diesem Fall ziehen müsste. Darauf warten wir immer noch! Doch weder die mediale Berichterstattung, die nur sehr selektiv ist, noch die Undurchsichtigkeit in den Sicherheitsstrukturen geben Hoffnung auf Aufklärung.

Insbesondere die deutsch-türkische Zivilgesellschaft ist mehr denn je gefragt, die vollständige Aufklärung durch eine progressive Öffentlichkeitsarbeit zu fordern und das Thema wieder stärker in die Tagespolitik zu rücken. Doch obwohl acht der zehn Opfer Deutsch-Türken waren, thematisieren weder diese noch die türkischen Medien die Vorgänge ausreichend, um politischen und öffentlichen Druck aufzubauen. Insbesondere die türkischen Medien, die bei der Platzvergabe im Gericht anfangs noch die ungerechte Verteilung zu einer Staatskrise haben aufkochen lassen. Zwar sind einerseits sicherlich strukturelle Gründe dafür verantwortlich*, andererseits hat vermutlich auch das Interesse stark nachgelassen, den Prozess zu verfolgen und darüber zu berichten. Nur die türkische Redaktion des WDR verfolgt seit Beginn an den Prozess und berichtet nach nunmehr über 300 Verhandlungstagen regelmäßig über die Entwicklungen.

Als größte zivilgesellschaftliche Organisation ihrer Art in Deutschland beschäftigt sich die TD-Plattform e.V. neben weiteren Themen

---

* Die Auflagen türkischer Zeitungen sind seit Jahren stark rückläufig, weshalb die Medienanstalten kaum noch Journalisten beschäftigen und die Berichterstattung aus Deutschland und Europa abnimmt.

wie Bildung und Arbeitsmarkteinstieg auch mit gesellschaftspolitischen Themen auf diversen Ebenen und Formaten, etwa durch Podiumsdiskussionen, Stammtische oder soziale Medien. Zudem kam bei einer von der *TD Jugend* bundesweit durchgeführten Umfrage heraus, dass Themen wie NSU-Verfahren und Rassismus zu den wichtigsten politischen Feldern zählen, für die sich die (deutsch-türkische) Jugend interessiert. Gegen Rassismus müssen alle demokratisch gesinnten Menschen kämpfen, um unsere gemeinsame Zukunft auf dem Fundament der Humanität, des Respekts und der Toleranz aufzubauen. Dies ist das gesellschaftliche Band, ohne das eine friedvolle Zukunft kaum vorstellbar ist.

Anhang

Eberhard Reinecke

Otto Schily und die Keupstraße

Wie im Februar 2017 Medien wie Spiegel online, Focus, Bild, n-tv *und* Hürriyet *berichteten, klagte der ehemalige Bundesinnenminister Otto Schily (SPD) gegen Cem Özdemir wegen dessen Vorwort in diesem Buch. Wir dokumentieren im Folgenden eine Stellungnahme von Eberhard Reinecke, Rechtsanwalt aus Köln und Nebenklagevertreter im NSU-Verfahren. Die Herausgeberinnen und Herausgeber sowie der Verlag danken ihm für seinen juristischen Rat.*

***

In der ersten Auflage dieses Buches hatte Cem Özdemir unter anderem geschrieben:

> »Auch hier war die Stoßrichtung der polizeilichen Ermittlungen klar. Ein terroristischer Hintergrund wurde dagegen bereits einen Tag nach dem Anschlag ausgeschlossen – von keinem geringeren als dem damaligen Bundesinnenminister Otto Schily.«

Otto Schily hat wegen dieser Passage Cem Özdemir und auch den Verlag abgemahnt. Der Verlag hat Herrn Schily bereits im November 2016 nach anwaltlicher Beratung ausführlich geantwortet. Darauf hat Herr Schily nicht reagiert. Im Februar 2017 erfuhren wir dann, dass Herr Schily gegen Herrn Cem Özdemir wegen dieses Vorwortes vorgegangen ist und sogar eine einstweilige Verfügung erwirkt hat. Wir meinen zu Unrecht. Wir hatten in unserem Schreiben Herrn Schily versprochen, in einer zweiten Auflage den Sachverhalt ausführlich darzustellen. Schmeichelhafter als das Vorwort von Cem Özdemir in der ersten Auflage ist das nicht.

In der Tagesschau vom 10. Juni 2004 konnte man Otto Schily sehen, der wörtlich und vollständig Folgendes sagte:

> »Die Erkenntnisse, die unsere Sicherheitsbehörden bisher gewonnen haben, deuten nicht auf einen terroristischen Hintergrund, sondern auf ein kriminelles Milieu, aber die Ermittlungen sind noch nicht abgeschlossen, sodass ich eine abschließende Beurteilung dieser Ereignisse jetzt nicht vornehmen kann.«

Wer Gelegenheit hat, sich den Ausschnitt noch einmal anzusehen, sollte das tun, weil die bestimmt arrogante Form, mit der Otto Schily hier angebliche Erkenntnisse verbreitet, den Inhalt noch einmal unterstreicht.

Zu Recht – und nicht nur von Cem Özdemir – wurde diese Äußerung als Ausschluss eines rechtsextremistischen Hintergrundes gewertet. Genauso steht es auch im Bericht des Untersuchungsausschusses des Deutschen Bundestages zum NSU (Seite 674).

Eine solche Bewertung der Aussage ist deswegen besonders naheliegend, weil die anschließenden Einschränkungen banal bis floskelhaft sind. Wenn man am 10. Juni 2004 (einen Tag nach dem Anschlag) darauf hinweist, dass »die Ermittlungen noch nicht abgeschlossen sind, so dass eine abschließende Beurteilung nicht vorgenommen werden kann«, so ist das einfach nur banal. Mir ist zumindest in meiner über 40-jährigen Anwaltstätigkeit noch kein Fall vorgekommen – selbst beim einfachen Ladendiebstahl –, bei dem ein Tag nach der Tat die Ermittlungen abgeschlossen gewesen wären und eine abschließende Beurteilung möglich gewesen wäre. Es ist daher auch gar nicht verwunderlich, dass in der öffentlichen Wahrnehmung dieser Nachsatz überhaupt keine Rolle spielte, sondern lediglich der erste Teil.

Während Otto Schily in der Auseinandersetzung mit Cem Özdemir, aber auch schon in seiner Zeugenvernehmung vor dem NSU-Ausschuss, so tut, als sei er seinerzeit lediglich ein Transporteur von

Nachrichten gewesen, die ihm andere zugetragen hätten, trat er real mit der gesamten Kraft seines Amtes auf, bezog sich nicht nur auf eine, sondern auf mehrere Sicherheitsbehörden.

Der eigentliche Skandal an Schilys Worten besteht allerdings darin, dass keine einzige Sicherheitsbehörde bis zum 10. Juni 2004 eine derartige Behauptung aufgestellt hat. Weder aus den Strafakten im NSU-Verfahren noch aus den diversen Beweisaufnahmen in verschiedenen Untersuchungsausschüssen ließ sich irgendein Indiz dafür finden, dass am 10. Juni 2004 irgendwelche Sicherheitsbehörden irgendwelche Erkenntnisse gehabt hätten, die nicht auf ein terroristisches, sondern auf ein kriminelles Milieu hinweisen. Die Tatsache, dass Schily ins Blaue hinein fabuliert hat und es keinerlei konkrete Erkenntnisse irgendwelcher Sicherheitsbehörden am Abend des 10. Juni 2004 gegeben hat, leugnet er bis heute. Nach der Devise »Wenn ich das damals gesagt habe, muss ich entsprechende Informationen gehabt haben« verteidigte er sich beim Untersuchungsausschuss, ohne allerdings auch dort konkret sagen zu können, woher die Informationen gekommen sein sollen. Auch der Untersuchungsausschuss des Bundestages konnte keine einzige Quelle feststellen, aus der sich solche Hinweise zu diesem Zeitpunkt hätten ergeben können. Um dann der Sache noch die Spitze aufzusetzen, behauptet Schily in Auseinandersetzungen mit Kritikern, es sei schließlich seine Pflicht gewesen, ihm erteilte Informationen an die Presse weiterzugeben. Er scheint offenbar absolut resistent gegenüber der Tatsache zu sein, dass es solche Informationen nicht gegeben hat und – wie wir heute wissen – auch gar nicht geben konnte.

Es trifft daher auch nicht zu, dass Otto Schily diese Äußerung – wie er jetzt geltend macht – gar nicht als eigene Bewertung verbreitet hat, sondern lediglich auf Erkenntnisse von anderen (der ihm unterstellten Sicherheitsbehörden) hingewiesen habe. Liest man die Einlassungen von Otto Schily im Untersuchungsausschuss hätte man seine damaligen Worte sinngemäß wohl eher so verstehen sollen: »Ich selbst kann Ihnen eigentlich nichts dazu sagen, Sicherheitsbehörden meinen, dass nach ihren Kenntnissen die Umstände nicht auf einen terroristischen, sondern auf einen kriminellen Anschlag hindeuten. Zwar sind mir keine konkreten Fakten bekannt, auf die die Sicherheitsbehörden sich dabei stützen, aber ich erzähle Ihnen einfach mal das, was ich so gehört habe.«

Besonders peinlich ist weiter, wenn Herr Schily sich in seinem Schreiben an den Verlag darauf beruft, dass zum damaligen Zeitpunkt »den Sicherheitsbehörden die Existenz einer terroristischen rechtsradikalen Gruppe nicht bekannt« war. Hier soll dann auch noch aus dem Versagen von Sicherheitsbehörden, für die in letzter Instanz Otto Schily als Bundesinnenminister (mit-)verantwortlich war, eine Entschuldigung gebastelt werden. Dabei ist diese Aussage so noch nicht einmal zutreffend. Im Juli 2004 erschien beim Bundesamt für Verfassungsschutz eine Veröffentlichung (deren Erstellung schon lange vor dem 9. Juni 2004 begonnen worden war), in der zumindest die Möglichkeit terroristischer Anschläge von rechtsextremen Kleinstgruppen und Einzelpersonen erörtert wurde. Aber nicht nur die Kölner Polizei hat angeblich diese Veröffentlichung des Verfassungsschutzes (in der sogar Böhnhardt, Mundlos und Zschäpe erwähnt wurden) nicht bekommen oder zur Kenntnis genommen, sondern auch Otto Schily, der sich nach eigenen Bekundungen den Kampf gegen rechtsextreme Gruppierungen auf die Fahnen geschrieben haben will. Tatsache ist allerdings, dass zumindest im Bundesamt für Verfassungsschutz die Existenz rechtsextremer Terrorgruppen bedacht wurde.

Liest man die Vernehmung von Otto Schily vor dem NSU-Untersuchungsausschusses des Bundestags (60. Sitzung vom 15.3.2013), so wird im Übrigen auch schnell deutlich, dass er eine wirkliche Entschuldigung, nämlich für eigenes Fehlverhalten, nie ausgesprochen hat. Er bezeichnet es zwar als einen bedrückenden Sachverhalt, dass der NSU nicht vorher aufgedeckt wurde, für den er (neben anderen Innenministern des Bundes und der Länder) auch eine politische Verantwortung trage, führt dies aber vor allen Dingen auf ein Versagen der »Sicherheitsstrukturen« hin und schränkt ausdrücklich ein:

»Ob dazu individuelle Versäumnisse, Fehler und Irrtümer im Einzelfall beigetragen haben, kann ich ohne Kenntnis der Details der einzelnen Ermittlungsverfahren nicht beurteilen. Ich vermute aber auf Grund dessen, was ich inzwischen in der Presse gelesen habe, dass es erhebliche strukturell bedingte Kommunikationsdefizite, besonders im Bereich des Verfassungsschutzes gegeben haben könnte, die sich nachträglich nachteilig ausgewirkt haben.«

Nirgendwo findet sich irgendein Hinweis darauf, dass er auch eine persönliche Verantwortung dafür trägt, dass er eine von ihm nicht überprüfte unwahre Meldung am 10. Juni 2004 verbreitete, die von allen nur als Ausschluss eines terroristischen Hintergrundes verstanden werden konnte. So ist es dann natürlich auch konsequent, dass Herr Schily sich zu keinem Zeitpunkt speziell gegenüber den Opfern aus der Keupstraße entschuldigt hat.

Das einzige, was wirklich offen ist, ist die Frage, ob die Äußerung von Otto Schily bei den weiteren Ermittlungen wie eine »Dienstanweisung« wirkte oder ob sie »nur« all den Ermittlungsbeamten, die ohnehin von rassistischen Vorstellungen geleitet wurden, ein gutes Gewissen verschafften, wenn sie in der Folgezeit nahezu ausschließlich unter den Opfern ermittelten, d. h. dort, wo sie das »kriminelle Milieu« sahen.

Eberhard Reinecke, Rechtsanwalt aus Köln,
Nebenklagevertreter im NSU-Verfahren

Autorinnen und Autoren

Lale Akgün, ehemalige MdB (SPD).

Emre Arslan, Lehrkraft für besondere Aufgaben am Seminar für Sozialwissenschaften der Universität Siegen.

Bahar Aslan, Sprecherin der LAG Grüne MuslimInnen, Bündnis 90/ Die Grünen.

Emine Aslan, Aktivistin, Autorin & Bloggerin.

Caner Aver, Präsident TD-Plattform e.V.

Naim Balıkavlayan, Interkulturelle Bildung und Begegnung e.V.

Ali Baş, MdL, Bündnis 90/Die Grünen NRW.

Tanıl Bora, Politikwissenschaftler an der Universität Ankara und Lektor beim İletişim Verlag.

Kemal Bozay, Vertretungsprofessor für Angewandte Sozialwissenschaften an der FH Dortmund und Lehrbeauftragter an der Universität zu Köln.

Murat Çakır, Rosa-Luxemburg-Stiftung, Regionalbüroleiter Hessen.

Fatih Çevikkollu, Kabarettist aus Köln.

Karim Fereidooni, Juniorprofessor für Didaktik der Sozialwissenschaften, Ruhr-Universität-Bochum.

Tuna Firat, Stellvertretender Bundesvorsitzender AG Migration und Vielfalt in der SPD.

Cemile Giousouf, MdB, CDU.

Serap Güler, MdL, CDU NRW.

Nuran Joerißen, Autorin und Schriftstellerin.

Yılmaz Kahraman, Sprecher und Bildungsbeauftragter der Alevitischen Gemeinde Deutschlands (AABF e.V.).

Yasemin Karakaşoğlu, Professorin für Interkulturelle Bildung, Universität Bremen.

Tayfun Keltek, Vorsitzender des Landesintegrationsrates NRW.

Ahmet Küllahçı, Kolumnist und Journalist der türkischen Tageszeitung *Hürriyet*, Berlin.

Orhan Mangitay, promoviert im Fachbereich Sozialwissenschaften an der Universität zu Köln.

Irene Mihalic, MdB, Bündnis 90/Die Grünen, Mitglied im NSU-Untersuchungsausschuss.

Niema Movassat, MdB, Die Linke.

Eymen Nahali, Musiker und Künstler.

Yavuz Selim Narin, Rechtsanwalt und Nebenklagevertreter im NSU-Prozess.

AUTORINNEN UND AUTOREN

Miltiadis Oulios, Autor und freier Journalist.

Cem Özdemir, MdB, Bundesvorsitzender von Bündnis 90 / Die Grünen.

Yücel Özdemir, Journalist, Tageszeitung *Evrensel* und *Yeni Hayat*.

Funda Özfırat, angehende Lehrerin (Praktische Philosophie, Geschichte), absolviert ihren Master an der Universität zu Köln.

Özge Pınar Sarp, NSU-Watch, Berlin.

Ali Şirin, Sozialwissenschaftler, Dortmund.

Azize Tank, MdB, Die Linke.

Ebru Taşdemir, Neue Deutsche Medienmacher.

Ayça Tolun, Leiterin der Türkischen Redaktion bei WDR-Funkhaus Europa.

Akdem Ünal, Schüler aus Köln.

Haci-Halil Uslucan, Leiter des Zentrums für Türkeistudien, Professor an der Universität Duisburg-Essen.

Çağan Varol, Sozialwissenschaftler, Köln.

İbrahim Yetim, MdL, Integrationspolitischer Sprecher der SPD-Landtagsfraktion NRW und Mitglied im parlamentarischen NSU-Untersuchungsausschuss.

Kutlu Yurtseven, Künstler, Musiker und Schauspieler aus Köln.

VERLAGSANZEIGE

Wolf Wetzel

DER RECHTSSTAAT IM UNTERGRUND
Big Brother,
der NSU-Komplex und
die notwendige Illoyalität

Paperback | 219 Seiten
ISBN 978-3-89438-591-0
€ 14,90 [D]

Wolf Wetzel befasst sich mit drei zusammenhängenden Strängen untergründiger Staatsaktivitäten. Der erste handelt von der Aufrüstung im Innern, begründet mit dem 11. September 2001. Der Kontext: Ein andauernder Ausnahmezustand mit immer neuen »Sicherheitsgesetzen« und permanenter Kriegsführung. Der zweite Strang hat sich schleichend in die Geschichte des 21. Jahrhunderts eingeschrieben: Die totale Erfassung und Überwachung der eigenen Bevölkerung. Der dritte Strang des staatlichen Untergrunds verfolgt die Spur des NSU. 13 Jahre lang konnten nach offizieller Version Neonazis unerkannt morden. Nun verbrennen Akten und sterben Zeugen. Was ist von dem konstatierten Behördenversagen zu halten, wenn keiner, der daran maßgeblich beteiligt war, zur Rechenschaft gezogen wird? Wenn im Gegenteil geheimdienstlichen Anstiftern Straffreiheit per Gesetz garantiert werden soll? Eine Antwort auf all diese Praktiken lautet, zusammenzufinden in der notwendigen Illoyalität.

PapyRossa Verlag | www.papyrossa.de